関西大学東西学術研究所研究叢刊58

近世東アジアにおける
口語中国語文の研究

―――中国・朝鮮・日本

奥村佳代子 著

関西大学出版部

序

　江戸のいわゆる「鎖国時代」において中国との交渉の最先端にあって活躍したのが長崎の唐通事と呼ばれる専門家集団であった。彼らが残したのが「唐話資料」である。唐話資料は、長く日本人が如何に、どのような中国語を勉強してきたかを考察する資料として利用されてきたが、今般、奥村佳代子研究員は、新著『近世東アジアにおける口語中国語文の研究——中国・朝鮮・日本』をもって、唐話資料により当時中国語の口語と小説等に記録された白話の相違を明らかにし、中国語口語のありのままの姿に迫ろうとした。研究の新境地を切り開いた意欲的な書である。

　言語の本質は音声である。文字は言語を記録するもので、二次的な存在である。しかし音声言語が記録されていく過程に洗練され、昇華される。その代償として口語への復元性を失い、話し言葉の本来の姿が見えなくなる。奥村研究員は、丹念な仕事により唐話資料の本質を深く追求し、記録者によって混入された不純物を取り除き、中国語口語の真の姿を見いだそうとした。

　奥村研究員は、唐話資料を手がかりに中国の近世語に関わる研究で知られる研究者である。関西大学では、ここ十年ほど前から、関西大学のアジア学を牽引する「文化交渉学」という新たな学問体系の確立に力を注いできたが、近年、ようやくその輪郭が鮮明になりつつある。本書においても、「周縁資料」を利用する方法論の提示がなされているが、それは言語研究分野における「周縁アプローチ」という手法である。つまり、中国語学研究を周縁から考究することで、「中心」の内容を照射するという斬新な研究がそれにあたる。このことは語学研究のみならず、さまざまな学問分野にも敷術することのできる普遍的な方法論だといってよい。

　当研究所研究叢刊の一冊として世に問う本書は、関心を持つ方々に迎えられ、大いに活用されることを期待すると共に、唐話資料のテクストとしての価値をさらに深く探求する契機になれば幸甚である。

2019年3月

東西学術研究所

所長　沈　国　威

前　言

　本書は、中国語資料における「周縁資料」の一つである唐話資料とは、どのような資料なのかという問いを起点とし、唐話とは何かを考える中で、中国語の口語と白話の違いを知る手がかりを与える存在として「周縁資料」を捉え直すことができるのではないかと考えるに至り、あらためて江戸時代の日本人による唐話資料を見直すと同時に、「話された言葉」が記述された資料から、18、9世紀頃の口語と白話の境界を探ろうとするものである。

　「周縁資料」が口語と白話の違いを解明するための対象として、相応しいと考えた理由は、外国語として中国語を学ぶ人々が、そのように話すための中国語が記述されているという点にある。記述した人物の出自や知識、経験等に起因する不正確さや誤りも伴う可能性はあるが、中国人との意思の疎通のために中国語を習得しようと考えたであろうことに着目すれば、少なくとも中国人に通じる言葉として記述したものであると見なし得る。したがって、口語中国語資料として見なし得るかどうかは、まず第一に中国人を相手に中国語を話すことを目的に記述された資料であるかどうかを判断する必要がある。

　「周縁資料」の言葉を研究する場合に、目的とすべき研究課題は多くあるだろうが、往々にして得られた結果は、中国語全般や中国語の本質そのものではなく、「周縁」で通用する結果であると限定せざるを得ない場合がある。そこで、本書では「周縁資料」だけでなく中国本土資料を考察の対象に加え、中国人、朝鮮人、日本人によって「話された中国語」がどのように記述されたかを整理し、口語を記述するという行為の一端を描き出したい。

　本書は、次の部分から成る。

　序論「近世東アジアにおける口語体中国語——中国・朝鮮」は、本書の序論であるとともに、筆者が今後重点的に取り組みたい研究目的への繋ぎとして位置付けられるものでもある。中国本土とヨーロッパに残されている清朝キリスト教檔案資料と朝鮮半島に漂着した中国船の尋問記録を取り上げ、その尋問と供述の言葉に用いられている代名詞、疑問詞、語気助詞の使用状況

を調査した。また、同じ案件を扱った資料が、中国本土とヨーロッパとに残されていることから、両者に見られる相違点に言及している。

本論「近世日本における口頭中国語「唐話」の世界」は3編から成る。

第1編「江戸時代における口頭中国語の受容」は、長崎の唐通事に関係すると考えられる資料を取り上げており、唐通事による唐話資料の著者や成立年代、資料間の継承関係に関する試論である。唐通事唐話資料は、唐通事と中国人との会話として記録されているものが多く、口語が記述された資料として研究する価値があると考えられるが、編纂過程が不明であることが研究対象としての欠点である。その欠点を補うことを、第1編の目標としている。

第2編「岡島冠山と唐話」は、唐話と呼ばれた言葉の実態を、岡島冠山の資料を中心に据えて捉えようとするものである。江戸時代全体を見れば、唐話は、唐通事によって唐通事の言葉として広められたのではなく、「唐話」という語をその編著書名に冠した岡島冠山によって、長崎から遠く離れた江戸や京阪神の人々も、簡単に唐話を見たり読んだりできるようになった。しかし、岡島冠山によって唐話として示された言葉は、唐通事の唐話とは異なるものであった。両者の違いがどの点にあるのかということと、違いがあることが唐話の本質とどう関係するのかということを考察することが、第2編の目標である。

第3編「唐話と白話」は、翻訳の言葉として用いられた中国語に焦点を当てる。唐話が唐通事の実用ではなく、文人的な教養にどのように関わったのかを、タイプの異なる3つの資料から読み解くとともに、言語面の相違点を提示することが、第3編の目的である。

結論では、再び岡島冠山を分水嶺として位置づけ、唐話という名前で呼び表された口頭中国語の多様性は、話された言葉が意識的に記述された唐話と、口頭で話されることを意図しておりながらも実際に話された言葉が記述されたのではない「唐話」とが存在しているために引き起こされた状況であることを指摘した。

言葉の実態が資料によって異なることは、話されることを目的としている

という共通点の前では、唐話を名乗るうえで妨げとはならなかったのだろう。唐話の本質は話される言葉という点にあるという認識が、結果的に唐話を多様性に富んだ、あるいは均質でない語彙によって構成された言葉へと変化させたのではないだろうか。その特異性は、中国、朝鮮において、話された言葉として記述された言葉と比較すれば、より鮮明であると言えるだろう。

目　次

序　i

前言　iii

序　論　近世東アジアにおける口語体中国語——中国・朝鮮 …　1

雍正朝檔案資料供述書の言葉
　　——雍正4年（1726）允禵允禟事件における「供」—— …………　3

非漢語圏における中国語問答記録
　　——『備邊司謄録』「問情別単」の「問」の言葉—— ……………　27

話された言葉として書かれた中国語
　　——18世紀前半中国の供述書と朝鮮の問答記録の言葉—— …………　45

本　論　近世日本における口頭中国語「唐話」の世界 ……　65

第一編　江戸時代における口頭中国語の受容
　　——唐通事と口頭中国語 ……………………………………………　67

長崎通事の唐話観
　　——日本人のための唐話との比較において—— ……………………　67

唐話資料史における『唐韻三字話』
　　——『唐話纂要』及び『南山俗語考』の三字話との比較—— …………　85

『遊焉社常談』の唐話
　　——江戸中期唐話資料の研究—— …………………………………　104

近世日本における異文化知識の受容
　　——唐通事テキスト『訳家必備』にみられる異文化情報の吸収と交流—— …　120

18世紀長崎における口頭中国語
　　——「初進館」の内容に基づく『訳家必備』再考—— ………………　140

唐話資料「小孩児」の語法について
　　——官話資料としての可能性—— ……………………………………… 154

第二編　岡島冠山と唐話 ……………………………………………… 171

江戸時代の唐話資料における文体の変容
　　——岡島冠山の唐話テキストを中心に—— ……………………… 171

『唐話纂要』の「三字話」 ………………………………………………… 196

『唐話纂要』の不均質性
　　——語彙の多様性についての再試論—— ……………………………… 214

「唐話類纂」考 ……………………………………………………………… 231

『唐話便用』の会話文における語彙と語法
　　——疑問、命令、依頼の表現を中心に—— …………………………… 246

附論　江戸時代の「唐話世界」
　　——唐通事の唐話と岡島冠山の「唐話」—— ………………………… 265

第三編　唐話と白話 …………………………………………………… 273

『太平記演義』のことば
　　——『太平記』翻訳に現れた白話観—— ……………………………… 273

亀田鵬斎と『海外奇談』
　　——白話小説風「忠臣蔵」の成立をめぐって—— …………………… 289

『海外奇談』の語句の来歴と翻訳者像 …………………………………… 312

大田南畝旧蔵「訳阿州孝子文」について ………………………………… 327

結　論 …………………………………………………………………… **345**

唐話の伝播と変化
　　——岡島冠山の果たした役割—— ……………………………………… 347

あとがき …………………………………………………………………… 367

序　論

近世東アジアにおける口語体中国語
——中国・朝鮮

雍正朝檔案資料供述書の言葉

—— 雍正4年（1726）允䄢允裪事件における「供」——

1．はじめに

　話されている言葉を忠実に記録することは容易なことではないが、話したように記録されることが必要とされる文書がある。清代中国の供述書がそうであった。

　滋賀1984は清代の裁判と裁判官について、次のように言う。

　　人を罪に問うためには、原則として、犯罪事実が本人の自白によって確かめられていなければならないとするのが、帝政中国において一貫してとられていた大原則である。これが法の規定の上に正面から宣言されることはかつてなかったけれども、それは、中国人にとってあまりにも自明な原則であったために、ことさらに記す必要もなかったからにほかならない[1]。

　　彼（筆者注：中国の裁判官）が任としたのは、むしろ真実そのものを明らかにすることであった。行為をめぐる真実は、行為者本人が最もよく知っている。その本人の心服をかちとって、その口から真実を語らせること、それが裁判官の任務であった[2]。

　清代中国では、本人による自白なくしては裁判の進めようがなく、自白こそが証拠に他ならなかった。そのため、供述書は単なる内容の記録であってはならず、当事者の言葉として書かれる必要があった。

　1）滋賀1984、68頁。
　2）滋賀1984、71-72頁。

4

　話された言葉を完全に記録することの難しさや、清代中国の人々は皆一様の中国語を話していたわけではなく、方言によってなされた供述をどのように記述したのかという点を考慮すると、供述書の形で残された言葉が、話された言葉そのものであるとは当然言えないが、話された言葉であるように書こうとして用いられた言葉は、話し言葉らしいと判断されて選ばれた言葉であったと考えられる。それが、本当に話された言葉そのものではなくとも、話し言葉を書こうとする行為には、話し言葉をまったく意識せずに書くのとは異なる判断が生じるはずである。それが、裁判の証拠となる供述の記録であれば、より意識的な判断があっただろう。

　本論では、清代における供述書のあり方を踏まえたうえで、雍正期のある案件をめぐる供述の文書を取り上げ、そこに見られる言葉の特徴と文書の性質に対するひとつの結論を示す。さらには、導き出した結論を、話し言葉らしく書くとはどのように書くことだったのかを考えるための手がかりとしたい。

2．清代供述書の形式

　唐澤1995は、清代において供述書の書き方に関する決まりがあったことを指摘している[3]。

　また、清代の『律法須知』「論叙供」は供述書を次のように論じる[4]。

　　一、作文者，代圣贤立言；叙供者，代庸俗达意。词虽粗浅，而前后层次，
　　　起承转合，埋伏照应，点题过脉，消纳补幹，运笔佈局之法，与作文无
　　　异，作文一题目为主，叙供以律例为主，案一到手，核其情节，何处更
　　　重。应引何律何例，犹如讲究此章书旨，重在何句，此一题旨，又重在
　　　何字也，情重罪重，情轻则罪轻。若罪轻而情重，罪重而情轻，牵扯案

　3）唐澤1995の特に215-217頁に詳細な解説がある。
　4）楊一凡2012所収『律法須知』（清呂芝田撰）巻上「論叙供」。なお、本論における
　『律法須知』からの引用は、すべてこの本に拠る。

外繁冗，干碍別条律例，无异虚題犯実，典題犯枯，拖泥帯水，漏下連上之文也。

『律法須知』「論叙供」は上に引用したように、「文」を成すことが聖賢に代わって意見を述べることであるのに対し、「供」を記すことは凡庸で通俗的な人間の言い分を代弁することであるとし、その要点として次の6点を挙げている。1）前後層次、2）起承転合、3）埋伏照応、4）点題過脈、5）消納補幹、6）運筆布局、以上である。

この6点は唐澤1995の指摘を要約すると、1）前後層次とは「出来事の順序」であり、供述書における供述の順番を考慮し、事件の展開を順を追って明らかにしていくことである。2）起承転合とは「物語の展開」であり、案件自体の描写を筋道を立てて説明することである。3）埋伏照応とは「出来事の予示と対応」であり、「埋伏」とは後で出現することが分かっている人物や事態は事前に予示する必要があるということであり、「照応」とは事件の詳細が各当事者の間で一致しており互いに矛盾していないようにすることである。4）点題過脈とは「核心部分の強調、展開の筋道をたどること」であり、「点題」とは供述の核心部分を明確な言葉で導くことであり、「過脈」とは案件がどのように展開、処理されてきたかが明確にたどれなければならないということである。5）消納補幹とは「要点の要約、補足説明」であり、「消納」は簡潔な言葉で重要とは言えない事柄をまとめることであり、「補幹」は事件の不明確な部分を供述書のどこで補完するか決めることである。6）運筆布局とは「文章技術、筋の組み立て」であり、供述書の構成が整然としていて首尾一貫していることであり、また各当事者の供述を一貫性のある供述書にまとめあげ、無駄がなく重要な部分が尽くされていることである。

供述を記録するには、上述の6点の作文技法が重要であるとされ、供述書はこの作文技法の実践を目指した、一定の形式を備えた文書であったと言えるだろう。また清代の『福恵全書』「釈供状」では、次のように言う[5]。

5）楊一凡2012所収『福恵全書』巻之十二「釋供状」。本論での『福恵全書』からの引用はすべてこの本に拠る。

供者，具也。鞫审之际，两造以口具白事之始末也。上官讯问，犯证对答，夹而叙之后开取供年月日，令在词人犯，按名书押，问官将供过起处砵，丶尽处朱」，判日入卷。

　供述書は、口頭の審問と回答を経た後、供述の内容を整理し意味の通りを良くすることによって完成された。つまり供述書は、そもそも「話された」言葉であったものを、作文技法を用いて供述書の形式にふさわしく「書かれた」言葉であった。

　では、話された言葉は、どのような言葉で書かれたのだろうか。前述の『律法須知』「論叙供」ではまた次のように言う。

　　一、供不可太文，句句要像谚语，字字人皆能解，方合口吻。又不宜似乎小说，曾见有用之字及字而字，並经书内文字者，非村夫俗人口气，致贻笑于人。

　　一、供不可野，如骂人污辱俗语，及奸案污秽情事，切勿直叙，祇以混骂成奸等字括之，犯者干申斥。

　ここでは、「供」は「文」でありすぎても「野」でありすぎても供述書の言葉としては不適切であると述べ、実例として「村夫俗人」の供述が「之」「及」「而」や経書の文言を用いて記されたものがあったが、そのような言葉づかいの「村夫俗人」がいるわけがなく、まったくのお笑い草だと言う。また、他人を罵り辱めるような言い回しや、事件の残虐性を示す具体的な言葉も用いるべきではないとする。わかりやすい言葉を用いるべきであり、供述者の言葉づかいに合ったものでなければならないという指摘と、著しく汚い言葉は用いるべきではないという指摘は、いっぽうでは自然なままの言葉の記録が求められ、いっぽうでは人工的な調整が求められていたと言える。しかしそれは、「又不宜似乎小説」とあるように、小説のようであってはならなかった。

雍正朝檔案資料供述書の言葉——雍正4年（1726）允禩允禟事件における「供」—— 7

　上述したように、供述書は、内容面、言語面ともに、あるべき形が存在していた。内容面では、正確性と整合性が求められ、言語面では、写実性と節度が求められていたと言えるだろう。

　唐澤1995は『福恵全書』の記述をもとに、「供述の記録とは、第一に「供状」と呼ばれる供述録取書と「草供」と呼ばれる供述の草稿、及び第二に「招状」と呼ばれる最終稿の二段階からなっていた。」とし、供述の記録は供述者からじかに聞き書きしたものから正式な記録として残されるものまで、段階があったことを確認したうえで、地方レベルの裁判文書を例に、「こうした裁判文書中で我々が普段目にする供述書は、すでに作成者によって手際よく処理された証言なのであり、そこでは出来事は形式化された様式で語られているのである。」とする[6]。この指摘にあるように、最初の聞き取り調書である「供状」が残されている例は少ないと考えられるが、供述書が「文言すぎてはならず、話し手の口調が伝わる言葉を用いつつも小説のようになってはいけない」形式を目指したのだとすれば、供述書にはどの段階であれ話し言葉に基づいたシンプルな、つまり、装飾的ではない書き言葉が程度の差はあるかもしれないが、現れている可能性があるということになるだろう。

3．允禩允禟事件供述書

　雍正帝は、自らの皇帝としての地位を強固なものとするため恐怖政治を行い、帝位を脅かす存在であるとの理由から、共に異母弟の康熙帝第8子允禩と第9子允禟を改名させ皇族としての地位を剥奪し監禁した。允禩と允禟への弾圧をめぐる一連の檔案文書には、いくつかの供述書が含まれている。ここでは『清代檔案資料選編』第2巻に収められた「刑部侍郎黄炳両江総督査弼納進秦道然口供折」「穆景遠供詞」「秦道然等口供」「何図供詞」を資料に、供述がどのような言葉で記録されているかを見ていく。最終的にはひとつひとつの語句を取り上げるべきであるが、ここでは基本的な傾向を把握するた

―――――――――――――――

6）唐澤1995、226頁。

めに、初歩的な作業として人称代詞、指示代詞、疑問詞、語気助詞の語彙を
調査し、人称代詞は語彙のみを、指示代詞、疑問詞、語気助詞については用
例文（の一部）も提示する[7]。なお、本論では供述部分のみを取り上げる。

3.1.「刑部侍郎黄炳両江総督査弼納進秦道然口供折」

　この文書は、雍正4年2月に行われた秦道然に対する尋問と供述が記され
ており、雍正4年3月10日の日付で報告された。

　秦道然（1658-1747）は無錫の人で、明代に建てられた円林寄暢園主人秦徳
藻の長子であった。康熙42年（1703）の第4回南巡の際に康熙帝に従い朝廷
に入り、第9皇子允禟の先生となり、康熙帝崩御後も允禟に仕えたため、雍
正帝の弾圧を受け捕らえられた。

　本文書の供述は、刑部侍郎黄炳両江総督査弼納の「問」と秦道然の「供」
とで構成されており、秦道然の供述は「供」に続けて直接話法の形で記録さ
れている。ここで用いられている語彙は以下のとおりである。

人称代詞　我 你 他 我们 你们 他们
指示代詞

这　　这都是实话／这又是欺诳圣祖处／这拐棍子却不可弃吊／这都是允禟不
　　　忠不孝处／这是允禟欺君处／这是人人知道的／这都是他装出来的假样
　　　子／这都是要人扬他美名／这明是他谋为不轨处／这是允禩不孝处／这
　　　是允禩大不是处／闻说这是福金的主意／这明是抱怨圣祖的意思／这是
　　　允禵不忠不孝处／这都是我听见的说话／这一句话圣祖得知／这顶帽子
　　　事爷与你的／这个差使想来是我的／这是他的虚话／这二人可是受人嘱
　　　托的／这个成何体统／我想福金将东西赏何焯自然不止这一次／这是八
　　　爷的巧取处／这明是不轨之处／这明是收拾人心处／这都是我听见的话

　7）また筆者は、人称代詞、指示代詞、疑問詞、語気助詞は、話題や内容によって使用
　の有無が左右されることがないと考えるため、使用語彙を調査する場合の基準にしや
　すいと考えている。

／这是莫大的天恩／这便是欺皇上

那　　那年允䄉病后／那年大阿哥圈起之后／再那一年圣祖命允䄉随往热河／曾记得允䄉革贝勒的那一年／那相面人曾说八阿哥有非常之福／那时八爷奉差不在府内

这些　这些南方的文士都说允䄉极是好学

这样　岂有这样大事可以不告得天的么

此　　此实梦想不到之恩／不过要此二人做他的羽翼／大阿哥将此语启奏时／大阿哥将此旨意传与二阿哥／只是弑逆的事我实无此心／　此事关系得大／同皇上将此言奏上／允禵将此式样寄与允䄉去了／此是知道的／十四爷在此／此事问允䄉便知从此　　后来复立之意从此而起／我比邵元龙多见几次从此而起　　每日如此　　如此恶乱之事甚多／只看皇上如此／皇上不但待二阿哥如此好　　如何听见如此大笑不怒／福金也如何便敢如此／这如何使得／如此者不止一人

因此　因此允䄉也拿了拐棍子装病／因此皇父大怒／因此声名大不好

其　　其霸占何人木行之处

疑問詞

甚么　你们看我头上的翎子有甚么好看／这叫做甚么圈法／探听了些甚么事体

甚　　有甚不是只该参处

何　　置圣祖于何地／有何事陷他于死地／何况王府里／至索诈何人之处／何事不究到，何处不穷到如何　　如何管家务事／将他女儿养在府中如何使得／若抱怨如何使得／三位阿哥抱怨二阿哥如何使得／何况亲王府中，如何使得／如何使得／允禵如何嘱托／如何八爷不在府里／如何有和尚日夜念经／如何将他痛打

为何　为何待你这样好／圣祖问八阿哥你为何相面

何敢　我的家私何敢藏匿／何敢部详细供出／我何敢有丝毫隐瞒

何常　邵元龙何常劝阻我／我亦何常恨他

谁　　谁敢再奏

語気助詞

了　　阿哥你病虽好了，这拐棍子却不可起吊／说这都是我累及你们受辛苦了

10

罢	免了告天罢／你去请一个安就算送他罢
罢了	比我们只隔得一层门罢了
么	日后登极封你们两个亲王么／还敢有丝毫隐瞒么

3.2.「穆景遠供詞」

　穆景遠すなわちポルトガルの宣教師モラン（Joan Mourao, 1681-1726）は、允禟と結託して謀反を起こそうとしたという罪状で捉えられ尋問を受けた[8]。

　いわゆる清朝の典礼問題の発生以降、中国におけるキリスト教宣教師による布教は制約を受け、雍正、乾隆朝になると、朝廷のキリスト教への厳しい取り締まりのもとに、宣教師が捉えられる事件が多発した。清朝による宣教師に対する尋問と供述の記録は、中国語で書き残されているが、ヨーロッパの宣教師が中国で中国語による布教活動を行っていたことを考慮すれば、実際の尋問と供述も中国語で行われていたと考えて良いだろう。

人称代詞　　我 你 他 我们 他们
指示代詞

这	我说这未必是真病／将来这皇太子一定是他／这都实在是允禟说过的话／我听见这话心上很不舒伏／这正是皇上的作用／这话原都是有的／不知道他把这个帖子怎么就留下不曾烧／允禟为这件事很抱怨十爷／这断断说的不是好话／他看了说这字倒有些像俄罗素的字／况这字也有阿额衣／若这一件事果然我教他的字／他自己时常从这窗户到我的住处来／他说这话时／这两日前有件怪事／若拿了这人／这是我尽数供出来的实事／这是我该死／我说过这话原是有的
那	那时候他底下的人听了这话都感激他／向那人说／那帖子上的话我原没有看见／那帖子中明有很不好的事情／
此	此后若再说这话

　8）内田 2016ab。穆景遠は穆経遠とも表記される。

因此　因此在年希尧家会过年羹尧／因此向他说这话的／我因此不曾领他的这
　　　银子
彼此　彼此往来的帖子必定都要烧掉／
这样　与其这样揉搓我，比拿刀子杀了我还利害／委实我不曾教他写这样添改
　　　的字／他是这　样说／这样人一定就该拿了交与楚仲才是／像这样的不
　　　好心不好事／
那样　他那样邀买人心的话中甚么用／
这里　把我这些跟随的都带累在这里／这里家定不得也要抄／我要将这里的盘
　　　缠银子拿一二　千两放在你处／这里没有个妥当人
那里　允禟听见泾县要盖房子叫他到那里去住／我那里没有一个人／我京中带
　　　来的东西与寄　来的信息都先放在那里／到允禵那里

疑問詞
甚么　在先我还不懂他这话是甚么意思／我是甚么话都说出来了／我还有甚么
　　　说得
如何　如何受得
怎么　不知道他把这个帖子怎么就留下不曾烧／叫他怎么求求皇上才好
怎么样　倒是把我一个人怎么样也罢了／不想他后来怎么样添改了写家信
为么　我实不知他是为么缘故

語気助詞
了　　说是得了痰火病了／他的意思不过是越远了就由他做甚么了／我从前在
　　　家时同十四爷处说定了／若再有隐瞒的话就把我立刻杀了／才知道我被
　　　他哄了一辈子了
罢了　成了废人就罢了
吗　　我问他可要甚么西洋物件吗

3.3.「秦道然等口供」

　多羅果郡王臣允禮らによる秦道然、何圖、張瞎子に対する審問と供述である。この報告書に日付の記載はない。

3.3.1. 秦道然の供述

人称代詞　我 你 他 我们 你们 他们

指示代詞

这　　这俱是欺诳圣祖处／这顶帽子给你的／这都是我听见的／这是我探知的
　　　情节／这俱像是我的瑞兆／这就我该死处／这种人也多得紧／这个人不
　　　是平常人／就是这件发米9) 的事／这也是人人都知道的

这些　这些事体／他有这些话在心里／这些事体不但我知

这样　这样有用的人／你也必定照依这样说才好

因此　因此允禟允䄉止封贝子／因此声名大不好

如此　并如此大小呢／何图之处如此者不可胜数／如此用心

从此　从此我傍晚进去到夜深方出非此即彼　自然非此即彼

疑問詞

甚么　亦从不曾交他办一件甚么事／至于给的是甚么人／为甚么管你家务事／
　　　他又为甚么待　他这样好

甚　　有甚不是只该参处

如何　如何福金将东西赏人／如何将他痛打

語気助詞

了　　这个差使想来是我的了／随寄与允䄉了／我的病就好了

呢　　并如此大小呢

而已　惟有仰乞天恩而已

3.3.2. 何図の供述

人称代詞　我 你 他

指示代詞

这　　这是我未做同知以前的话

这些　允禟这些不轨之处

因此　因此不敢说的

---

9)「发来」の誤りか。

如此　雖然如此
疑問詞　甚么　他自己也说我不图甚么／是为甚么呢
語気助詞
呢　是为甚么呢
而已　惟有仰乞天恩而已

3.3.3. 張瞎子の供述

人称代詞　我 你 他
指示代詞
这　这八字是假伤官格／这就是十四爷的八字／我说这庚申的不大好／这甲
　　子的命好些／总不如这戊辰的命狠好／这命是元武当权
疑問詞　怎么　旁边的人问怎么好
語気助詞
了　到三十九岁就大贵了／又赏了我二十两银子出来了
呢　才合他的意思呢／
吗　你昨日算得戊辰的命果然好吗

3.4.「何図供詞」

　何図に対する審問と供述であり、それぞれ最初に漢数字で番号が付された
4つの部分から成り立っており、日付は記されていない。
人称代詞　我 你 汝[10]　他
指示代詞
这　这都是要人扬他美名／这明是谋为不轨处／这又是欺诳圣祖处／这拐棍
　　子却不可弃吊／这都是允禟不忠不孝处
这　些　这些南方的文士都说允禩极是好学
那　那年允禩病后／那年大阿哥圈起之后

---

10) 供述中で触れられた「字」（文書）の中で用いられている一例のみ。

14

此	若能将此五百匹瘦马养好／后听见允禟很喜此瞎子／此时还在临洮城中／后闻此条陈凯歌不同／此系图巧为献谀之处
因此	因此我就不敢再求了／因此允禩也拿了拐棍子装病
故此	故此教你进来
从此	从此再未敢去
其	其允禟家姚姓太监常往西宁送东西去
彼	而汝又适官于彼地／彼时正值上司派我同一都司迎接大将军并料理两路军需（供述中の引用部分）／彼时我见张瞎子进去

疑問詞

何	那一次我曾问过他所送何物
甚么	这叫做甚么圈法
多少	问有多少

語気助詞

了	我已将你荐与大将军了／我着你喂马就是很为你了／允禟自己妆病已大不是了／更加不是了
罢	你回去罢
罢了	比我们只隔得一层门罢了
么	你知道色尔图在西宁运粮要钱的事么／差事也检的么
而已	你做知府不过升一监司而已

　「刑部侍郎黄炳両江総督査弼納進秦道然口供折」「穆景遠供詞」「秦道然等口供」「何図供詞」の供述書に用いられている人称代詞、指示代詞、疑問詞、語気助詞は、上に示したとおりである。これらの供述書が供述者によって話された言葉らしく書かれており、人工的でありながらも、その「話された言葉らしい」と判断される基準や根拠が、供述者自身の言葉に依拠しているという前提に立つならば、これらの語句には話された言葉の根本的な傾向や特徴が現れていると言えるだろう[11]。

　11）秦道然の供述と「何図供詞」の供述とでは一致する箇所が見られる。ここには、事

この考えに基づけば、供述者が話した言葉は、表現形式上は上に示したような個々の語句であり、本質的な傾向及び特徴としては、以下の点を挙げることが出来るだろう。

（1）文言が僅かながら使用されている。

（2）用いられる語彙が少ない。

（1）は、文言が話し言葉として用いられることを示すと同時に、話し言葉で書こうとする記述態度が、文言の使用の少なさに現れているとも考えられる。

（2）は、（1）を前提に考えれば、話す行為において個人が用いる語は、少なくとも代詞、疑問詞、語気助詞においては決まっており、固定されているということである。したがって、この点においては、個人の語彙は豊かではなく限られていると言え、供述書のように、尋問する側と供述する側の一対一で話されるか、供述者によって一方的に話される場面では、語彙の単一性がより端的に現れていると言える。

ある特定の個人によって話される言葉は語彙が限られており単一的である。もう少し推測的な言い方をするならば、話される言葉の語彙は均質的であるはずだと言えるだろう。

4．ヨーロッパにもたらされた供述書

ポルトガル宣教師モラン（中国名穆景遠）の供述は、前章で取り上げた故宮博物院が所蔵するだけでなく、宣教師によってヨーロッパ各地に届けられ、現在 AMEP（Archives des Missions Étrangères de Paris）とカサナテンセ図書館（Biblioteca Casanatense (Rome)）に所蔵されており、前者は内田2016ab に影印、翻刻と解説があり、後者は呉旻・韓琦2008に翻刻がある。

パリ（AMEP）とカサナテンセの供述書の日付はいずれも雍正4年6月22

件の真相を明らかにするために用いられる供述書作文技法の「埋伏照応」の実践を認めることができる可能性がある。

日であり、内田 2016ab で指摘されているように、内容、語句ともにおおむね一致しており、以下に例示するようにわずかな語句の異同がある程度の違いである。例示引用元は、所蔵機関の名称の省略形を（ ）で示すが、テキストは呉旻、韓琦編『欧州所蔵雍正乾隆朝天主教文献匯編』、内田 2016b、『清代檔案資料選編』を用いる。

　以下の例から分かるように、両者の差異は取り立てて指摘するほどではなく、下線部で示したように、語彙レベルの不一致が見られるが、その量は決して多くはない。

　　　把我一人怎么样也罢了，把我跟随的都累在这里，我心中过不去。若是他过一平安日，我死也甘心。底下人听这话都感激他，我也说他是好人。造出字来写信，叫儿子他不愿带累他们。邀买人心如此，中甚么用！（パリ）

　　　把我一人怎么样，也巴了，巴我跟随的都累在这里，我心过不去，若是他过一年安日，我死也甘心，底下人听这话，都感激他，我也说他是好人，造出字来，写信，叫儿子他不愿带累他们，邀买人心，中什么用，（カサナテンセ）

　パリ（AMEP）とカサナテンセの文書に見られる語彙の不一致は内容に影響するものではなく、また話された語彙の相違や話者の相違を喚起させるほどの違いでもないと言えそうである。両者の一致ぶりをもう一例挙げよう。

　　　上年冬天，我到塞思黑那里去，向我说有一怪事，外边有个人说是山陕百姓，拿了一个帖子，我看了随退还了。向那人说，我弟兄没有争天下的理，此后再说。我要拿了。我向他说，这人该拿，交与楚仲才是。他说若拿他，就大吃亏了。（パリ）

　　　上年冬天我到塞思黑那里去，向我说，有一怪事，外边有个人说，是山陕百姓拿了一个帖子，我看了，随退还了，向那人说，我弟兄没有争天下理，

雍正朝檔案資料供述書の言葉——雍正 4 年（1726）允禩允禟事件における「供」——　17

此后再说，我要拿了，我向他说，这人该拿，交与楚仲才是，他说，若拿
他，就大吃亏了，（カサナテンセ）

パリ（AMEP）カサナテンセでは語句レベルまではほぼ一致するくだりが、
故宮博物院の供述書では次のように記述されている。

又供：上年冬天我病好了，到允禟那里，他向我说：这两日前有件怪事，
外边有个人装成做买卖的，说有很要紧的话断要见我，我因总没有见人不
曾见他，他封了一个字儿叫老公送进来，上面写的是山陕百姓说我好，又
听见我很苦的话，我看了帖子随着人送还了，向那人说：我们弟兄没有争
天下的道理。此后若再说这话，我就要叫人拿了。我向允禟说：这样人一
定就该拿了交与楚仲才是，若不拿就大错了。允禟说：若拿了这人，他就
大吃亏了。（故宮）

故宮博物院の供述書では、パリ（AMEP）、カサナテンセの内容を含んで
いるだけでなく、さらに詳しく前後関係が明らかにされている。このように
故宮博物院資料の供述による状況説明が他の 2 文書と比較してより詳細で分
かりやすい例が他にも見られる。

据穆经远供：我在塞思黑处行走有七八年，他待我甚好，人所共知。如今
奉旨审我，不敢隐瞒。当年太后欠安，听得塞思黑得了病，我去看。他向
我说：我与八爷、十四爷三人有一个做皇太子，大约我身上居多。我不愿
坐天下，所以装病成废人。后十四爷出兵时，说这皇太子一定是他。这都
是塞思黑说过的话。（パリ）

据穆经远供，我在塞思黑处行走有七八年，他待我甚好，人所共知，如今
奉旨审我，不敢隐瞒，当年太后欠安，听得塞思黑得了病，我去看他，向
我说，我与八爷、十四爷，三人有一个（做）皇太子，大约我身上居多，
我不愿坐天下，所以装病成废人，后十四爷出兵时，说，这皇太子一定是

他，这都是塞思黑说过的话。（カサナテンセ）

据供：我在允禩处行走，又跟随他在西大同，前后有七八年了，允禩待我好也是人所皆知的，如今奉旨审问，我一件不敢隐瞒。当年太后欠安时节，我听得允禩眼皮往上动，说是得了痰火病了，我去看时，我说这未必是真病，他说：外面的人都说我合八爷十四爷三个人里头有一个立皇太子，大约在我的身上居多些。我不愿坐天下，所以我装了病，成了废人就罢了。到后来十四爷出兵的时节，他又说：十四爷现今出兵，皇上看的也很重，将来这皇太子一定是他。这都实在是允禩说过的话。（故宫）

　上に挙げた部分も、故宮博物院の供述書は、より言葉数が多く、情報量も多い。
　故宮博物院の供述書とパリ（AMEP）、カサナテンセとのもうひとつの大きな違いは、故宮博物院の供述書には「問」と「供」が明確に示され、尋問と供述のやりとりが交互に繰り返されているのに対し、パリ（AMEP）とカサナテンセでは「問」がないことであり、冒頭で「据穆経远供」と記述された後は、供述内容が終わるまでモランの供述が続いている。

又供：允禩将到西宁时，我因身上有病，向他说：我们到了西宁，皇上若再叫我们出口，如何受得？
允禩说：你不知道，越远越好。
问穆景远：允禩说越远越好的话是甚么意思呢？
供：在先我还不懂他这话是甚么意思，如今看来，他的意思不过是越远了就由他做甚么了。（故宫）

塞思黑到西宁时，我向他说：我们到了西宁，皇上若叫我们出口，如何受？
塞黑思说：越远越好。看他意思，远了由他做什么事。（パリ）

塞思黑将到西宁时，我向他说，我们到了西宁，皇上若叫我们出口，如何

受。塞思黑说，越远越好，看他的意思，远了，由他做什么了，（カサナテンセ）

「問」と「供」の明確な区別の有無に関して、内田 2016b は次のように指摘している。

《文獻叢編》（筆者注：故宮博物院所蔵資料）的文章裡常常出現 "據供" "又供" "問" "供" 這樣的詞句也表示這是後來整理過的資料。

故宮博物院の供述書は、供述書の作文理論すなわち先に確認した前後層次、起承転合、埋伏照応、点題過脈、消納補幹、運筆布局の存在を考えれば、形式化され手を加えられたうえで、自然な会話の中で起こりうる矛盾や不足やつながりの悪さというものを排除した、正式な文書として皇帝に差し出された文書であることは間違いないだろう。「問」がなく「供」の内容だけが記述され、供述で述べられている言葉が完全には一致していないという点から、パリ（AMEP）とカサナテンセの供述書は、故宮博物院の供述書とは、文書としてのレベルが異なる可能性があると言えるだろう。

しかしながら、故宮博物院の供述書とその他 2 文書とに、形式上と内容上の違いが見られるとはいえ、これら 3 つの供述書の「供」に当たる部分の基本的な語句は一致している。たとえば、代名詞や語気助詞は完全に一致しており、次の語彙が用いられている。

代詞：我 你 他 我们 他们 这 那 这里

語気助詞：了

文書としてレベルの違う供述書であるにもかかわらず、これら 3 つの供述書で用いられている語彙が同じであるということは、いずれも供述書作文理論にのっとっているのであれば「供不可太文，句句要像谚语，字字人皆能解，方合口吻。又不宜似乎小说」が実践された反映を見いだすことができるといえ、また、実践が反映されたかどうかは不確かだとしても、話し言葉らしくあるための語彙を見いだすことができるだろう。

5．モランの供述文書について

　前章で確認したように、モランの供述の文書には、管見のかぎりでは故宮博物院、パリ（AMEP）、カサナテンセに所蔵されている３つがあり、文書の種類としては２種類に分類されるのではないかと考えられる。

　なぜモランの供述書に文書レベルが異なると考えられる２種類のものがあるのか、またこの２種類に見られる相違点は何に起因するのかを、もう少し考えてみたい。

　故宮博物院とパリ（AMEP）とカサナテンセの供述書の違いのうち、語彙、内容、形式の違い以外にもう一点注目すべき大きな違いは、允禵に対する呼称である。

　据供：我在允禵处行走，又跟随他在西大同，前后有七八年了，允禵待我好也是人所皆知的，如今奉旨审问，我一件不敢隐瞒。当年太后欠安时节，我听得允禵眼皮往上动，说是得了痰火病了，我去看时，我说这未必是真病，他说：外面的人都说我合八爷、十四爷三个人里头有一个立皇太子，大约在我的身上居多些。我不愿坐天下，所以我妆了病，成了废人罢了。到后来十四爷出兵的时节，他又说：十四爷现今出兵，皇上看的也很重，将来这皇太子一定是他。这都实在允禵说过的话。（故宫）

　据穆经远供：我在塞思黑处行走有七八年，他待我甚好，人所共知。如今奉旨审我，不敢隐瞒。当年太后欠安，听得塞思黑得了病，我去看。他向我说：我与八爷十四爷三人有一个做皇太子，大约我身上居多。我不愿坐天下，所以装病成废人。后十四爷出兵时，说这皇太子一定是他。这都是塞思黑说过的话。（パリ）

　据穆经远供，我在塞思黑处行走有七八年，他待我甚好，人所共知，如今奉旨审我，不敢隐瞒，当年太后欠安，听得塞思黑得了病，我去看他，向

雍正朝檔案資料供述書の言葉——雍正4年（1726）允禩允禵事件における「供」—— 21

　我说，我与八爷，十四爷，三人有一个做皇太子，大约我身上居多，我不
　愿坐天下，所以装病成废人，后十四爷出兵时，说，这皇太子一定是他，
　这都是塞思黑说过的话。（カサナテンセ）

　故宮博物院の供述書は「允禩」を用いているが、パリ（AMEP）とカサナ
テンセの供述では「塞思黑」が用いられている。「塞思黑」は允禩が雍正帝に
よって改名を迫られた名前である。

　（雍正4年）五月，令允禩改名，又以所拟字样奸巧，下诸王大臣议，改为
　塞禩黑。（『清史稿』巻200列伝7諸王6）

　『清史稿』によると、允禩の改名は雍正4年5月のことであり、「塞思黑」
は蔑称であったと考えられる。供述書作文理論に則れば、「供不可野，如骂人
污辱俗语，及奸案污秽情事，切勿直叙」とあるように、罵り言葉は供述書に
用いるべきではないとされるが、故宮博物院の供述書に「塞思黑」が用いら
れていないのは、この作文理論に理由があるわけではなさそうである。とい
うのも、故宮博物院には「塞思黑」と同類の蔑称であると見なされる「阿其
那」が、康熙帝第8子であった允禩の改名後の呼称として、パリ（AMEP）
とカサナテンセ同様用いられているからである。

　又供：允禩在先与阿其那允䄉很相好的，自皇上登极后，他心上很不如意，
　他口里虽不说，但我在旁边也看得出来。（故宮）

　塞思黑原与阿其那、允题很好，自皇上登极后他不如意，虽不说，我在旁
　也看得出来。（パリ）

　塞思黑原与阿其那允题，很好，自皇上登极后，他不如意，虽不说，我在
　傍也看得出来。（カサナテンセ）

允禩の改名は、以下の記述によると、允禟の「塞思黒」への改名より早かった。

　　（雍正4年）二月，授允禩为民王，不留所属佐領人員，凡朝会，視民公侯
　　伯例，称亲王允禩。诸王大臣请诛允禩，上不许。寻命削王爵，交宗人府
　　圈禁高墻。宗人府请更名编入佐領：允禩改名阿其那，子弘旺改菩薩保。
　　（『清史稿』巻220列伝7諸王6）

　允禟が「塞思黒」に改名したのが5月、允禩が「阿其那」に改名したのは
同年2月のことであった。
　では、3種類の供述書の日付はどうか。
　故宮博物院　　　雍正4年5月2日
　パリ（AMEP）　雍正4年6月22日
　カサナテンセ　　雍正4年6月22日
　文書に付された日付を見るかぎり、文書作成当時允禩は確実にすでに「阿
其那」に改名された後であるが、允禟は改名される前であった可能性が大き
い。故宮博物院の供述書が報告された時点では、改名されていたのは允禩だ
けであり、允禟はまだ「塞思黒」と改名されていなかったため、允禟と記さ
れ、いっぽうパリ（AMEP）とカサナテンセの供述書が報告された時点では、
すでに允禟改名後であったために、「塞思黒」が用いられたのである、という
解釈が成り立つ。
　このように、同じ案件を扱った異なる文書が異なる日付で存在しているこ
とは、供述の記録に2種類乃至3種類あったという清代の実情に合うのであ
る。次に、犯罪を裁く際、清代ではどのような段階が踏まれていたのかを手
がかりに見ていきたい。
　滋賀1984によると、「人を罪に問うためには、原則として、犯罪事実が本
人の自白によって確かめられていなければならないとするのが帝政中国にお
いて一貫してとられていた大原則であ」り、「裁判は、原則として自白に基い
てなされるべきであり、ごく例外的な場合にのみ、証拠だけによって裁判す

ることが許された」[12]。したがって、本人がこう言っているという形で示す必要があり、供述書のあり方が重要視されていたのである。

滋賀 1984は『福恵全書』巻12の供述書に関する記述について次のようにまとめている[13]。記録された自白のことを「供招」などといい、供招には供状と招状の２種類があった。供状は訊問に答えて当事者や証人が述べたことをその都度記録したいわば尋問調書であり、本人が述べたままに近い口語をまじえた文体で記録され、それらを整理修正し一定の形式に書き直したものが招状であった。また、唐澤 1995は、滋賀 1984を踏まえたうえで、「『福恵全書』によると、供述の記録とは第一に「供状」と呼ばれる供述録取書と「草供」と呼ばれる供述書の草稿、及び第二に「招状」と呼ばれる最終稿の二段階からなっていた。」としている[14]。さらに、滋賀 1984によると、招状に画押をとり、決定的な自白が得られた状態を「成招」といい、これによって法廷における審理は終了し、「あとは、自認内容をもとにしてまとめ上げた事件のいちぶ始終の叙述と、それに対する法の適用とを記した文書を作製し、犯人の身柄とともに上司に送る―すなわち招解する―だけである。」という。

それぞれの文書に明記された日付に基づくと、３つの文書のうち故宮博物院の供述書がもっとも早い段階の文書であるが、先述したように、「問」の後に「供」があるという規則正しいやりとりや、話の流れが順序よく整っていることから、信憑性を得るための技術が駆使され、整理修正されたものであると考えられるため、供述の記録の最終段階である「招状」ではないかと思われる。故宮博物院の供述書が招状であるとすると、パリ（AMEP）とカサナテンセの文書は、滋賀 1984で言及されているその後の「招解」のために作成される「事件のいちぶ始終の叙述と、それに対する法の適用とを記した文書」ということになると考えられる。

この推測が成り立つ理由は、文書の最終部分の決定的な違いである。故宮博物院の供述書は、最後の尋問と供述に続き、以下の言葉で締めくくられて

12）滋賀 1984、68-69頁。
13）滋賀 1984、69頁。
14）唐澤 1995、215頁。

24

いる。

　　所有臣等会同審得穆経遠之確供，先行繕折恭呈御覧。
　　雍正四年五月初二日

　いっぽうパリ（AMEP）とカサナテンセの文書はいずれも、「据穆経遠供
……等語」の形で供述内容がまとめられているのに続き、モランの罪状の叙
述があり、その罪の重さから打ち首の刑に処されるべきであるという言葉で
締めくくられている。

　　査穆経遠，以西洋微賎之人，幸托身于撑毂之下，【不尊法度，】媚附塞思
　黑，助甚狂悖。当塞思黑在京時，养奸诱党，曲庇魍魎，什物遺贈，交給
　朋党。而経遠潜与往来，密为心腹。广行交游邀结，煽惑人心。至塞思黑
　称病閑居，佯言甘于废弃，实心储位自许，鲜耻丧心，已无伦比。而経遠
　逢人赞扬塞思黑有大福气，【有】将来必为皇太子之言，及塞思黑诸恶败
　露，本当立正典刑。蒙我皇上至圣至仁，令往西宁居住，冀其洗心悔罪。
　乃不但绝无愧惧之心，益肆怨尤之恶。而経遠之穴墙往来，构谋愈密，奸
　逆愈深，是诚王法之所不容，人心之所共愤。除塞思黑已经诸王大臣公同
　议罪，奏请王法外，穆経遠应照奸党律，拟斩监候。但穆経遠党附悖逆，
　情罪重大，应将穆経遠立决枭示，以为党逆之戒可也。
　　　（パリ、カサナテンセ。【　】はカサナテンセにはない語句である。）

　上に引用した部分は、尋問と供述を経て得られた罪のあらましが、供述部
分とは異なる言葉遣いで述べられ、どのような処罰に相当するかが記されて
いる。つまり、審理をひととおり終えた後の文書として相応しい内容を備え
ており、まさに滋賀1984が述べた『福恵全書』における招状の次の段階の文
書であると考えられる[15]。

――――――――――――――――――――
　15）本章第2節で取り上げた「刑部侍郎黄炳両江総督査弼納進秦道然口供折」もこの段

2種類のモランの供述の文書は、招状レベルの供述書（故宮博物院所蔵）と供述を踏まえて審理した結果を報告するレベルの文書（パリ（AMEP）及びカサナテンセ所蔵）であると言えるだろう。

6．まとめ

　清代の供述書がヨーロッパにもたらされていたことは、内田 2016ab がすでに指摘しており、ヨーロッパにおける中国語資料を扱う分野ではよく知られていることであろうが、雍正4年の允禩允禟の案件について、パリ（AMEP）及びカサナテンセに所蔵されているモランの供述に関する文書と故宮博物院に所蔵されている文書とは、日付と形式から異なる種類の文書であることがわかり、故宮博物院の文書は審理するための最終文書である招状であり、パリ（AMEP）及びカサナテンセの文書は審理を終え結果を報告する文書ではないかという推測をたてた。語彙の一致状況から、いずれの供述も話し言葉らしさを備えもっていると考えられるが、より早い段階の文書であり、供述書として報告された故宮博物院所蔵の文書の語彙の使用状況からは次の点を指摘することができるだろう。

　1「刑部侍郎黄炳両江総督査弼納進秦道然口供折」、2「穆景遠供詞」、3「秦道然等口供」（3人の人物に対する供述書であり、（1）は1と同じく秦道然の供述、（2）は4と同じく何図の供述、（3）は張瞎子の供述である）、4「何図供詞」の人称代詞、指示代詞、疑問詞、語気助詞に用いられた語彙を調査した。下は、それぞれの使用語彙を表で示したものである。

　階の文書の形式を有していると思われる。

	人称代詞	指示代詞	疑問詞	語気助詞
1	我 你 他 我们 你们 他们	这 那 此 这些 这样	甚么 甚何	了 罢 么
2	我 你 他 我们 他们	这 那 彼此 这样 那样 这里 那里	甚么 何 怎么 怎么样	了 吗
3 (1)	我 你 他 我们 你们 他们	这 此 彼 这样	甚么 甚何	了 呢
(2)	我 你 他	这 这些 此	甚么	而已
(3)	我 你 他	这	怎么	了 呢 吗
4	我 你 汝 他	这 那 此 其 彼	甚么 何	了 罢 么 而已

　供述書は、作文理論に基づき、話し言葉らしくあることが意識されて「書かれた」文書であり、また本論では限られた文書の中で使用されている語彙の調査ではあるが、上の表で共通して用いられている語彙、つまり人称代詞は単数形が「我、你、他」、複数形が「我們、你們、他們」、指示代詞は「這、那」の形、何を意味する疑問詞は「甚么」、語気助詞は「了、罷、呢、麼、嗎」を用いた供述は、本人が話している言葉らしいと見なされたのだろう。話されている言葉に指示代詞の「此」「其」「彼」などが混じることも許容範囲であったのだろうが、文書を話し言葉らしく意識して書くと、いわゆる文言の混在が限られてくることの現れだと捉えることができるだろう。

　話された言葉が先にあるとはいえ、供述書の言葉は書かれた時点で、書面の言葉でもある。書面語にさまざまな層があるとすれば、清代の供述書はもっとも話し言葉に近い書面語だと言えるのではないだろうか。

　本論執筆にあたり允禩允禟事件に関連する檔案資料を関西大学名誉教授松浦章先生にご教授、ご提供いただきましたことを心から感謝いたします。

非漢語圏における中国語問答記録
——『備邊司謄録』「問情別単」の「問」の言葉——

1. 備辺司と『備邊司謄録』

『備邊司謄録』（以下『備辺司』）は、朝鮮時代に置かれた備辺司の日録である。備辺司は、辺境地帯の対外政策のために設置され、後には軍国最高議政機関としての機能と勢力を有し、備局あるいは籌司とも称された。その創設については未だ明らかではないとされるが、辺防の必要性から1482年（成宗13、明成化18）に辺境地帯の情況に詳しい堂上官を選抜し、辺境の防御を司らせたことに端を発し、明宗10年に庁舎が建設されて以後、1865年（李太王2）にその機能を議政府に移し、1892年（李太王29）に廃止された[1]。

備辺司の日録は、原書273冊、1615年（光海君8）から1892年（李太王29）に及ぶ。表紙の右上に「備局上」、左側に「某某年謄録」と書かれており、副本はなく、書き継ぎ保存されてきた。備辺司が廃止されてからは、議政府に次いで内閣に保管され、隆熙2年（明治41年）に奎章閣の図書課に移され、併合後は総督府の管理となり、1930年（昭和5）に旧奎章閣本として京城帝国大学図書館に引き継がれ、現在はソウル大学校図書館に保管されている[2]。1959年4月から1960年10月にかけて、韓国の政府所属機関である国史編纂委員会よって作成された謄写副本を影印し、『備辺司』全28巻が刊行された[3]。

1）備辺司設立の経緯については、田川1962を参照した。本論での備辺司に関する記述は、田川1962に基づくとともに、松浦章・卞鳳奎2007を参考にした。

2）本論における『備辺司謄録』の記述は、田川1962に基づく。

3）田川1962によれば、「本書はその内容に多少の欠漏があるとは云え、その史的価値は上述の如く、この公刊の意義は極めて大なるものがある。又本書原本は乱・行・草体を以てかかれて居り、その解読は容易でない。よって本刊本には、楷書による謄写副本を作製し、これによって影印されておる。一般閲読の便よりすれば又当然なことと云えよう。その謄写第1冊より第34冊まで（影印本1巻より3巻前半迄）は、さきに朝鮮史編修会当時に作製せるものが使用され、35冊以下は新に国史編纂委員会にお

28

　備辺司の日録には、対外政策を行なう最高機関としての日々の記録が詳細に綴られ、朝鮮の対清対日関係に関して資料的価値が極めて大きいことは歴史学の立場からつとに指摘されているが、松浦章1984、1985は朝鮮に漂着した中国船の乗船者に対する取り調べ記録を問答記録として取り上げ、さらに松浦章2014は言語資料としての価値を指摘し、使用言語の側面から分析した[4]。

　近世東アジア海域では、漂着民の救済と本国への送還が行なわれており、その際の問答の記録は、異なる言語を用いる者同士がどのように意思の疎通を図ったかを示すものであり、彼らの共通の伝達手段の現れであるといえるだろう。

　備辺司の日録には、朝鮮時代の朝鮮半島に中国人が漂着した40件について記録されている。問答の記録は「問情別単」と表示され、朝鮮官吏（訳官）の「問」と中国人漂着民の「答」で構成されている。「問情別単」からは、朝鮮半島での漂着民に対する問題による調査内容を知ることができ、各中国船の乗員の氏名、航行目的、積み荷、さらには当時の朝鮮の官吏が中国情勢や社会情況をどのように認識していたか、また問答を通じて新たにどのような情報を得たのかを知ることができる。

　本論では、松浦章2014で筆談記録として取り上げられた中国人漂着民と朝鮮側の問答の記録を、別の角度から見ていきたい。まず、朝鮮半島で中国人漂着民に対してどのような言語でどのような方法で調査を実施したのかを『備辺司』の記録から整理しておきたい。また、同時代の中国語口語が反映されている可能性の有無を調査するため、基本的な語彙を取り上げ同時代の朝鮮半島における中国語会話資料との初歩的な比較を試みたい。

　　いて謄写したという。孰れも厳密に校正を加え、句読点を施し、原本中の摩滅せる文字の確認、欠字との区別、塗抹人名の復原とそのことの明示、誤字脱字の校訂がなされている。」とあり、原書そのものの影印ではない。このことは、言語資料として扱う上で懸念を感じさせる点である。

4）松浦1984、25-83頁。松浦1985、33-96頁。松浦2014、57-69頁。なお、翻刻は松浦章・卞鳳奎2007

2.『備辺司』に見える中国語通訳

　江戸時代の日本において、中国人と日本人、あるいは朝鮮人と日本人とのやりとりには、2つの手段があった。口頭による中国語会話、あるいは漢字による筆談である。日本側が中国語（唐話）を話すことができる人物であれば口頭による会話が成立し、日本側が中国語を解さなければ、漢字による筆談で意思疎通できた。朝鮮半島においても同様であり、会話と筆談の2つの手段があったと考えられる。

　高麗時代忠烈王2年（1276）に通文館が設けられ、朝鮮時代に司訳院が設置された[5]。司訳院は、『李朝太祖実録』2年9月の条に「置司訳院、肄習華言。」と記録されており、公的な中国語教育機関で中国語通訳（訳官）が養成されるようになる。朝鮮における訳官の育成に関しては、「支那本国に送り、実地に漢語を学習せしめんとし」「朝鮮語の使用を禁じ」るなど、江戸時代の長崎唐通事が日本で中国語を学習せざるを得なかった情況とは対照的であり、中国語学習の環境や条件は良好であったと言えるだろう[6]。

　表1は、『備辺司』に記録のある40件の海難事故の調査記録に記された中国船の漂着地点と時期（西暦、朝鮮の王、中国年号の順に表記）、中国人漂着民に対して尋問を行なった朝鮮側の人物をまとめたものである。空欄は、『備辺司』に記録のないことを表す。

5）金文京、玄幸子、佐藤晴彦2002の「解説」（鄭光、佐藤晴彦、金文京）による。

6）この段落の朝鮮における中国語通訳に関する記述は、小倉1964による。

30

表1

史料	海難事故時期	漂到地点	問情人
1	1617／光海君9万暦45	慶尚道統制使営	通事7)
2	1687／粛宗13康熙26	済州	司郎庁与訳官
3	1704／粛宗30康熙43	全羅道珍島南桃浦	司郎庁与訳官
4	1706／粛宗32康熙45	済州	司郎庁与訳官
5	1713／粛宗39康熙52	済州	領来訳官李枢，司郎庁一員，解語訳官数人，齎咨訳官
6	1732／英祖9雍正10	全羅道珍島	領来訳官洪万運，司郎庁与訳官
7	1760／英祖36乾隆25	全羅道羅州慈恩島	領来訳官李禧仁，司郎庁与訳官
8	1762／英祖38乾隆27	古群山	領来訳官申漢禎，司郎庁与訳官
9	1774／英祖50乾隆39	霊光	領来訳官崔挺祥，司郎庁及訳官
10	1774／英祖51乾隆40	済州	領来訳官鄭思玄，司郎庁及訳官
11	1777／正祖元年乾隆42	霊光	領来訳官洪命福，司郎庁及訳官
12	1777／正祖元年乾隆42	珍島	領来訳官洪命福，司郎庁及訳官
13	1777／正祖元年乾隆42	茂長	領来訳学李景弼，司郎庁及訳官
14	1786／正祖10乾隆51	霊岩楸子島	領来訳官鄭思玄，司郎庁及訳官
15	1791／正祖15乾隆56	忠清道洪州牧長古島	領来訳官鄭思玄，司郎庁及訳官
16	1794／正祖18乾隆59	馬梁鎮	領来訳官洪宅福，司郎庁及訳官
17	1800／純祖元年嘉慶5	全羅道霊光郡在遠島	領来訳官卞復圭，司郎庁及訳官
18	1805／純祖6嘉慶10	済州涯月鎮厳庄浦	領来訳官李永達，司郎庁及訳官
19	1808／純祖9嘉慶13	全羅道霊光郡小落月島	領来訳官朴宗行，司郎庁及訳官
20	1808／純祖9嘉慶13	全羅道霊光郡奉山面	領来訳官朴宗行，司郎庁及訳官
21	1808／純祖9嘉慶13	済州大静縣西林前洋	領来訳官李栄載，司郎庁及訳官
22	1813／純祖13嘉慶18	全羅道扶安縣格浦	京訳官金相順，司郎庁及訳官
23	1813／純祖13嘉慶18	全羅道霊光郡荏子島三頭里	京訳官金相順，司郎庁及訳官
24	1813／純祖13嘉慶18	全羅道霊光郡荏子島在遠島	京訳官金相淳，司郎庁及訳官
25	1819／純祖19嘉慶24	全羅道羅州慈恩島	京訳官金俊曾，司郎庁及訳官
26	1824／純祖25道光4	全羅道羅牧荷衣島	京訳官張舜相，司郎庁及訳官
27	1824／純祖25道光4	全羅道牧紅衣島	京訳官張舜相，司郎庁及訳官
28	1824／純祖25道光4	全羅道羅州牧黒山鎮牛耳島	司郎庁及訳官

7)「通事」という用語を用いているのはここのみ。また、史料1は「問」がなく「答」のみであること、氏名、年齢、本籍地が記されているのみであることから、考察の対象から除いた。

29	1829／純祖30道光 9	全羅道珍島郡羅拜島	司郎庁及訳官
30	1836／憲宗 3 道光16	全羅道羅州牧黒山島	司郎庁及訳官
31	1837／憲宗 3 道光17	牛耳島	司郎庁及訳官
32	1839／憲宗 6 道光19	全羅道羅州牧慈恩島	司郎庁及訳官
33	1852／哲宗 3 咸豊 2	忠清道泰安安興鎮	司郎庁及訳官
34	1855／哲宗 6 咸豊 5	全羅道珍島郡南桃浦	司郎庁及訳官
35	1858／哲宗 9 咸豊 8	忠清道泰安郡熊島	司郎庁及訳官
36	1858／哲宗 9 咸豊 8	蟻項里	司郎庁及訳官
37	1859／哲宗11咸豊 9	全羅道珍島郡南桃浦	司郎庁及訳官
38	1877／高宗14光緒 3	仁川府徳積	本府公事官及訳官
39	1880／高宗17光緒 6	全羅道光霊光郡	本府公事官及訳官
40	1880／高宗17光緒 6	忠清道庇仁縣	本府公事官及訳官

　上の表に「問情人」として示したように、『備辺司』には訳官の存在を確認することができ、漂着中国人への質問は訳官が行い、本国送還まで複数の訳官が尋問を担当していたと考えることができそうである。たとえば、1713年（粛宗39）、済州に漂着した中国人の１件の記録を見てみる[8]。

　　司 啓辭，即接濟州漂人領來譯官李樞手本，則十月二十八日領率漂人自於
　　蘭鎭離發，今月十一日到公州十六日當為進京，云日寒如此，聞其中又有
　　病人，能趁十六日，無弊入京，姑來可知，而似當依前例，預為分付該曹
　　修至所入家舍，以為接置之地，禁軍一人領率衛軍，別為防守及供饋等事
　　亦令依前舉行，且其入京後，本司郎廳一員，解語譯官數人，別為定送，
　　其漂到情實更加盤問，押送北京時賫咨譯官到鳳城交付後，譯官則依前例
　　只賫咨文，入往北京事曾已定奪矣，分付義州府尹，使之預為通報於鳳城
　　何如。答曰，允。

　この記述によると、漂着中国人は救出後「領来訳官」によって尋問、記録され、その後漢城に護送され、漢城で備辺司郎庁の訳官による尋問があり、

---

　8) 本論の中国人漂着民に関する記録は、特に記述がないかぎり『備辺司』による。

32

漂着民が移動するたびに訳官が付き添ったと考えられる。

　表1のいくつかの事例からは、漂着民に対して訳官による調査は2回実施されたということが見てとれる。たとえば、史料6と史料7の場合には、2人の訳官による尋問記録がそれぞれ「問情別単」として記録されている。

史料6
　　全羅道珎島郡漂漢人領來譯官洪萬運問情別單
　　全羅道珎島郡漂漢人等本司郎廳問情別單
史料7
　　全羅道羅州慈恩島漂海人領來譯官李禧仁問情別單
　　全羅道羅州慈恩島漂海人等本司郎廳問情別單

　上に挙げた史料6と史料7の「問情別単」は、漂着民に対して、まず「領来訳官」が漂着した中国人を救出後尋問を行なった後に、漂着民を漢城に送り届け、漢城でさらに備辺司郎と訳官によって再度尋問が行なわれたということを示しているといえるだろう。

　また、1819年（純祖19）10月に起こった海難事故の中国漂着民に対する調査の過程を見てみよう。

A-1 己卯十月
　　司　啓曰。即見全羅監司朴宗薰狀 啓謄報。則以為羅州慈恩島漂到人二十七名。乃是大國福建省泉州府同安縣人之行商漂到者。而當初三十名。同騎一船。三人淹失。船隻破碎。願從旱路還歸。治送等節。恭□廟堂行會。京譯官下來後。眼同舉行為辭矣。今此漂人船隻。既已破碎。依其願。從旱路還送。而所着衣袴。自該水營。已為造給。今無可論。朝夕供饋。沿路刷馬。各別申飭舉行。以示 朝家優恤之意。定差員。次次交替上送于京城。自京城。轉送于灣府。以為入送鳳城之地。而所經各邑禁雜人等節。一體嚴飭。渠輩物件中。可以運致者。亦以刷馬替運。卜重難致者。及物貨之願賣者。從厚折價以給。破碎船材。棄置什物。渠輩所見處。並為燒

火。漢學譯官一人。令該院擇定。給馬下送。<u>更為問情後</u>。與差員眼同領來。令槐院。撰出咨文。順付於今番節使之行淹死之至為三名。極為矜惻。更為嚴飭於沿海各邑。期於拯得之意。分付何如。　答曰。允。

Ａ－２　己卯十一月初九日

　　司　啓曰。全羅道羅州慈恩島漂到大國人二十七名。不日上來矣。依近例。<u>直令入接於弘濟院後</u>。<u>更為問情</u>。所着衣袴。分付各該司。依例題給。令沿路譯學及各道差員。次次領往灣府。交付於節使。使之帶去。亦令灣府。預先馳通於鳳城將處。以為渡江後護送之地何如。　答曰。允。

Ａ－３　己卯十一月初十日

　　司　啓曰。全羅道羅州慈恩島漂到大國人二十七名。<u>入接弘濟院後</u>。<u>使本司郎廳及譯官問情</u>。<u>則與京譯官金俊曾問情時問答</u>。<u>別無異同</u>。故正書入　啓而今此漂人。皆願速歸。留一宿。即為發送何如。　答曰。允。

　上に引用した記録の下線部分に見られるように、中国漂着民に対して複数の訳官による複数の調査が行なわれ、それぞれの調査内容に相違がなければ「問情別単」として記録されたと考えられる。

　朝鮮半島では訳官の配置は一か所に止まらず要所要所に置かれ、中国漂着民に対しては彼らによって尋問と護送がなされ、弘済院に収容された後さらに尋問があり、本国へ送還されたようである[9]。

　このように、『備辺司』の漂着記録からは、通訳の存在と彼らの役割を見てとることができる。

3．中国語通訳の存在意義

　では、海難事故の発生と乗員乗客の漂着後、朝鮮側は漂着民とどのように接触していくのだろうか。中国人漂着民を記録した案件には、以下に示すように漂着民の言語能力に関する記述が見られるものがあり、言葉も文字も通

　9）朝鮮における漂着民の本国送還に関しては、糟谷2009、糟谷2010を参考にした。

34

じない状況で意思の疎通が図れないため、訳官の到着を待ち、訳官の尋問によって海難事故の詳細が明らかになっていく過程が記されている。

B. 高宗14年（1877）

B-1 丁丑二月二十二日

府 啓曰。即見仁川防禦使李南輯狀 啓。則荒唐挾船一隻。漂到於德積浦邊。而人數四名內一名。死在船中。其餘三名。言語難通。書字不辨。而似是漁採唐船之逢風漂到者。其回送之節。請令廟堂稟 旨分付。屍體先為埋直云矣。言語文字既不相通。則何國何地之人。從水從陸之願。不容不詳細問情。下送京譯。使之斯速舉行。留住間饋給之節。另加申飭之意。分付何如。 答曰。云。

B-2 丁丑三月初三日

府 啓曰。即見仁川防禦使李南輯狀 啓。則德積鎮漂到彼人三名。該僉使與京譯官詳細問情。則乃是大淸國登州府文東縣人之遭風漂到者。願送旱路還歸。治送之節。請令廟堂稟 旨分付，彼人姑為移接於該鎮公解。而其屍身之已埋者。與船隻什物。彼言以七月內持公文載去云矣。漂蕩危濤。淹沒多命。遠地人事。極為慘惻。而餘存三名之由陸願歸。其情固然。使之送旱路發送。既是外地之人。則不必另定咨官。依已例。令沿路譯學及差員。次次替傳。而留住間。救療饋給之節。與所騎刷馬。並令各該道。照例舉行。其屍身與船隻什物。另飭該鎮。着實守護。緣由咨文。令槐院撰出。以為順付入送之地。何如。 答曰。允。

B-3 丁丑三月十四日

府 啓曰。仁川府德積鎮漂到大國人三名。當不日上來矣。依近例。入接弘濟院後。更為問情。所着衣袴。分付各該司。依例題給。而別定譯官。替付於沿路譯官。仍飭各該道臣。使之定差員。次次領送。亦令灣府。預先馳通于鳳城將處。以為渡江後護送之地。何如。 答曰。允。

B-4 丁丑三月十六日

府 啓曰。仁川府德積鎮漂到大國人三名。入接弘濟院後。使本府公事官及譯官。詳細問情。別單書入。而今此漂人。皆願速歸。留一宿發送何如。

答曰。允。

仁川府德積漂人問情別單（省略問情別単部分）

C. 高宗16年（1879）

C-1 己卯十一月

　　府　啓曰。即見忠清水使李教復狀　啓。則庇仁縣內多浦。漂泊彼人七名。
　　<u>語音不通</u>。<u>文字難解</u>。京譯官下送問情之節。伏□ 處分云矣。<u>言語而未</u>
　　<u>解</u>。<u>文字而莫辨</u>。則何國何地之人。有難櫨？得。<u>解事譯官一人</u>。令該院。
　　急速下送。<u>詳細問情後</u>。形止馳　聞。留住間供饋 。禁雜等節。着意為之
　　事。關飭。何如。　答曰。允。

C-2 己卯十二月初十日

　　府　啓曰。即見忠清監司李明應狀　啓。則枚舉庇仁縣監洪用周牒呈。<u>及京</u>
　　<u>譯官李應俊手本</u>。<u>以為內多浦漂人七名詳細問情</u>。則乃是大清國人之行商
　　漂到者。而彼既知旱路之便。而借其棄船。又怕日寒。而留待二月云者。
　　萬萬不可。故稍俟風順日解。便即回船。而衣服製給。有難擅許。更待 處
　　分舉行。為辭矣。彼人之商船漂着。既無可疑。則還歸之由水由陸。宜從
　　其願。而若由陸則惜其船隻之棄置。若由水則怕其日候之寒冱。然而開春
　　回去云云。似是□於風濤而然也。所着衣袴。斯速製給。所傷船械。亦為
　　改 暄。令<u>舌譯</u>。消詳開諭後。善為指送事。分付道帥臣處。待還發狀　聞。
　　令槐院。具由撰咨入送。何如。　答曰。允。

D. 哲宗9年（1858）

　　戊午十一月十八日

　　司　啓曰。即見忠清監司金應根水使宋在璿狀　啓。則以為。泰安郡熊島漂
　　到大國人十名問情。則乃是登州府榮城縣人之行商漂到者。<u>而言語文字俱</u>
　　<u>為未詳</u>。漢學譯官即速下送事。請令廟堂稟 旨分付矣。<u>漂人問情</u>。<u>事係時</u>
　　<u>急</u>。而言語書字或有未瑩處。漢譯一人令該院即送下送。仔細問情後形止
　　馳聞之意。分付何如。　答曰。允。

D-1 戊午十一月二十二日

司 啓曰。即見忠清監司金應根狀 啓。則以為。泰安郡安興境〔加乙〕音
嶼漂到大國人二十一名下陸於所斤鎮掌內。故着□守護。仍為問情。則乃
是江南郡松江府上海縣人之上舡漂到者。而問答既未詳俻。文字亦多難解。
而與熊島漂舡相距不遠。同是漢人。則譯官之各員差送殊涉煩弊。然不敢
擅便。請令廟堂 稟旨分付矣。今此漂舡留旋洋中。逢風破碎。彼人回還。
勢將由陸。而姑未遽議為辭矣。今此江南漂舡亦在一港。不遠之間。<u>京譯
問情</u>。待先到處了當後。仍令一體舉行何如。 答曰。允。

D-2 戊午十二月十二日

司 啓曰。<u>泰安郡熊島蟻項兩處漂人問情譯官手本先已來到</u>。則彼人去就恐
不必遲待道臣狀 聞矣。風波餘生從陸願□。人情之常。況失舟楫。無以可
抗。凡百行裝按例辦給。斯速遞繹。使之到京。而物件之帶去者。次次替
運。換賣者折銀以給。無用物件與船隻燒火。鐵物亦令輸送。而撫出咨文。
定咨官入送何如。 答曰。允。

D-3 戊午十二月二十五日

司 啓曰。忠清道泰安郡熊島漂到大國人十名蟻項里漂到大國人二十一名
當不日上來矣。<u>依近例直令入接於弘濟院後</u>。更為問情。所着衣袴。分付
各該司依例題給。令賚咨官領往。而申飭各該道。使之定差員次次領送。
亦令灣府預先馳通于鳳城將處。以為渡江後護送之地何如。 答曰。允。

D-4 戊午十二月二十九日

司 啓曰。忠清道泰安郡熊島漂到大國人十名蟻項漂到大國人二十一名入
接弘濟院後。<u>使本司郎廳及譯官詳細問情別單書入</u>。而今此漂人皆願速返。
留一宿發送何如。 答曰。允。忠清道泰安郡熊島漂到大國人別情別單
……

蟻項里漂到大國人問情（省略问情别单部分）

　上の引用の下線部からは、漂着民が「言語難通。書字不辨」「語音不通。文
字難解」「言語文字俱為未詳」であったため、訳官が派遣されたことによって
中国船の漂着民であることが明らかとなり、詳細な尋問が開始された状況を
見てとることができる。つまり、ここで言う「言語」と「語音」は朝鮮語で

あり、朝鮮語が通じないということを言っているのであろう。また、「文字」はハングルの可能性もあるかもしれないが、おそらく漢字を指しているのだろう。漂着民は朝鮮語が通じず漢字もほとんど理解しないということを言っているのである。

言葉、文字のいずれを用いても意思疎通が難しければ、通訳が必要となる。下に挙げる引用からは、中国人漂着民の取り調べは複数の人物によって別々に行なわれたこと、訳官による口頭の尋問が不可欠であったことが推察できるだろう。

E．高宗17年（1880）

地方官之先言其從陸還去。雖涉輕□。舡隻破碎。勢將從旱路還送。而彼人未解口語。問情恐欠詳備。從何路還送與譯官下送事。並請令廟堂　禀旨分付矣。

庚辰十月二十三日

水虞侯更爲問情。則與地方官所報。別無差爽。

中国人漂着民が文字（漢字）をほとんど書けず読めなかったことは、以下に挙げる「問情別単」の訳官とのやりとりからもわかる。

史料9

問：儞們崇明縣或稱中年，何也？

答：小的不識文字，崇明與中年音相似，故傳書之際不無異同。

史料10

問：儞們中識字人誰也？

答：只有兩箇人，利君一于小。

史料12

問：山海關以東倶稱關東，儞們既是金州城寧海縣人則是關東人也，初何以稱山東人，且謂寧海為海寧，何也？

爾們所住縣名似當的知海寧或其寧海之別名耶？

答：俺們是海曲村民耕漁為業，目不知書，手不成字，而關東之誤稱山東，寧海之例説海寧，皆是漂盪之餘精神

昏耗蒼黃酬酢不能分別之致也。

史料14

問：爾們四個人都會寫字麼？

答：會寫字只是張元周。

史料18

問：爾們中有能文能書者耶？

答：俺等幼未受學亦未習字，一無能之者，而其中王培照一人略記姓名。

また、上に引用した史料14には引き続き次のようなやり取りがある。

史料14

問：黑山楸子兩島人都不會漢語，何以通話？

答：寫字問答[10]。

史料14は、「中国語ができなれければ、どうやって意思疎通を図ったのか」という問いじたいが、このやり取りそのものが中国語を話すことによって行なわれていることを表している。また、中国人（漂着民）に対しては中国語を話すことが、意思疎通の手段であるという訳官の認識が示されている。さらには、会話と筆談というそれぞれの手段が訳官によって明確に区別されていることを示しているといえるだろう。海難事故を巡っては、一方が中国語を話せず両方に漢字を理解する人物がいる場合にのみ、文字による意思疎通（筆談）が行なわれたのであり、それは通常よく用いられる主な伝達手段では決してなかっただろう。

10）「黒山島」と「楸子島」はいずれも朝鮮の島である。史料14では「黒山」で「大帽子人」と「写字問答」したとあり、唯一漢字を書くことのできた張元周が島の有力者（大帽子人）と漢字を用い筆談でやり取りをしたと考えられる。

いっぽう、朝鮮や日本（長崎）を訪れる中国人が、現地の人間と中国語によって会話を成立させていたことが、次に挙げるやり取りからわかる。

史料3
　　問：你等往日本交易之際，語音不同，何以通情耶？
　　答：長崎島亦有解華語者矣。
史料5
　　問：買賣之際，彼此通話，然後可講定價本，儞們亦能曉解日本的說話麽？
　　答：日本有解話通事，因此傳語。

　史料3と史料5は、朝鮮や日本（長崎）の言語事情を物語っている。漂着した中国人が日本との貿易のために長崎を訪れたことがあるという情報を得た訳官による、長崎での意思疎通をどのように図るのかという問いと、中国人漂着民による、長崎にも中国語が分かる者がおり、「解話通事」すなわち唐通事がいるという答えを記述したものである。中国人漂着民の中には文字（漢字）が読める者は滅多におらず、筆談でのやりとりは困難を伴うものであったとすれば、中国人漂着民と朝鮮の訳官との意思疎通には中国語を話すという手段しかなかったと考えられるだろう。

　中国人漂着民と中国語を用いて話したと考えられる訳官は、漢城だけでなく、沿海地区に置かれていた。『備辺司』には次のように記されている。

　　1777年（正祖元年／乾隆四十二年）丁酉十二月初四日……以本營（筆者
　　　　注，黃海水營）譯學一人領付，於沿路有譯學處……
　　1852年（哲宗三年／咸豊二年）壬子十二月二十五日……京譯官依近例，
　　　　勿爲定送，使問情之水營譯學，仍爲領護上來……

また、『象胥紀聞』「譯官」「清學漢學」には、次のように記されている[11]。

11）小田幾五郎著『象胥紀聞』（村田棠三編『対馬叢書』第7巻、村田書店、1979年）。

40

　　但全羅道海南ニ漢学一員ヲ置長崎通舩時々漂着水木料米ヲ渡シ出舩イタ

　　サセ候由常ノ唐舩ハ段々ニ送リ還シ破舩ハ人ヲ陸ヨリ北京ヘ送ルト云

中国人漂着民は、第一段階として沿海地区の訳官の尋問を受けたのだろう。

　以上のように、漂着民に対する取り調べの手順、中国人漂着民の言語、識
字事情から、朝鮮人訳官による通訳は欠かせないものであり、訳官の本分で
ある中国語を話す能力が必要とされていたということが確認できる。

4．「問情別単」における語彙の不均質性

　「問情別単」は、口頭による複数の訳官による中国語による尋問と、それに
対する中国人漂着民の中国語による回答に基づき、最終的に正式な文書とし
て記録され保管されたものである。すでに引用して示したように、訳官によ
る「問」と中国人漂着民の「答」とで構成されているが、「問情別単」作成に
いたるまでの過程から、取り調べの現場でその都度記録されていたものであ
るとは考えられない。実際のやり取りが発生した時点と記録された時点に隔
たりがあるということは、話された中国語と記録された中国語との間に不一
致が存在しやすいということでもあるだろう[12]。

　前述のように、朝鮮の訳官は公的な通訳養成機関である司訳院で中国語を
はじめとする通訳に必要な教育を受けた。中国で実地に中国語を学習するこ
とを推奨し、朝鮮語の使用を禁ずるなど、訳官の質の低下を防ぐための方策
がとられ、高麗時代に作成された教科書を改訂して用いることによって、組
織的で均一的な通訳教育が行なわれたようである[13]。『老乞大』や『朴通事』
は、中国語の時代的な変化にしたがい改訂が重ねられ、当時の朝鮮人が学ぶ

---

12) 話した言葉どおりに書くにはある程度の技能が要求される行為であることに加え、
　　文書にするにあたり内容、言語とも整えられた可能性があるだろう。
13) 小倉1964、461、465-466頁。また、金文京・玄幸子・佐藤晴彦2002「解説」による
　　と、高麗時代に編纂された『老乞大』とほぼ同時期の『朴通事』は李氏朝鮮時代の通
　　訳養成機関であった司訳院において教科書として長く用いられた。350頁。

べき中国語が記述された実用的な書物であると考えられる[14]。司訳院で使用された中国語教科書は『老乞大』と『朴通事』だけではなかったであろうが、時代の流れによる言語の変化に合わせて改訂された『老乞大』と『朴通事』は主要な教科書であり、中国人漂着民の取り調べと「問情別単」の作成を行なった訳官は両教科書で中国語を学習したと想定できる。訳官の中国語の知識や能力は『老乞大』『朴通事』の中国語と大いに関連しているということになるだろう。

　ここでは、代詞、疑問詞、語気助詞を取り上げ、「問情別単」の訳官の中国語部分である「問」と『老乞大』の語彙を比較する。代詞、疑問詞、語気助詞を取り上げる理由は、海難事故の取り調べにおいて個々の案件による影響を受けにくい、つまりどの案件においても使用され、内容によって使用される語彙に違いが出にくいと考えられるからである。

　『旧本老乞大』と称される最も古い教科書は元代末期に成立し、元代の中国語が反映されていると考えられる。『李朝実録』の成宗11年（1480）の条と同14年の条に改訂と一部内容の削除が行なわれたという記録があり、1517年に崔世珍がこの改訂版に基づいてハングルによる音注と朝鮮語訳を付けた『翻訳老乞大』が刊行され、『翻訳老乞大』の中国語は少なくとも1745年までは学ばれ続けた[15]。1761年に『翻訳老乞大』を改訂した『老乞大新釈』が刊行され、1795年に『重刊老乞大』が出版された。ここでは、1761年に当時の中国語の現状に合わせて改訂され刊行された『老乞大新釈』に対して同時代の「問情別単」を比較対象とする。「問情別単」は表1に示したように、1617年から1880年までに発生した案件の尋問の記録であるため、1760年から1794年までを調査対象とする。次に、『老乞大新釈』と「問情別単」の代詞、疑問詞、語気助詞を挙げよう。

　『老乞大新釈』の代詞、疑問詞、語気助詞は、以下のとおりである。

---

14)　『老乞大』のテキストについては、金・玄・佐藤 2002、356-358頁を参考にした。また、汪維輝 2004に『老乞大』『朴通事』の影印、翻刻、解題がある。

15)　『翻訳老乞大』のハングルによる音注と朝鮮語訳の部分が改訂され、1670年に『老乞大諺解』、1745年に『旧刊老乞大諺解』が刊行されている。

代詞：

　我　我們　咱們　儞　儞們

　這　那

　此　其

「此」は「故此　在此　因此」および「立此文契為照」、「其」は「其餘　其間」のように用いられているが、人称代詞、指示代詞ともに固定された限られた語彙であると言えるだろう。

疑問詞：

　誰　甚麼

　何（「如何　何如　何必」のように用いられている。）

　那裡　那裏

　幾　多少

語気助詞：

　了　罷　呢　麼

　也（使用例は一か所である。別人將我們看作何如人也。）

『老乞大新釈』の代詞、疑問詞、語気助詞は、いずれも語彙が限られており、固定された語彙が使用されている。

　次に、「問情別単」（1760年〜1794年）の代詞、疑問詞、語気助詞は以下のとおりである。

代詞：

　我　我們　儞　儞們　你等

二人称複数形の「儞們」と「你等」が混在する形で使用されている。

　儞們以商人許多茶葉空棄而去，雖云難運無惜，其在矜恤之道，不可無略

　給價本，以慰你等，你等心下如何（1762年）

　此　其　之

疑問詞：

　那　誰　某　甚　甚麼　啥　何　那裡　孰　哪裏　幾　幾何　幾許

　多少　何如　如何

語気助詞：

也　耶　乎　否　了　麼

「問情別単」と『老乞大新釈』の代詞、疑問詞、語気助詞を比較した結果、次の３点が言えるだろう。

（１）「問情別単」の語彙の種類が多く、たとえば疑問を表す語気助詞の場合には「麼」と「耶」が用いられているように、いわゆる文言（「耶」）と文言以外（「麼」）の語が混在して用いられている。

（２）「問情別単」には「你等」が用いられているが、『老乞大新釈』には「你等」が用いられていない。

　1750年以前の「問情別単」では「你等」はさらに多く用いられている。

　　你等姓名云何，年紀幾何。

　　你等路引中十七人書填，而怎無一人。

　　你等十六人中漢人幾何，清人幾何。

　　你等慣行水路，或有海賊出沒之事乎。

　1800年以降の「問情別単」の人称代詞は「我　儞　儞們」に限られ、「你等」は用いられていない。

（３）『老乞大新釈』では指示代詞の「這」「那」が用いられているが、「問情別単」では用いられず、1813年以降にようやく「這」「那」を用いた記録が出現し始める。

　「問情別単」と『老乞大新釈』の語彙を比較した結果、第一の特徴として、「問情別単」の語彙の多様性と不均質性、『老乞大新釈』の語彙の限定性と均質性を挙げることが出来るだろう。均質であるかどうかは、主に文言の混在の有無に起因していると言える。

　また、「問情別単」内部の語彙の変化を指摘することができる。「你等」の使用から不使用への変化、「這」「那」の不使用から使用への変化は、『老乞大新釈』で学習した語彙の実用が反映された結果である可能性があり、「問情別単」の中国語には『老乞大新釈』で得た知識を実際の業務においていかに使用し発揮したかが反映されている可能性があると言えるだろう。

5．まとめ

『備辺司』の「問情別単」は、朝鮮人訳官と中国人漂着民との話された中国語による複数回の尋問を、訳官の質問と漂着民の回答という尋問を再現する形で記述したものであると言えるだろう。その尋問には、司訳院で通訳としての教育と訓練を受けた訳官の中国語能力が発揮されたはずである。ただし、「問情別単」は話された中国語をそのままの形で復元して記したものであるとは考えがたく、人為的な側面があると考えられる。その人為的な側面とは、文言の混在という形で端的に現れているのではないだろうか。また、同時代の会話教科書の語彙とは異なる、その時代の口語としてそぐわない語彙の使用にも、人為的な要因があるのかもしれない。ただし、「你等」が使用されなくなったり、「這」「那」が使用され始めるといった変化は、実際に話されている中国語との乖離を抑えようとする行為の現れであると見なすことができる。

したがって、「問情別単」は、話された言葉に基づいて作成された文書の言葉を示す資料であると同時に、各年代の口語を反映した資料としての側面も併せ持っているといえるだろう。

話された言葉として書かれた中国語
——18世紀前半中国の供述書と朝鮮の問答記録の言葉——

1．話し言葉と記述

本論の目的は、前2章を踏まえ、同時期の中国、朝鮮において話された言葉として記録された中国語を比較し、共通点と相違点とを見いだすことである。

話された言葉を記録する行為は、当事者による自白が証拠となり罪を裁かれることが前提とされていた中国では早くから行われていたと考えられる。ただし、供述された言葉だけを記録したものではなく、裁判の証拠足り得る形式と内容に改めて作成された文書が公的な文書として提出されていた[1]。このような供述書のあり方からは、供述書の中国語は話された言葉に最も近い書き言葉であると言い得る側面を持っていると言えるだろう[2]。

また、朝鮮王朝では中国船が漂着すると、中国語通訳である訳官が中国語で尋問を行った。尋問のやりとりは「問情別単」として中国語で記録されたが、朝鮮王朝による尋問は複数の訳官によって複数回行われ、それぞれの内容の一致を確認したうえで、訳官と漂着船難民とのやりとりとして整えられたものが清書され、公的な文書として提出されたのであった。

中国の裁判文書であった供述書と朝鮮の漂着難民報告記録であった「問情別単」とは、いずれも事実を伝えようとする目的が共通しており、「問」と「供」あるいは「答」とがはっきりと区別された体裁をとっているという点が共通しているだけでなく、話された言葉にもとづいて書かれた言葉であるという共通点がある。ここでは、両資料における「問」の言葉を調査対象とし、

1）唐澤1995。
2）本書序論では、雍正4年（1726）に記録された允禩と允禟に関する案件の供述書を題材に、供述書のあり方と基本的な使用語彙から、供述書として記録された「供」の中国語の書き言葉としてのレベルについて考察を試みた。

話された中国語を書き言葉として書こうとしたとき、どのような語彙が選択されるのかを見てみたい。どのように書かれるべきかが論ぜられ、目指すべき文書の姿に対して意識的であったと考えられる中国清代の供述書の中国語を基準とし、同時代朝鮮の供述書の中国語を比較することによって、話し言葉を書面語として書くときの言葉の実態を整理することとする。最終的な目標は、すべての語彙を網羅することであるが、本論でも基礎作業の段階として、基本的な語彙の傾向を把握するために、「問」すなわち尋問における「人称代詞」「指示代詞」「疑問詞」「語気助詞」を中心に調査した結果を記述する。

2．清代檔案史料における「問」の言葉

ここで資料として用いるのは、『清代檔案資料選編』第2巻に収められた、允禩允禟案件の文書である「刑部侍郎黄炳両江総督査弼納進秦道然口供折」「穆景遠供詞」「秦道然等口供」の3文書における「問」の言葉である[3]。雍正4年（1726年）の允禩允禟案件の尋問は次のように記録されている。

2.1. 秦道然に対する尋問

秦道然（1658-1747）は無錫の人で、明代に建てられた円林寄暢園主人秦徳藻の長子である。康熙42年（1703）の第4回南巡の際に康熙帝に従い朝廷に入り、第9皇子允禟の先生となり、康熙帝崩御後も允禟に仕えた。

「刑部侍郎黄炳両江総督査弼納進秦道然口供折」に記録されている秦道然に

3）『清代檔案資料選編』には「允禩允禟案」に関する檔案資料がまとめられている。清朝第5代皇帝雍正帝は康熙帝の第4子として生まれたが、皇位継承をめぐって策略をめぐらし、帝位を脅かす存在であるとの理由から、共に異母弟の康熙帝第8子允禩と第9子允禟を改名させ皇族としての地位を剥奪し監禁した。允禩と允禟への弾圧をめぐる一連の檔案文書には、いくつかの供述書が含まれている。ここでは「問」と「供」とを明確に区別して記述されている文書を対象に、供述がどのような言葉で記録されているかを見ていく。

対する尋問とそれに対する供述は9回にわたる。次にそれぞれの尋問ごとに
提示していく。

　　　奉旨叫問你，你系漢人，非別人可比，為何幫助允禵作惡嚇詐人，所作所
　　為之事惡亂已極，且口出狂言，説允禵有帝王體，此等謀為不軌，你罪該
　　誅戮皇上寬恩饒你，發回原籍，着你完銀助餉，你又將所有家產俱行藏匿，
　　你所作之事已據姚子孝盡行供出，你可將允禵、允禩、允䄉所作所為之事
　　一一詳細供來，你若實說了，皇上還寬你。
　人称代詞は「你」、指示代詞は「此等」、疑問詞は「(為)何」、語気助詞は
「了」、連体修飾を示す助詞は「之(事)」が用いられている。また、処置句に
は「將」が用いられている。

　　　邵元龍告你第一款內説，允禵原系庸惡陋劣之人，起初犹肯讀書寫字，後
　　與你日近日親，不復與邵元龍見面，每日令你由角門私進，三鼓方出，不
　　知密商何事等語，你逐一從實供來。
　人称代詞は「你」、疑問詞は「何(事)」、連体修飾を示す助詞は「之(人)」
が用いられている。

　　　邵元龍告你第二款內説，允䄉出兵之時，允禵日至其家，四五鼓方回，不
　　知所商何事，亦令你往見等語，你把允禵與允䄉所商之事，允禵令你去見
　　允䄉是何意見，你去見過幾次，相見時説些甚麼話，逐一從實供來。
　人称代詞は「你」、指示代詞は「其」、疑問詞は「何(事)」、連体修飾を示
す助詞は「之(時/事)」が用いられていると同時に、この部分では疑問詞の
「甚麼」が用いられ、処置句には「把」が用いられている。

　　　邵元龍告你第三款內説，你與太監何玉柱、班柱兒結為弟兄，狐群狗黨，
　　行事兇惡，他時勸阻，反致你懷恨，幾欲陷他于死地等語，你逐一從實供
　　來。
　ここでは「你」に加え、「他」が用いられている。

邵元龍所告第四款內説、允禑令太監何玉柱往關東私刨人蔘、又令人在天
　　津衞霸占木行等語、你既在允禑家管事、這些事體你必知詳細、從實供來

ここでは指示代詞「這些」が用いられている。

　　邵元龍所告第五款內説、允禑使太監何玉柱在天津衞、蘇揚等處貨買良家
　　子女、其不願賣身者、何玉柱扮做新郎、假稱安三之子明媒娶來、暗入貝
　　子之室等語、你可將實情一一供來。

　人称代詞は「你」、指示代詞は「其」、連体修飾を示す助詞は「之（子／室）」
が用いられ、処置句には「將」が用いられている。

　　邵元龍所告第六款內説、允禑使太監張瞎子探聽各宮消息、姚子孝往來允
　　禵用兵之處等語、你可將允禑探聽各宮消息探聽了些甚麼事體、為何事差
　　姚子孝往允禵之處、逐一據實供來。

　人称代詞は「你」、疑問詞は「何（事）」「甚麼」、連体修飾を示す助詞は「之
（處）」が用いられ、アスペクト助詞の「了」、処置句には「將」が用いられて
いる。

　　你系聖祖皇帝提拔之人、受恩深重、不該如此辜負聖祖恩典、皇上不將你
　　即行正法、是皇上格外天恩、你如今還存欺詐之心、不盡行供出聖祖在天
　　之靈斷不饒你、皇上必將你正法、你將未曾供出允禑、允禵、允禩所為之
　　事逐一再從實供來。

　人称代詞は「你」、指示代詞には「如此」の「此」、連体修飾を示す助詞は
「之（人／心／靈／事）」が用いられ、処置句には「將」が用いられている。

　　你還有未供出的事體甚多、容你慢慢想去、一一再行供來、若仍然少有隱
　　瞞、必將你嚴行夾訊。你既系讀書人、難道不曉得大體麼。你從前欺天、
　　欺君之處已多、今還不悔悟麼。

　人称代詞は「你」、連体修飾を示す助詞は「之（處）」だけでなく「的（事
體）」が用いられ、語気助詞に「麼」が用いられ反語を表している。

2.2. ポルトガル宣教師モラン（中国名穆景遠）に対する尋問

ヨーロッパから派遣されていたポルトガル人宣教師モラン（Joan Mourao, 1681-1726）は、雍正帝との関係から捉えられ尋問を受けた。

「穆景遠供詞」に記録されているモランに対する尋問とそれに対する供述は9回にわたる。次にそれぞれの尋問ごとに提示していく。

　　你在允禵處行走多年，與允禵最相親密是人皆知的，如今允禵的情罪更是天下人皆知的了，你可把你與允禵一切所行所説逐件據實供出，免得動刑審你。

人称代詞は「你」、連体修飾を示す助詞は「的（情罪）」が用いられ、語気助詞に「了」が用いられている。

　　允禵説越遠越好的話是甚麼意思呢。

疑問詞は「甚麼」、語気助詞は「呢」が用いられている。連体修飾を示す助詞は「的（話）」が用いられている。

　　允禵寄信給他兒子都是西洋字，據他管事人佟保已經供明是你教他的西洋字，他跟前只得你一個西洋人，這是不用再問的了。

人称代詞は「你」「他」、指示代詞は「這」、連体修飾を示す助詞は「的（西洋字）」、語気助詞に「了」が用いられている。また量詞「個」が用いられている。

　　你在西寧住處合允禵住處相連，可是將牆挖了洞時常往來的嗎。

人称代詞は「你」、アスペクト助詞の「了」、疑問を表す語気助詞の「嗎」、処置句には「將」が用いられている。

　　為甚麼要等三年孝滿之後纔可求得，這是甚麼緣故呢。

指示代詞は「這」、疑問詞は「甚麼」、連体修飾を示す助詞は「之（後）」、

語気助詞は「呢」が用いられている。

　　那帖子上寫兩省的百姓説允禵好，又説他苦，怎麼允禵就説到沒有爭天下
　　的話回復那人呢。你把其中詳細盡數説來。
　人称代詞には「他」、指示代詞には「那」「其（中）」、連体修飾を示す助詞
は「的（百姓／話）」、疑問詞は「怎麼」、処置句には「把」、語気助詞は「呢」
が用いられている。

　　你由西寧起解的時節，你向着允禵的住處磕頭大哭，這是眾耳眾目的事，
　　可見你的心腸是始終依戀允禵的了，你還説你被他哄了你半輩子，你這樣
　　欺心的話還説得去嗎。
　人称代詞には「你」「他」、指示代詞には「這」「這樣」、連体修飾を示す助
詞は「的（時節／住處／事／心腸／話）」、語気助詞は「了」「嗎」が用いられ
ている。

　　你曾向人説明是給天主磕頭的嗎。
　人称代詞は「你」、語気助詞は「嗎」が用いられている。

　　你在路上曾望着人説甚麼來嗎。
　人称代詞は「你」、疑問詞は「甚麼」、語気助詞は「嗎」が用いられている。

2.3. 秦道然、何図、張瞎子に対する尋問の言葉

　「秦道然等口供」には先述した秦道然に対する尋問が2つ、何図と張瞎子に
対する尋問がそれぞれ1つずつ記録されている。

2.3.1. 秦道然に対する尋問

　　你系漢人詞林，當日聖祖皇帝命你在允禩家教書，你如何管起允禩的家務
　　來，允禩一切行為之事俱是你商謀贊助，你常向人説允禩有帝王體，可見

話された言葉として書かれた中国語——18世紀前半中国の供述書と朝鮮の問答記録の言葉——　51

你的心跡久已在人耳目的了，你的情罪已不容誅，近日奉旨遣侍郎黃炳往
江南審訊，據你口供明明尚有未曾供出之處甚多，如今將你提到，你還必
定寧死要做允禵、允禟、允䄉的逆黨到底不肯把允禟、允禵、允䄉一切行
為與你自己黨助悖逆之處盡情供出嗎。

　人称代詞は「你」疑問詞は「如何」連体修飾を示す助詞は「的（家務／心
跡／逆黨）」「之（事／處）」、処置句は「把」、語気助詞は「了」「嗎」が用い
られている。

你既知道允禟無才無識、糊塗不堪，你卻為何又幫助他做這樣悖逆大罪的
事，你又怎麼見得允禟既然自己無望，又心裡常懷着妄想呢。

　人称代詞は「你」「他」、指示代詞は「這樣」、疑問詞は「為何」「怎麼」、連
体修飾を示す助詞は「的（事）」、語気助詞は「呢」が用いられている。

2.3.2.　何図に対する尋問

你是允禟第一箇親信的人，是人人知道的，允禟的情罪又是天下人皆知道
的了，你罪大惡極早該萬死的人，蒙皇上天恩寬你到如今，今又奉旨命王
大人來審你，你還要狡口支飾，必定忍死不將允禟們所行所為之事與同你
商謀之事盡情供出，你竟是到底甘心黨逆了，你還不實説麼。

　人称代詞は「你」「他」、疑問詞は「為何」「怎麼」、連体修飾を示す助詞は
「的（人／情罪）」「之（事）」、処置句は「將」、語気助詞は「了」「麼」が用い
られている。

2.3.3.　張瞎子に対する尋問

你是那裡人，從前幾時到西寧，你怎麼鑽謀到大將軍府裡去的。允䄉的八
字如何叫你推算，你如何算來，允䄉又怎樣喜歡賞你，還向你説些甚麼話。
——從實供來。

　人称代詞は「你」、疑問詞は「甚麼」「幾時」「如何」「怎麼」「怎樣」、連体
修飾を示す助詞は「的（八字）」が用いられている。

52

　以上列挙したように、1726年の允禩允禟案に関する「刑部侍郎黄炳両江総督査弼納進秦道然口供折」「穆景遠供詞」「秦道然等口供」の3文書から、それぞれ「問」の部分を提示し使用語彙を見た。

　全体的に見れば、人称代詞には、尋問の相手を指す二人称として「你」が用いられ、三人称を指す場合には「他」が用いられている。指示代詞には「此等」「其中」が用いられているが、主に用いられているのは「這」「那」である。疑問詞は「何」「如何」「為何」「何事」などが用いられているが、「甚麼」「怎麼」「怎様」も用いられている。語気助詞は「了」「呢」「麼」「嗎」が用いられている。さらに細かく見れば、指示代詞「此」や疑問詞の「何」を用いるのは、「刑部侍郎黄炳両江総督査弼納進秦道然口供折」における秦道然に対する尋問により多く見られていると言えるだろう[4]。また、モランや何図、張瞎子に対する尋問では「此」や「何」の使用がより限られ、特にモランに対する尋問では「此」「何」は一切用いられていない[5]。

　個々の尋問相手と語彙の関係には細かな差があるともとれるが、人称代詞、指示代詞、疑問詞、語気助詞いずれも語彙の種類が限られており、限定的もしくは均質的であると言えるだろう。

3．「問情別単」における「問」の言葉

　中国の檔案資料の供述書の尋問がどのような言葉で記録されているかを見たのに続き、ここでは朝鮮時代に置かれた備辺司の日録である『備邊司謄録』に記録された「問情別単」の「問」の言葉を見ていきたい[6]。

4）また秦道然に対する尋問では名詞と名詞の間に置き判断を表す語（現代中国語では「是」が用いられる）は「系」が用いられており、その他の文書の尋問では「是」が用いられているのに対して特殊であると言える。

5）さらに言えば、連体修飾を示す助詞には「的」（「之」は「之後」の形で1回のみ）、処置句には「把」が用いられているという点や、補語の使用に関しても、モランに対する尋問はより口語的である。

6）『備邊司謄録』は朝鮮半島に防衛のために設置された部署である備辺司の日誌記録である。清代の漂着船に関する記述部分は松浦章・卞鳳奎2007に翻刻されているため、

「問情別単」の「問」は当時の朝鮮半島の訳官が話した中国語に基づいて、中国からの漂着民に対して尋問を行ったものの記録であり、その答えが「答」で記録されている。允禵允禟案件の尋問が中国人役人によって実施されたものであるのに対し、「問情別単」の「問」は、外国語として中国語を学んだ朝鮮の訳官による中国語であり、「問」に対する「答」が中国人漂着民であるという違いがある。

允禵允禟案件（雍正4年、1726年）の同時代の「問情別単」として、粛宗39年（康熙52年、1713年）と英祖9年（雍正10年、1732年）の記録を取り上げる。

3.1. 粛宗39年（康熙52年、1713年）の尋問

粛宗39年、済州に福建省泉州の中国船が漂着し、訳官李樞が中国人漂着乗組員に対して尋問を行った。尋問のやりとりは65に及ぶが、次にひとつずつ提示していく。

你等在何地，而因何事，漂到我國乎。

人称代詞は「你等」、疑問詞は「何（地）」、語気助詞は「乎」が用いられている。

福建管轄幾處，而官人幾員耶。

疑問詞は「幾」、疑問詞との組み合わせで語気助詞は「耶」が用いられている。

福建風俗尚文乎，尚武乎。

語気助詞は「乎」が用いられている。

福建農商早晩如何耶。

疑問詞は「如何」、疑問詞との組み合わせで語気助詞は「耶」が用いられている。

近年以來，白絲物貨價本極高，未必年年失蚕也，有何曲折也。

あわせて参照した。

54

語気助詞は「也」、疑問詞は「何」が用いられている。

　暹羅長崎買賣北京亦知之，而無海禁之事耶。

指示代詞は「之」、連体修飾を示す助詞は「之（事）」が用いられている。

　税官住何處，而一年所收幾許耶。

疑問詞は「何處」「幾許」、語気助詞は「耶」が持ち用いられている。

　福建省邊於海，時常有防守之事乎。

連体修飾を示す助詞は「之（事）」、語気助詞は「乎」が用いられている。

　軍兵騎兵乎，步兵乎。

語気助詞は「乎」が用いられている。また、現代中国語の「是」に当たる動詞が用いられていない。

　同安縣乃宋朝朱英子蒞任之地，遺風獨有可聞者乎。

連体修飾を示す助詞は「之（地）」、語気助詞は「乎」が用いられている。また、現代中国語の「是」に当たる語として「乃」が用いられている。

　廟門題以何號，而祭用何禮乎。

疑問詞は「何（號／禮）」、語気助詞は「乎」が用いられている。

　祀官着何樣衣冠而祭之乎。

指示代詞は「之」、疑問詞は「何樣」、語気助詞は「乎」が用いられている。

　朱文公子孫有否。

語気助詞は「（有）否」が用いられている。

　南方耕牛，熱則入水，身涼復出，云然耶。

語気助詞は「耶」が用いられている。また、「そのとおりですか」を「云然」で表している。

　水牛何以拿得而家養生雛乎，其大比家牛如何耶。

指示代詞は「其」、疑問詞は「何以」「如何」、語気助詞は「乎」「耶」が用いられている。

　四五年前海賊甚多，故自北京有報論事矣，近年則聲息如何耶。

疑問詞は「如何」、語気助詞は「矣」「耶」が用いられている。また起点を示す介詞は「自」が用いられている。

　皇上有別樣撫恤之事乎。

連体修飾を示す助詞は「的（事）」、語気助詞は「乎」が用いられている。

　你們在於何地，何年月日，從何處乘船，將往何處，做甚麼事幹，而到此
　漂沒耶。

人称代詞は「你們」、指示代詞は「（到）此」、疑問詞は「何（地／年／月日
／處）「甚麼（事）」、語気助詞は「耶」が用いられている。また、起点を示す
介詞は「從」が用いられている。

　你們六月二十日乘船漂到我國，其間日子甚多，未及漂到之前在於何地耶。

人称代詞は「我（國）」「你們」、指示代詞は「其（間）」、疑問詞は「何
（地）」、連体修飾を示す助詞は「之（前）」、語気助詞は「耶」が用いられてい
る。

　你們乘船時，共通幾個人，而今有幾箇人耶。

人称代詞は「你們」、疑問詞は「幾」、語気助詞は「耶」が用いられている。
なお、「幾個人」と量詞「個」が用いられている。

　你們姓名年紀居住一一説破。

人称代詞は「你們」が用いられている。

　你們既是共事同船而來，則情地不凡，死生去就宜無異同，而何不帶去屍
　體，埋置外國，果合於情理耶。

人称代詞は「你們」、疑問詞は「何」、語気助詞は「耶」が用いられている。

　北京人死則皆是燒燓，你們何不燒燓耶。

人称代詞は「你們」、疑問詞は「何」、語気助詞は「耶」が用いられている。
また「すべて」を意味する副詞として「皆」が用いられている。

　你們發船時亦有同時發行的人耶。

人称代詞は「你們」、連体修飾を示す助詞は「的（人）」、語気助詞は「耶」
が用いられている。

　你們船雖破沒，既已拯出物件，則何獨漂失船票，到那你們地方，能免罪
　責耶。

人称代詞は「你們」、指示代詞は「那」、疑問詞は「何」、語気助詞は「耶」
が用いられている。

　在前海禁至嚴，無有海商矣，何近年不禁耶。

疑問詞は「何」、語気助詞は「矣」「耶」が用いられている。

　　四五年前海賊出没之故，自北京有咨報之事，何謂近無海禁耶。

　疑問詞は「何（謂）」、連体修飾を示す助詞は「之（故／事）」、語気助詞は「耶」が用いられている。

　　你們地方幅員甚廣，東西南北往來行商何所不可，而涉險遠赴於日本，自取漂没之患耶。

　人称代詞は「你們」、疑問詞は「何（所）」、連体修飾を示す助詞は「之（患）」、語気助詞は「耶」が用いられている。

　　問你們拿來的物件都是你住的地方所產耶。

　人称代詞は「你」「你們」、連体修飾を示す助詞は「的（物件／地方）」、語気助詞は「耶」が用いられている。また「すべて」を表す副詞として「都」が用いられている。

　　安南距福建幾許里，在於何方，蘇杭州廣東亦幾許里，都是陸路耶，亦有水路耶。

　疑問詞は「何（方）」「幾許（里）」、語気助詞は「耶」が用いられている。また、「すべて」を表す副詞として「都」、現代中国語に通じる「是」が用いられている。

　　你們物件中只有些少紬段，而何無白絲等物耶，我國亦與日本買賣，熟諳其風俗，你的花布紅沙等物不合於日本所用，未知斥賣於何方耶。

　人称代詞は「我（國）」「你」「你們」、指示代詞は「其」疑問詞は「何」「何物」、連体修飾を示す助詞は「的（花布）」語気助詞は「耶」が用いられている。

　　日本既不入貢，則兩國人往來買賣，必多有難便之事，官不禁断耶。

　連体修飾を示す助詞は「之（事）」、語気助詞は「耶」が用いられている。

　　你們既通買賣，則彼國之人亦來你們地方麼。

　人称代詞は「你們」「彼（國）」、連体修飾を示す助詞は「之（人）」、語気助詞は「麼」が用いられている。

　　買賣之際，彼此通話，然後方可講定價本，你們亦能曉解日本的説話麼。

　人称代詞は「你們」、指示代詞は「彼此」、連体修飾を示す助詞は「之（際）」

「的（説話）」、語気助詞は「麼」が用いられている。

　　你們亦曾往暹羅國做買賣麼。

　人称代詞は「你們」、語気助詞は「麼」が用いられている。

　　暹羅日本亦有城郭宮闕，人民衣服形體貌樣，可得聞耶。

　語気助詞は「耶」が用いられている。

　　你們將甚麼物貨往暹羅國，對授甚麼物價麼。

　人称代詞は「你們」、疑問詞は「甚麼」、語気助詞は「麼」が用いられている。また処置句は「將」が用いられている。

　　暹羅日本有管買賣的官人麼。

　連体修飾を示す助詞は「的（官人）」、語気助詞は「麼」が用いられている。

　　曾往日本暹羅時，海中必有島嶼，亦有官府地方耶。

　語気助詞は「耶」が用いられている。

　　儞們亦曾往北京，而同安之距北京幾日程，皆是旱路耶。

　人称代詞は「儞們」、疑問詞は「幾（日程）」、連体修飾を示す助詞は「之（距）」、語気助詞は「耶」が用いられている。「すべて」を表す副詞は「皆」、現代中国語に通じる「是」が用いられている。

　　福建省管轄共通幾何，幅員幾許里。

　疑問詞は「幾何」「幾許（里）」が用いられている。

　　同安縣幅員幾許里，幾箇官人耶。

　疑問詞は「幾許（里）」「幾（箇官人）」、語気助詞は「耶」が用いられている。

　　知縣是幾品，參將鎮守税官各掌何事耶。

　疑問詞は「何（事）」「幾（品）」、語気助詞は「耶」が用いられている。

　　同安縣水田多耶，旱田多耶。

　疑問詞は「耶」が用いられている。

　　旱田所種之穀幾何種耶。

　疑問詞は「幾何」が用いられている。

　　儞們水田一斗租所種之畓，秋收幾斗穀。

　人称代詞は「儞們」、疑問詞は「幾（斗）」、連体修飾を示す助詞は「之（畓）」

が用いられている。

　同安縣田税以米納官乎，以銀納官乎，納於那箇地方耶。

　疑問詞は「那箇（地方）」、語気助詞は「乎」「耶」が用いられている。

　一畝之税折銀幾兩，而一畝田播幾斗種子耶。

　疑問詞は「幾（兩／斗）」、連体修飾を示す助詞は「之（税）」、語気助詞は「耶」が用いられている。

　知縣參將鎮守税官，姓名誰耶。

　疑問詞は「誰」、語気助詞は「耶」が用いられている。「誰耶」の組合せで姓名を尋ねる意味で用いられている。

　爾地方官人出入十，驅從幾許人耶。

　人称代詞は「爾」、疑問詞は「幾許（人)」、語気助詞は「耶」が用いられている。

　爾們住的如許大地，必有文翰雄傑之士，亦可聞知耶。

　人称代詞は「爾們」、指示代詞は「如許」、連体修飾を示す助詞は「之（士）」「的」が用いられている。

　　春種秋收，自是常理，一年再稻者，古無所傳，至於暹羅一國，或有所聞，
　　而亦涉妄誕，爾們在海南問情時，亦言福建春種夏收，夏種冬收云，春稻
　　夏收猶或可也，而夏收之後，始為播種能收於冬前乎，南方風氣雖甚暖熱，
　　必不得四時長春，則其果深冬收獲耶，福建一方皆是再稻耶。

　人称代詞は「爾們」、指示代詞は「其」、連体修飾を示す助詞は「之（後)」語気助詞は「也」「耶」「乎」が用いられている。

　爾地方今年田禾好收耶。

　人称代詞は「爾」、語気助詞は「耶」が用いられている。

　田禾好收時則一斗米價銀子多少。

　疑問詞は「多少」が用いられている。

　同安縣去海幾里耶。

　疑問詞は「幾（里）」、語気助詞は「耶」が用いられている。

　　福建乃是邊海要衝之地，同安尤是海口，當此招安海寇之時，必有防守之
　　道，願聞其詳。

指示代詞は「此」「其」、連体修飾を示す助詞は「之（地／時／道）」が用いられている。また現代中国語に通じる「是」の前に副詞「乃」が用いられている。

　　出巡哨船幾個，一船中有兵幾人耶。

　疑問詞は「幾（個／人）、語気助詞は「耶」が用いられている。

　　既有防守之兵，則必有操練之方，所用軍器亦可指名歷數耶。

　連体修飾を示す助詞は「之（兵／方）」、語気助詞は「耶」が用いられている。

　　儞們往來海洋中，或有奇異奇聞之事耶。

　人称代詞は「儞們」、連体修飾を示す助詞は「之（事）」、語気助詞は「耶」が用いられている。

　　上上年儞們地方人漂到我國，國國救濟護送，未知盡數還歸本土耶。

　人称代詞は「我（國）」「儞們」、語気助詞は「耶」が用いられている。

　　同安是朱文公所蒞之地，嫁娶喪祭之禮，可得聞知，而淸白日等亦有嬉遊
　　之俗耶。

　連体修飾を示す助詞は「之（地／禮／俗）」、語気助詞は「耶」が用いられている。

　　同安縣有名山大川形勝樓臺廟宇僧寺耶。

　語気助詞は「耶」が用いられている。

　　犀象之屬皆產於南方，未知儞們地方亦有犀象耶，願聞捕得豢之方。

　人称代詞は「儞們」、連体修飾を示す助詞は「之（屬／方）」、語気助詞は「耶」が用いられている。

　　儞的物件無遺失帶來耶。

　人称代詞は「儞」、連体修飾を示す助詞は「的（物件）」、語気助詞は「耶」が用いられている。

　　出沒驚濤，跋涉遠路，能無損傷，而兩箇有病之人，今已差愈耶，我國千
　　歲爺軫念儞們之無告，特令沿路縣邑優恤供給，果無凍餒之患耶。

　人称代詞は「我（國）」「儞們」、連体修飾を示す助詞は「之（人／無告／患）」、語気助詞は「耶」が用いられている。

60

3.2. 英祖9年（1732）（雍正10年、1732年）の尋問[7]

英祖9年、珍島に南通州の中国船が漂着し、次に提示する19の尋問が行われた。

　　你等十六人居在何地方。

　人称代詞は「你等」、疑問詞は「何（地方）」が用いられている。

　　你等姓名云何，年紀幾何。

　人称代詞は「你等」、疑問詞は「何」「幾何」が用いられている。

　　你等路引中十七人書填，而怎無一人。

　人称代詞は「你等」、疑問詞は「怎」が用いられている。

　　你等十六人中漢人幾何，清人幾何。

　人称代詞は「你等」、疑問詞は「幾何」が用いられている。

　　你等何年月日，因何事，往何地方，緣何故漂到我國。

　人称代詞は「我（國）」「你等」、疑問詞は「何（年月日／事／地方）」「緣何（故）」が用いられている。

　　你等物件俱為漂沒，則衣服衿褥等物，何能免漂失。

　人称代詞は「你等」、疑問詞は「何」が用いられている。

　　你等行中有二狗，狗非船中緊物，而緣何帶來。

　人称代詞は「你等」、疑問詞は「緣何」が用いられている。

　　你等所持佛像乃是寺庵中所宜有，而航海行商之人為何帶來。

　人称代詞は「你等」、疑問詞は「為何」、連体修飾を示す助詞は「之（人）」が用いられている。

7）この漂着に関する「問情別単」には2種類が記録されているのだが、本論では司訳院の通訳による「問情別単」を調査対象とした。朝鮮半島では漂着民に対して別の通訳による複数回の尋問が行われたと考えられる。現地の訳官（領来訳官）がひととおりの尋問を行った後で司訳院の訳官による尋問が行われ、両方の尋問結果に矛盾がないかが確認されてから「問情別単」として記録されたようである。『備邊司謄録』に記録されている清代の漂着案件のうち2種類の「問情別単」が記録されているものは2件ある。2種類の文書にどのような相違点が認められるかについては稿を改めて取り上げたいと考えている。

南通州是楊州府所管，則距楊州幾許里，而楊州府有何官幾員，通州有何官幾員。

疑問詞は「幾許（里）」「幾」「何」が用いられている。

你等所居地方云是南通州，抑又有北通州耶。

人称代詞は「你等」、語気助詞は「耶」が用いられている。

南通州距北京幾許道里。

疑問詞は「幾許（道里）」が用いられている。

南通州屬於楊州，楊州府屬於江南省，則江南距北京幾許道里。

疑問詞は「幾許（道里）」が用いられている。

你等所居地方有何土產。

人称代詞は「你等」、疑問詞は「何」が用いられている。

你等地方近年農業豐歉何如。

人称代詞は「你等」、疑問詞は「何如」が用いられている。

你等地方旱田水田何多何少，有何奇花異卉。

人称代詞は「你等」、疑問詞は「何」が用いられている。

狼山總鎮所管軍丁幾何，操練之規何如

疑問詞は「幾何」「何如」、連体修飾を示す助詞は「之（規）」が用いられている。

你等慣行水路，或有海賊出沒之事乎。

人称代詞は「你等」、連体修飾を示す助詞は「之（事）」、語気助詞は「乎」が用いられている。

賊稅民役之規何如。

疑問詞は「何如」、連体修飾を示す助詞は「之（規）」が用いられている。

他地方民役亦皆蠲免乎。

指示代詞は「他」、語気助詞は「乎」が用いられている。

以上、1713年と1732年の「問情別単」の尋問をひとつひとつ提示し、人称代詞、指示代詞、疑問詞、語気助詞を中心に語彙を確認した。上に挙げたように、尋問の相手を指す二人称複数形は「你等」「你們」が用いられている。

特にひとつ目に提示した文書では「你等」「你們」のいずれもが使用されている。「你等」が用いられているのは最初の1箇所だけではあるが、次に提示した文書では「你等」のみが用いられていることから、ひとつの文書で二人称代詞は固定されては使用されているものの、「你等」「你們」のいずれもが「問情別単」の尋問に用いられる二人称代詞であったことを示していると言えるだろう。

また「なに」を表す疑問詞は主に「何」が用いられており、「甚麼」はひとつ目の文書の2回の尋問の3箇所で用いられているのみである。

語気助詞に関しても、疑問を示す助詞は主に「耶」もしくは「乎」が用いられ、「麼」はひとつ目の文書の5回の尋問の5箇所で用いられているのみであり、「嗎」はまったく用いられていない。

朝鮮の訳官による中国人漂着民に対する尋問の記録では、全体的に見れば主に文言の語彙が用いられているが、文言には分類されない語彙も用いられている。個別に見れば、人称代詞や語気助詞に見られるように、文書によって用いられる語が異なる場合があると言えるだろう。

4．まとめ

18世紀前半の中国の供述書と朝鮮半島の尋問記録である「問情別単」は同じ形式、つまりいずれも「問」に対して「供」または「答」が続くという形式によって構成された文書であり、「問」「供」「答」を区別し明示することによって、実際に行われた尋問を文字で再現したものであると言えるだろう。しかしながら、いずれも話されたかのような形式をとりながらも、本稿で取り上げた雍正4年（1726年）の允禵允禟案件の「問」と、粛宗39年（1713年）及び英祖9年（1732年）の「問」とでは、その基本的な語彙に大きな違いがあることを確認することができた。

尋問の対象を指す人称代詞は、允禵允禟案件の供述書では単数形の「你」が用いられているが、朝鮮の「問情別単」では複数形の「你等」「你們」が用いられている。これは、允禵允禟案件の供述書は裁判文書でもあり、尋問さ

れる人物が1人であるのに対し、「問情別単」は複数の漂着民に向けられた尋問であることによるだろう。ただし、允禵允禟案件の「供」では一人称複数形が用いられており、それは例外なく「我們」である[8]。

疑問詞は、允禵允禟案件では「甚麼」「怎麼」が、「問情別単」では「何」が代表な語であると言えるが、いずれもどちらも用いられている。

語気助詞は、允禵允禟案件では「了」「呢」「麼」「嗎」が用いられており、「問情別単」では「麼」も用いられてはいるものの疑問を表すときは「耶」「乎」が用いられている。疑問詞と語気助詞に関しては、允禵允禟案件の供述書と「問情別単」の問答記録とでは語彙が大きく異なっていると言えるだろう。

本稿では同時代における一部の個別資料を調査しただけではあるが、清代供述書と朝鮮の「問情別単」の問答記録とでは、「問」においては語彙の違いがあるという結果を得た。話された言葉として書かれた言葉が、当事者や資料により異なることを示していると言えるだろう。

8）松浦 2014に朝鮮人訳官の尋問に「你等」とあるのに対し、中国人漂着民が「我們」で応じているとの指摘がある。

本　論

近世日本における
口頭中国語「唐話」の世界

第一編　江戸時代における口頭中国語の受容
―― 唐通事と口頭中国語

長崎通事の唐話観
――日本人のための唐話との比較において――

1．はじめに

　江戸時代の中国語学習者は、大きく二分することができるだろう。それは、長崎の唐人貿易を支えた唐通事による実用のための学習と、唐通事以外の江戸や京坂など日本各地に在住した日本人である。両者には、鎖国政策下という条件のもとで中国語の学習に努めたという共通点があるが、何のために中国語を学んだのかは、おのずから異なっていただろう。

　唐通事にとって中国語を学ぶということは、唐人貿易の土台であり、中国人と日本人の意思疎通の成立のためであった。また、中国を祖国とする中国人唐通事にとっては、アイデンティティを確立するための、中国語は条件であり、中国語学習は手段であったと言えるだろう[1]。

　いっぽうの日本人は、職業的に必要に迫られていたわけではなく、習得したとしても、中国人を相手に実用することはほぼ叶わないことだった。まして、自らのアイデンティティを中国語に見いだせる存在ではなく、唐通事と日本人の間には、日本で学習しているという共通点のほかには、違いばかりが見られる。それにもかかわらず、中国語は唐通事の手を介して日本人社会へ齎されたのであった[2]。

1）木津 2000a による。

2）岡島冠山は1711年（正徳元年）に、荻生徂徠らが率いた蘐園で唐話を教授する任に就いた。岡島冠山の一連の唐話書は、ここでの成果であるとする見方がある（石崎又造著『近世日本に於ける支那俗語文学史』、潟沼誠二著『儒学と国学』など）。蘐園の

中国語を指す呼称には、「唐話」「唐音」「華語」「華音」などが用いられていたが、これら複数の呼称で表される言葉が、具体的に記された文字として、一般の日本人の前に初めて現れたのは、1716年（享保元）に江戸で出版された『唐話纂要』の言葉だった。『唐話纂要』の編著者である岡島冠山（1674-1728）は、長崎の唐通事であったという確証は唐通事関連資料には残されていないようである。が、長崎生まれであり、唐話が身近にあった環境の下、培った唐話の能力と経験をもとに、本書を編纂したであろうと考えられる。長崎出身という経歴が『唐話纂要』の出版と宣伝に効果があったことは、想像に難くない[3]。『唐話纂要』によって、当時における「現代中国語」は「唐話」という名称で、一般の日本人の間に知られるところとなり、学習されたと言えるだろう。したがって、中国語学習ではなく、唐話学習と呼ぶこともできる。

しかし、江戸での唐話の登場は、長崎から江戸へという、単純な唐話の空間的移動ではなかっただろう。本論は、江戸時代の唐話の諸相とはどのようなものであったのかを探るための手がかりとして、中国語（唐話）の学習者を大きく二分し、何に重点を置いたのかという視点から、唐通事の唐話と日本人の唐話の対比を試みたい。

2．日本人社会に入って来た唐話

江戸時代全般を通じて見れば、日本人の学んだ唐話は、一種類に限られたものではなかったはずではあるが、本論では個別の状況はひとまずおき、公

講師を務めていた期間は、『唐話纂要』出版以前のことであり、影響関係はあると考えられるが、むしろ唐通事としての唐話の知識という土台の上に、蘐園での経験が加えられたのだろう。このように考えると、蘐園というワンクッションがあって、その後に日本人社会に齎されたということになるが、蘐園と唐話との係わりについては、稿を改めて考えたい課題である。ここでは、蘐園という一派に限定せず、『唐話纂要』の出版を受け入れた日本人社会を対象とする。

3）『唐話纂要』を始めとする岡島冠山の名を冠した唐話の本の序文は、必ず、長崎での唐話学習経験や、彼の地での名声などに触れている。

にされた唐話を対象とする[4]。

初めて日本人社会に公にされたとされる『唐話纂要』と、出版年はそれぞれ異なるが、岡島冠山が関係した一連の唐話資料、『唐訳便覧』『唐話便用』『唐音雅俗語類』に絞って考えたい。

岡島冠山による唐話の書物は、18世紀前半にひととおり出版された。その唐話資料には、岡島冠山の長崎での経験や、唐話の知識が反映されているはずである。仮に、岡島冠山が長崎で内通事という通事職に従事していたとすれば、1701年以前のことだった。その後、京坂を訪れたこともあるようだが、1711年から1715年にかけては「訳社」で荻生徂徠らに唐話を講じていた。岡島冠山の経歴は不明な点が多いが、長崎で内通事をしていたという経歴に基づけば、冠山の唐話は1701年以前に長崎で習得されたものである、と言うことができるだろう[5]。

次に、『唐話纂要』と『唐訳便覧』を取り上げ、そこに記された唐話を見ていく。すべての資料に共通する特徴は、僅かな例外を除いて、「唐話」「唐音」「日本語」で一組とする形式である。「唐音」つまり中国語としての発音は「唐話」の右側に、「日本語」は「唐話」の下に、それぞれカタカナで表記されている。単に「唐話」を集めただけでなく、会話形式の中国語に「唐音」と「日本語」の併記があったからこそ、出版の価値があったのだろう。

『唐話纂要』は1716年に5巻5冊で初版が出され、1718年に6巻6冊で再版された。さらに1798年にも1718年版と同じものが出版された。後から加えら

4）江戸時代には、長崎に游学した人物も数多くいた。唐通事の世界に自ら出向き、唐通事との私的な接触によって学ばれた個々の唐話も、資料としての価値があるが、その唐話は、むしろ唐通事の唐話資料としての性格が強いと考えられ、ここで問題としている日本人向けの唐話資料として扱うことには抵抗を感じるため、対象とはしない。

5）『唐通事会所日録』元禄十四年三月七日の記録によると、冠山である可能性のある内通事「岡島長左衛門」が、低賃金による生活困窮を理由に辞職願いを提出した。翌日に受理され、その人物は長崎通事という職業を離れることになった。その後、すぐに長崎を離れたのかどうかは分からないが、この人物が岡島冠山と同一人物であったとすれば、唐通事として唐話を学び、中国人相手に唐話を話していたのは、元禄十四年（1701）三月までだったと考えられる。

れた第6巻には、岡島冠山作と見られる小説風の読み物2編が収められている。第4巻までの構成は、第1巻が「二字話」と「三字話」、第二巻が「四字話」、第3巻が「五字話」「六字話」と「常言」、第4巻が「長短話」と、文字数別に唐話が羅列されている。第5巻は物の名称を分類ごとに集めた語彙集であり、収録語彙は多岐に渡っている。

『唐話纂要』に限らず岡島冠山の資料は、唐話の下にそれに対応する和文が付されている以外は何の説明もない。おそらく、語彙や内容から、長崎の唐話が基礎としてあることは確かだが、日本人社会向きに手を加えた部分があると考えられる。文字数が少ないと、場面を限定することが困難だが、第四巻「長短話」に収められた会話内容を見ると、出会ったときの挨拶や天気や昨今の世相についてなど、ごく身近な話題を、一方の人物が言ったことに対してもう一方が応じる、という1回のやりとりごとに収録している。第4巻は、唐話で会話するための見本だと言えるだろう。第1巻から第4巻は、短く簡単な「片言」に始まり、最後は長く複雑な「会話」に到達することを目指した外国語教科書の体裁である。「和漢奇談」と題した短い小説風の読み物を第6巻として付け加えるまでは、第4巻が到達点であり、第5巻は語彙を増やすための語彙集のようなものである[6]。

第5巻までに比べ、第6巻の特徴をひとことで言うならば、文言が多いという点だろう。たとえば、第5巻までで用いられている人称代詞はそれぞれ「我」「你」「他」だが、第6巻では、「吾」「俺」「汝」「彼」が用いられている。用例を挙げよう。例の後に〈巻数　頁数　表裏〉を示す。以下同様である。

吾有心腹事。〈六5表〉
俺乃長崎人氏。〈六2裏〉
我特來煩汝也。〈六1裏〉

6）この『唐話纂要』のスタイルは、現代にも共通している。現代中国語のテキストにも、最後のまとめの意味を込めて「読み物」や「閲読」を置いたものが多い。しかし、『唐話纂要』の場合は、第一巻から第五巻までの積み重ねを踏まえた内容にはなっていない点が、現代のテキストとは大きく異なる。

彼在長崎時済人貧困。〈六21裏〉

　また、指示代詞に関しても、第5巻までで用いられている「這」と「那」ではなく、「此」「是」「其」「恁」「之」「斯」「焉」「茲」が用いられており、第6巻は全体的に異なる様相を呈していると言えるだろう。

　人称代詞や指示代詞などの基礎語彙に見られる違いは、言葉の種類の本質的な違いを表していると言えるだろう。このように異質な言葉で書かれた読み物を、初版が出版されてから3年後に、第6巻として付け加えたのはなぜかという点については後ほど改めて触れることとして、ここではその事実に注目するに止めておく。

　『唐訳便覧』は5巻5冊で1725年に京都で出版された。第1巻から第4巻までは、和文の第1文字目の音によるイロハ順の分類である。第4巻の途中から第5巻は「長短雑話」として、文字どおり雑多な内容がばらばらに収められている。唐話の長さは一定ではなく、数文字の短めのものから1頁を超えるほどの長いものまで、さまざまである。上で例示した『唐話纂要』第六巻に見られる人称代詞は見られないが、複数表現には「我們」「你們」「他們」以外に「我毎」「你毎」「他毎」、「我等」「你等」「汝等」などが用いられている。一例を挙げよう。

　　我毎都是一般郷下人。〈二6表〉　わたし達はみな同じく田舎の人間です。
　　我等衆家皆銭粮少。〈二7裏〉　わたしどもの家はみな俸禄が少ないのです。
　　汝等皆有職事。〈三2裏〉　あなた方はみな職務がある。

　複数表現に関しては、『唐話纂要』と『唐話便用』にも「～們」「～毎」「～等」の三種類が収録されている。おそらく唐通事が常用していた唐話は「～們」であり、「～等」も用いることがあったようが、「～毎」は用例を見いだすことができない。長崎の唐話の語彙ではなく、新たに加えられた語彙であると見なすことができるだろう。

72　第一編　江戸時代における口頭中国語の受容──唐通事と口頭中国語

　このように、唐通事の影響を受けなかったと考えられる「～毎」で構成される語彙が収められているいっぽうで、内容面では唐通事の仕事を反映したものが特に『唐訳便覧』に多い。もともとは内容によって分類されてはいないが、試みに見出しを付けて例示しよう。併せて、『訳家必備』（『唐話辞書類集』第20集所収のテキストを使用する。なお、引用の後の頁数も同書に基づく。）における同内容の唐話を示し、両者を比較したい。

2.1.　不正行為の取り締まり

『唐訳便覧』　所藏的貨物盡行入官〈二10表〉

　江戸時代の唐人貿易では、港に到着した唐人は唐通事を介して、長崎滞在中の規則を確認し、踏み絵をした上で下船することと定められていた。唐通事資料の『訳家必備』に、長崎上陸前の唐人に示した規則が記録されている。

　　起貨査驗行李可照前約，然有物件果係隱藏無疑者，依例沒官。（40頁）

　不正に荷物を持ち込み個人貿易することを禁じたこの規則は、他の細かな規則とともに書き記され、書面で唐人に見せて確認させるためのものであった。荷物を検査してみると、果たして「藏貨多得狠」（95頁）隠匿物がとても多いなどということもあった。

2.2.　入札商人への荷見せと値組み

『唐訳便覧』
　　照貨好歹，價有高低。〈一9裏〉
　　估價錢須要照依時價。〈二20裏〉
　　假的多，真的少，須教識貨的看了便知端的。〈一9表〉

長崎通事の唐話観——日本人のための唐話との比較において——　73

　『訳家必備』には、「講價」（値組み）の項が独立して立てられており、ここに提示することは出来ないが、事細かな値段交渉の様子が描かれている。
　また、荷物（貿易品）の検査場面も詳しく、品質不良や偽物の多さを指摘する声も把一包分開，只有得二分真的，八分是假的，所以看藥材即刻要褁褁頭目叫你帶回去。(159頁)のように、具体的に記されている。

2.3.　漂着船をめぐって

『唐訳便覧』　漂流到貴地，僥倖得救了，一船人性命。〈二21表〉

　貿易船として来航する予定のない中国船が漂着した場合には、漂着民全員が長崎に送られ、取り調べを受けた。これもまた唐通事の活躍の場であった。

　　你此舩從何處開江，為甚無故到此，莫非在洋中遇着大風，漂流而來，我邦有法，要預
　　先問明白，然後好與你做主，你們必須從實招説。〈二23裏〉

　上に挙げた唐話は、漂着民に対して発せられたものと考えられる。『訳家必備』(65頁)に、「牽送漂到難船」（漂着船を引き渡す）という項が独立して立てられており、次のようなセリフが出てくる。

　　當年老爹傳了王令説，你們唐山在什麼地方，某月某日開來，通船幾十幾箇人，在洋中
　　遇著什麼風暴，漂到那地方，那漂到的情由，詳細報出來。

　ここに挙げた『唐訳便覧』と『訳家必備』は酷似している。語彙に違いがあるが、内容はほぼ同じであり、『唐訳便覧』に唐通事の取り調べの様子が反映されていることは明らかだろう。

2.1. から2.3. のように、ここで挙げた例は一例ではあるが、内容面の類似点を確認した。

　ただし、同じ内容でありながら、言葉遣いや語彙には違いが見られる。ここに見られる違いは、その資料の性質の違い、つまり岡島冠山が日本人を対象として編纂したものなのか、唐通事が唐通事のために作ったものなのか、という違いを表しているのだろうか。しかし、そのときどきによって生じる偶然であり、なんらかの理由を見いだすことは難しい、とも言えそうである。

　では、ここでもう一例挙げよう。

　『訳家必備』　不但眾位，通船人眾也有什麽新聞替我講講。(47頁)
　『唐訳便覧』　別有什麽新聞與我講一講則箇。(一15表)

　上の二例は、どちらも「私に話してください」という要求である。ここでは、『唐訳便覧』には「則箇」という語気助詞が用いられていることに注目したい。『唐訳便覧』全体の語気助詞を見ると、他の冠山資料と同様に「了」「哩」「罷」「着」などの口語だけでなく、「也」「哉」「矣」「焉」などの文言も用いられている。『訳家必備』の会話部分は「了」「哩」「罷」「呵」「呀」「阿」「呢」である。冠山資料の文言語気助詞の使用は、唐通事の唐話との大きな違いを示しているのだが、ここで用いられている「則箇」もまた『訳家必備』では一例も見られない。ただし、「則箇」は文言ではなく、白話つまり口語を模した書面語で書かれた小説や戯曲などに多用される、白話語彙である。『唐話纂要』や『唐話便用』にも「則箇」は会話文の中で用いられているが、会話で「則箇」が用いられるとすれば、偶然や無意識や自然にではなく、むしろ故意に使われる個性の強い語彙であると言えるだろう。

3.『唐話便用』の会話場面

　次に、より具体的に冠山資料における唐話の特徴を見るために、『唐話便用』を取り上げよう。

『唐話便用』6巻6冊は、序文が1725年に記されたが、出版されたのは10年後の1735年であり、岡島冠山没後の出版であった。『唐話便用』は『唐話纂要』と言語的にも内容的にもよく似ているといえるが、分類方法に大きな違いが見られる。『唐話纂要』や『唐訳便覧』は、文字数による分類や、始まりの一文字のイロハ順であり、内容に則したものではなかった。『唐話便用』は第1巻から第3巻までは二字話から七字話までの文字数による分類だが、第四巻から第六巻までは、会話場面によって分類されている。冠山資料の多くは内容に関して何の説明も付されていないが、『唐話便用』の会話場面には、それぞれ「～説話」という具体的な見出しがある。この見出しが、内容説明の役割を果たしている。

『唐話便用』の会話場面の見出しは以下のとおりである。10場面の会話が設定されており、一対一の対話形式で収録されている。それぞれの対話の内容を、さらに細かく分類し、キーワードを①②……に示すと、次のようになるだろう。

（1）初相見説話（初対面での会話）
　　①久問大名　②才名如雷　③久慕高風　④幸接尊顔　⑤初蒙枉駕
　　⑥天賜其便
（2）平日相會説話（ふだんの会話）
　　①問候　②問候　③托事　④賞花　⑤玩耍　⑥問候　⑦問候　⑧可憐
（3）諸般謝人説話（感謝を伝える会話）
　　①宴會　②宴會　③訪問　④幇忙　⑤禮物　⑥禮物　⑦訪問
　　⑧就職　⑨昇進　⑩幇忙
（4）望人看顧説話（とりなしを求める会話）
　　①謝恩　②謝恩　③求幇忙
（5）諸般借貸説話（貸し借りに関する会話）
　　①借錢　②借錢　③借錢　④借書　⑤借景
（6）諸般賀人説話（お祝いの会話）
　　①生日　②結婚　③結婚　④結婚　⑤生男孩児　⑥生男孩児
　　⑦生女児　⑧昇進　⑨搬家

（7）諸般諫勧人説話（勧めと諫めの会話）
①勧喫薬 ②不要賭博 ③不要玩兒青樓 ④不要做壊事 ⑤不要求利
⑥不要信道術 ⑦不要不善 ⑧勧積善 ⑨勧積善 ⑩勧積善
（8）諸般賛嘆人説話（賞賛の会話）
①學才 ②富貴 ③高潔 ④孝心 ⑤清貧 ⑥富貴 ⑦人品 ⑧學才
⑨君子風格 ⑩老師之教 ⑪人品 ⑫有本事
（9）書生相會説話（書生の会話）
①問候 ②看文章 ③目今的書生 ④借書 ⑤借才 ⑥棄武就文
⑦稱賛學問
（10）與僧家相會説話（僧侶との会話）
①問候 ②問候 ③問候 ④願做佛 ⑤説職事

　『唐話便用』には、上に示したような一問一答の対話が収められている。『唐話纂要』『唐訳便覧』にはない具体的な場面設定は、会話に役立つ教科書としての性格をより明白にさせているといえるだろう。
　では、こうした会話の話し手はどのような人物であろうか。会話に付された見出しにあるように、「書生」や「僧侶」が登場する。そのほかにも、さまざまな人物が確認できる。一例を挙げよう。

①前者多蒙吹虚，為眾所信，今既教授諸生，執贄扣門者不為不多，此實仁兄之賜，何勝感佩。
　答　先生大才何須我用言，但先生初到都是面生，所以我稱誦才德，令人得知，今既肯教就是諸生之福，本地之榮，于我何悦如之，鼓掌鼓掌。（諸般謝人説話）

②小弟今年費用多，皆出于不意，所以這年邊千計百較，只是划筹不來，苦極了，仁兄若肯憐我燃眉，恩借十來金，濟此艱難，感佩無涯，乃來年三月，併子母奉償，決不敢失信，千萬千萬。
　答　我也曉得，足下今年另外有許多使用，想是所言不差，但我近年買賣

不利，自家的開交也還不甚清楚，雖信如此，初承尊命，豈敢推托，況且
小可數目，即今奉交便了。（諸般借貸説話）

③聽道仁兄的那一位令侄也是進學了，同窗們都讚他説道穎悟非常，連先
生也喜歡他，想是仁兄教他棄武就文，也好也好。
答　小侄家世為武士，豈可令他棄武士，武士難道不學文，小侄稟性雖敏，
若不學文，未必能通道理，然則連武夫也做不成，禮記曰，玉不琢不成器，
人不學不知道，若果不知道，與禽獸何異，因此我教他進學，決不是棄武
就文的論頭。（書生相會説話）

①は師匠と弟子、②は「答」に「但我近年買賣不利」とあり、和訳に「但某
モ近年ハ商賣利アラズシテ」とあるように商人、③は「答」に「小侄家世為
武士」とあるように武士である。さらに、次の会話を見てみよう。

④小弟這幾日得了閑空，要在家讀書，仁兄家若有珍書，求借一看，決不
敢毀壞。
答　兄長乃看盡了百家之書，皆以為不珍，小弟家所藏也都是兄長看過的，
只有一部前日從崎陽送來，乃今清朝名儒詩集，明日就此奉上。（諸般借貸
説話）

⑤仁兄做書生，在洛陽也是年深目久，難道自負此般大才碌碌守貧不成，
必須到江都去勾當，下半世落得享些富貴，卻不是多少好，仁兄你不可自
誤。
答　小弟原來苦命，只如此罷休，而況動則有事，靜則無事，有事則危，
無事則安，危而富貴，不是我願望，安而貧賤，便是我本等，古人道，寧
無事而家貧，莫有事而家富，寧無事而住茅房，莫有事而住金玉，寧無病
而食犒飯，莫有病而食良藥，依之看來，我的主張也穩當些，但這件事不
敢領教，恕罪恕罪。（書生相會説話）

78　第一編　江戸時代における口頭中国語の受容——唐通事と口頭中国語

④には、「従崎陽送來（長崎から送られてきた）」、⑤には「在洛陽（京都にて）」「到江都去（江戸に行く）」とあり、会話の舞台が長崎ではないことを示している。

　このように、『唐話便用』の会話の舞台は長崎に限定されるのではなく、話者も唐通事ではなく、江戸時代の各層の日本人を話者としていると言えるだろう。

4．唐通事の会話

　唐通事は唐話を用いてどのように会話していたのだろうか。

　唐通事が唐話を用いる理由は、唐通事として課せられた任務を遂行するためであった。この場合、唐話は唐人に対して発せられた。唐船が入港してから上陸するまで、上陸してから貿易品の売買を開始するまで、すべての仕事を終えてから帰国するまでのあらゆる事柄について、唐通事は唐話を用いて唐人との意思疎通を成立させていた。

　次に挙げるのは、日本上陸前の踏み絵の場面である[7]。

　　你們躍銅板，念告示，告示掛在大桅底下，財副你去念起來，把大家聽聽，也要仔細，
　　不要糊塗，你們眾人聽告示，留心聽聽，不要胡亂看東看西説説笑笑，頭目看見在這裡
　　沒有規矩不好意思（28頁）

また、次の場面を見てみよう。

　　方纔寫過了兩張邊單，交把按察老爹，副當年老爹收去，唯獨正當年老爹

7）「踏み絵」を示す唐話が、『訳家必備』では「躍」だが、『唐訳便覧』では「趿銅板是本地的法式フミエヲフムハ當地ノ法式」（三17裏）とあり、「踏む」を示す動詞が異なる。

還是留在後頭，問唐山的信息，老參對船主説道，于今要問唐山的信息，從前問信是我們同僚裡頭有箇問信通事，幾年前除去了，這箇缺再不補，叫我們做當年的兼官，我問你唐山沒有什麽新聞麼，不但眾位，通船人眾也有什麽新聞替我講講（47頁）

これは、新しく来航した唐船の乗員や乗客に対して、唐通事が質問している場面であり、この後に唐人側の回答が記録されている。この場面に描かれているように、唐船が来航し唐人を迎えるたびに、中国の最新情報を入手していたのだろう。日本にとって、貴重な情報収集の手段であったことは言うまでもないだろう。

次に、日本での滞在生活が始まってからの一例を挙げよう。唐人が唐寺で花見をする場面である。

你們好不曉事，這幾株的花，和尚用了多少工夫做箇好排式，一箇枝頭也去不得，半箇葉子也動不得，你們隨手亂拿是什麽道理，大家歇歇手，不要採花，你們這樣沒規矩，叫我怎麽樣回覆和尚好呢，快些走下來，若還不依我，我就叫人拉你下來哩（169頁）

ここでは、羽目を外して花を折ったり、築山に登る唐人を制する様子が描かれている。こうした、貿易業務を離れて、娯楽に興じる際に用いられたのも唐話であった。先に挙げた二例に比べ、語気助詞「呢」や「哩」の使用に見られるように、内容に合わせた少しくだけた言葉遣いになっていると言えるだろう。

このように、職務の性質による、言葉遣いの多少の変化は認められるが、冠山資料ほど文言の使用は目立たないと言えるだろう。そのことは、人称代詞と語気助詞に端的に現れている。『訳家必備』の会話で用いられる人称代名詞は、一人称単数が「我」、二人称単数が「你」「儞」「汝」「爾」、三人称単数が「他」であり、語気助詞は「了」「哩」「罷」「呀」「呵」「阿」「呢」である。また、複数を表す場合は「〜們」か「〜等」が用いられ、冠山資料に用いら

れている「〜毎」の用例はない。

　岡島冠山の唐話は、長崎や唐通事と無関係ではありえない。しかし、岡島冠山が日本人社会に伝えた唐話は、唐通事の唐話と何ら異なるところのない言葉ではなく、むしろ大きな違いがあった。両者の違いは、唐話に対する認識の違いによって生じたのではないだろうか。

5. 唐話と官話

　唐通事にとって、唐話とはどのような言葉だったのだろうか。唐通事のために唐話で書かれた、『鬧理闘』『養兒子』『官話纂』『小孩児』『唐通事心得』などは、唐通事の家庭教育の様子を知らせてくれる。唐通事が唐話学習の上で大切にしていた点は、何だったのだろうか。これらの書物を繙き、彼らの唐話に対する考えを見い出したい。

　　　大凡做一個通事，不是輕易做得來，一則講唐話，二則學文，這兩樣要緊。
　　　　　　　　　　　　　　　　（『唐通事心得』長崎県立長崎図書館蔵）

　ここで述べられているように、唐通事にとって最も大切なことは唐話を話すことであり、文を学ぶことも同様に重要だという。唐話を話すことを最重要視した唐通事の唐話は、『訳家必備』の人称代詞と語気助詞の具体例を示したように、均質であると言うことができるだろう。唐通事の唐話は、唐人に伝わらなければ意味がなかった。だからこそ、唐話を話すことは唐通事にとって大切なことだったのである。相手に伝わる外国語を学びたい者は、使用される時代や地域の限られた語彙や、実際の会話に使用されることの少ない書面語としての性格が強い語彙を数多く学ぶより、通じる語彙を吸収したいと考えるだろう。唐通事資料の語彙が均質であることは、現代人の外国語学習の要求に共通する欲求、中国人を相手に正確に通じる中国語を身につけたいという、切実な欲求を満たす特徴であると考えられるだろう。

　唐通事にとっては実際に役立つ唐話を学ぶことが最重要な課題であったこ

とは、唐通事自身の言葉によって明確に語られている[8]。唐通事の唐話に対する認識を知るための重要な資料であると考えられるので、少し長くなるが拙訳とともに挙げてみたい。

　　我説的唐話雖不如唐人的口氣，不過杜漫撰而已，但是不是講假話，又不是打夢話一樣不三不四的，算做一个唐話可以做得准了。你若依我的教法，平上去入的四聲，開口呼撮口呼唇音舌音齒音喉音清音濁音半清半濁，這等的字韻分得明白後其間打起唐話來，憑你對什麼人講也通的了，蘇州寧波杭州楊州紹興雲南浙江湖州，這等外江人是不消説，對那福建人漳州人講也是相同的了。他們都曉得外江説話，況且我教導你的是官話了。官話是通天下中華十三省都通的，若是打起郷談來，這個我也聽不出，那个怪我不得，我不是生在唐山，又不是生成的，那个土語各處各處不同，杭州是杭州的郷談，蘇州是蘇州的土語，這个你們不曉也得过得橋。

　　　　　　　　　（『小孩児』『中国語教本類集成』第 1 集第 1 巻所収）

　　（訳）私が話す唐話は、唐人の話しぶりには及ばないし、間違いも多いけれど、でたらめな言葉を話しているのではないし、寝言やうわ言のように様になっていないのでもなく、まぎれもない唐話です。私の教えに従って、平、上、去、入の四声や、開口呼、撮口呼、唇音、舌音、歯音、喉音、清音、濁音、半清音、半濁音などの発音をはっきりと区

---

8) 官話に対する唐通事の考えは、その他の唐通事教育書にも共通した内容が見られる。例えば、『唐通事心得』では、次のように述べられている。「大凡學了福州話的人，舌頭會得掉轉，不論什麼話都會講。官話也講得來，漳州話也打得來。壁如先學了官話，要你講漳州話，口裡軟頭軟腦，不象ヶ下南人的口氣。先學了漳州話，要儞説官話，舌頭硬板々，咬釘嚼鉄，像個韃子説話一樣的不中聆。這个正真奇得狠。唐人是生成的，自然如此，連日本人也是這樣了。若是外江人遇着下南人，或者見了福建人，講官話自然相通。原來官話是通天下，中華十三省都通得了。童生秀才們要做官的，不論什麼地方的人，都學講官話，北京朝廷裏頭的文武百官都講官話。所以曉得官話，要東就東，要西就西，到什麼地方去再沒有不通的了。豈不是便當些。但是各處各有郷談土語，蘇州是蘇州的土語，杭州是杭州的郷談，打起郷談來竟不通，只好面々相覷，耳聾一般的了。」唐通事の官話に対する意識について、木津祐子氏は、「職業のことば」と表現している。

別できてから唐話を話すと、誰に話しても自由に通じるようになるのです。蘇州、寧波、杭州、揚州、紹興、雲南、浙江、湖州などの外江の人々は言うまでもなく、福建や漳州の人に話しても同じように通じます。彼らは皆外江の言葉を理解するし、まして私が教えているのは官話なのです。官話は天下どこでも中華十三省全部で通じます。方言（郷談）なんかで話されたら、私でも聞き取ることができないけれど、それはあたり前のことで、誰にも非難できません。私は唐山で生まれたわけでも育ったわけでもないのですから。方言は場所によってそれぞれ違っていて、杭州は杭州の方言、蘇州は蘇州の方言です。でも、これが分からなくても、やっていけるのです。

　ここには、官話学習の勧めとその重要性が強く説かれている。なぜ官話なのかというと、全国共通の言葉だからである。蘇州には蘇州の言葉、杭州には杭州の言葉という具合に、それぞれの地方はその地方の言葉を持っているが、官話は土地を選ばぬ、最も通じる言葉であるという。唐通事にとって唐話を話す意義は、「通じる」という点にあり、それを満たすことが可能であるのは、地方地方によって異なる言葉ではなく、官話であった。官話の有用性が唐通事には理解され、習得を目指すべき対象として見なされていた。唐通事自身が言うように、中国語は言葉が豊富である。その豊富な言葉のなかで、唐通事が習得の対象とするか否かの条件が、官話であるかどうかであった、と言えるのではないだろうか。

　いっぽう、岡島冠山によって日本人社会に伝えられた唐話には、何らかの基準が存在したのだろうか。

　『唐話纂要』には「唐話」「官話」「郷談」の語が、それぞれ一度ずつ次に挙げる語句の中に登場する。

①學唐話　タウワヲナラフ〈一5裏〉
②休要打郷談　イナカコトバヲ云フベカラズ〈三10裏〉
　須要講官話　ミヤココトバヲ云フベシ〈三10裏〉

②に挙げた二句は隣り合って配置されており、ひとつのまとまりある言い回しであったと考えられる。

　冠山資料には「唐話」「官話」「郷談」に関して、これ以上の言及はない。岡島冠山の資料は、読者としての日本人知識人を想定した工夫が見られ、読者の興味や関心あるいは必要性を考慮して編纂されたと考えられる。唐通事資料に見られる「唐話」や「官話」に関する見解、また両者を習得することへの説得が、冠山資料には見られないということは、冠山資料の読者には唐話や官話について説明する必要がなかったということを意味しているのではないだろうか。日本人知識層の唐話に対する関心は高かったが、中国人相手に通じるということに対する現実感は抱けなかった。言い換えれば、官話をとりたてて意識する必要も、方言をどうしても避けなければならない理由もなかった[9]。が、江戸時代の日本人は雅か俗かに注意を払った。1726年に出版された、岡島冠山編著『唐音雅俗語類』は、唐話を雅語類と俗語類とに分類した書物である。分類された雅語類と俗語類には、書かれる言葉か、話される言葉か、という違いがあった。話すことによって通じる言葉だけでなく、書かれた言葉にも関心が向けられている。これは、『唐話纂要』が文言の使用が多い「和漢奇談」を加えて再版されたこととも、つながりがあるのではないだろうか。

　生身の中国人相手に通じることを具体的な目標とし、唐話を学ぶとは官話を学ぶことでなくてはならないと認識することが可能であった唐通事と、中国人との接触を日常的な現実として捉えることができず、「話されている」より「書かれている」中国語が現実問題として重要であった日本人とは、唐話に対する意識は自ずと違っていたはずである。

9）冠山資料のカタカナによる中国語音表記じたいは、『唐話纂要』以外は官話が取り入れられている。

6．まとめ

　長崎の唐通事の世界では、官話を学び、唐話を話した。官話を学び唐話を話す目的は、唐人との会話のためだった。唐通事と唐人とが共有していた言語空間は、官話と唐通事が話す官話＝唐話とで形成されていた。

　『唐話纂要』を始めとする一連の書物によって、唐話は日本人社会への移入を果たした。それは、官話の普遍性を中心とする唐通事と唐人の世界とはまったく異質な、雅俗を重視する世界への移入でもあった。その価値観が、唐話のあるべき姿を変えたのだろう。

唐話資料史における『唐韻三字話』
——『唐話纂要』及び『南山俗語考』の三字話との比較——

1．はじめに

　江戸時代の長崎唐通事による唐話学習について、武藤1926には次のようにある。

　　長崎に於ける唐通事の支那語稽古の順序を略説するが、唐通事は最初發音を学ぶ為に『三字経』『大学』『論語』『孟子』『詩経』等を唐音で読み、次に語學の初歩即ち恭喜、多謝、請坐などの短き二字を習ひ、好得緊、不暁得、吃茶去などの三字話を諳んじて更に四字以上の長短話を学ぶ、その教科書が『譯詞長短話』五冊である、それから『譯家必備』四冊『養兒子』一冊『三折肱』一冊『醫家摘要』一冊『二才子』二冊『瓊浦佳話』四冊など唐通事編輯にかかる寫本を卒業すると此に唐本『今古奇観』『三國志』『水滸傳』『西廂記』などを師に就きて学び進んで『福惠全書』『資治新書』『紅樓夢』『金瓶梅』などを自習し難解の處を師に質すといふのが普通の順序である。[1]

　武藤1926によると、唐通事はまず四書五経を用いて発音を身につけた後、二、三文字程度の語句を暗唱し、四文字の語句を経て、さらに長い語句や文を覚えたという。このような学習法は、岡嶋冠山の『唐話纂要』（1718）や『唐話便用』（1735）等が、「二字話」から始まり、「三字話」「四字話」「五字話」「六字話」の唐話を羅列した後で、文字数制限のない「長短話」や会話が配されていることからも、唐話学習法として定着していたと考えられるだろう。

　日本人のために出版された『唐話纂要』や『唐話便用』等の唐話と、唐通事による唐話資料である『訳家必備』や『唐通事心得』等の唐話の語彙や語

1）武藤 1926、51頁。

法とは、両者を比較してその相違点を知ることが可能である[2]。いっぽう「二字話」や「三字話」は、武藤1926で書名としては言及されていないように、単独の書物や冊子の形で残されている資料がどの程度存在するのかということも、その実態についても、把握されてはいないようである。

2．関西大学総合図書館長澤文庫蔵『唐韻三字話』について

　関西大学総合図書館長澤文庫所蔵の『唐韻三字話』（以下、『三字話』）は、三字話を集めた書物であり、概要は以下のとおりである。

　　ページ数：本文171頁
　　収　録　数：1頁あたり約24「話」
　　文　　　字：手書き、写本
　　発音表記：ほとんどに片仮名による発音表記が付されている
　　訳・語釈：訳や語釈が付されているものも多い
　　題辞、序文、跋文、蔵書印、日付等はなし

　次に、『三字話』の唐話を語法的に分類し、どのような中国語なのかを見てみたい。用例の一部に付した片仮名は、三字話の下に付された日本語である。訳としては誤りと見られる日本語について、挙げている。

2.1. 語法と語彙

2.1.1. 名詞
2.1.1.1. 接頭辞
阿：大阿姉

2.1.1.2. 接尾辞
児：把門児　紙包児　竹床児　孩児氣　笑話児　布篷児　新様児

2）『唐話辞書類集』（汲古書院）第6集所収『唐話纂要』、第7集所収『唐話便用』、第20集所収『訳家必備』。木津2000a。木津2000b。

頭：讀前頭　抬石頭　抬木頭　烟柴頭　手頭好

子：日子好　肚子疼　担菓子　日子長　臼本子　空鼻子　口子上　前年子
　　方子好　一担子　壁子邊　一遭子　短袖子

上：早上來

裡：夜裡來

間：夜間來　晩間來

道：味道好

家：老人家　後生家　娃子家

2.1.1.3. 方位詞

上：筆尖上　口子上　街上人　油街上　手上痛

下：放底下

裡・裏：正月裏　在家裏

邉：裏邉坐　裏辺坐　在外邉　壁子邊

頭：在外頭　上頭來　上頭去　前頭有

首：外首坐

2.1.2. 代詞

2.1.2.1. 人称代詞

一人称単数　我：我去説　＊複数形はなし

二人称単数　你：辛苦你　就是你　＊複数形はなし

三人称単数　他：他教你　可惡他　＊複数形はなし

2.1.2.2. 指示代詞

這：這東西　這箇人　這一本　這一箇　這時候　這所在

這些：這些話

這様：這様的

這等：這等説

這里／裡／裏：這里來　這裡有　是這裏

是ヶ：是ヶ大　是ヶ小　是ヶ説

此：既如此

那：那ヶ人　那一個　那両本　那時際

那里／裡／裏：那裡來

那邉：你那邉

2.1.3. 数量詞
2.1.3.1. 個々の量詞

箇／個／ケ：一両ヶ　一ヶ月　両ヶ月　半ヶ月　一ヶ字　是幾個

位：是幾位

張：這半張

把：一把刀

件：這件藥

椿：一椿貨

箱：這一箱

項：好幾項

樣：一両樣　両三樣　三四樣　四五樣　五六樣　六七樣　七八樣　八九樣

首：讀一首詩

門：這一門

枝：摘一枝

頭：一刄頭　十刄頭

疋：一疋馬

隻：両隻雞

層：一層皮

等：好幾等

壇：有一坛

錢：二三錢　多両錢

銖錢：五銖錢

分：多幾分

年：一百年　幾百年

日：好半日　這両日

天：挨両天

場：哭一場　笑一場

口：吃一口　吃兩口

杯：請雙杯

歩：進一歩　退一歩

宿：露一宿

2.1.3.2. 接尾辞

〜児：一滴児　一丟児　一塊児　一点児　一些児　一片児　一枝児　一朵児
　　　一件児　一顆児　一把児　一ヶ児　一枚児　半ヶ児

2.1.3.3. 概数

多：十多年

来：十來年　百把年　千把年

把：ヶ把月　ヶ把日

2.1.3.4. 序数

第：第二級　第二句　第二號　第二名

頭：頭一句　頭一號　頭一名　頭一椿

2.1.4. 形容詞

2.1.4.1. 程度を示す表現（後置されるもの）

〜得緊：好得緊　多得緊　妙得緊　大得緊　小得緊　厭得緊　貴得緊
　　　　賤得緊　冷得緊　熱得緊　凉得緊　暖得緊　苦得緊　便得緊
　　　　險得緊　巧得緊

〜得狠：多得狠　疼得狠　快得狠　勇得狠　猛得狠

〜得凶：痛得凶　忙得凶

〜得劇：好得劇

〜死：怕死々

〜不過：冷不過

〜些児：厚些児　薄些児

〜点児：遲点児

2.1.4.2. 程度を示す表現（前置されるもの）

好：好熱的　好冷的　好大雨　好大風　好大雪

好大：好大熱　好大冷　好大旱

好不：好不苦

太：太多了　太性急

忒：忒少了　忒快了

老：老貴的

漫：漫大的

多：多慢阿

極：極利害

最：最可悪

許多：許多好

十分：十分窮

不大：不大好　不大用

只是：只是冷　只是熱

2.1.4.3. 接尾辞

児：中々児

2.1.4.4. 様態補語を伴うもの

晴得好

2.1.4.5. 方向補語を伴うもの

好起來　ヨキオキジブン

2.1.4.5. 動詞を修飾しているもの

好：好做的

正好：正好吃　正好学　正好去　正好做　正好來　正好穿

不好：不好説　不好講　不好來

不便：不便去　不便講

2.1.4.6. 重複形式

慢々走　小々的　大々的　粗々的　長々的　短々的　方々的　圓々的
細々的　寛々的　扁々的　滿々的　静々児　平々的　匀々的　齊々的

2.1.5. 比較句

好似他　他ガヨフニヨイ　貴似他　他ガヨフニタットイ

不如你　不如他　不如我

勝過你

2.1.6. 動詞

2.1.6.1. 接尾辞

～児：吃々児　嚼々児

2.1.6.2. 可能

會：會吃酒　會吃飯　會騎馬　會寫的　會筭的

不會：不會做　不會講　不會説　不會寫

會得：會得做　會得講　會得説

2.1.6.3. 依頼・使役

請：請西瓜　請便罷　請説々

叫：叫他来　叫你去

教：教你做　教他作

讓：讓他做　讓你来　讓我説

～死：腦死他

～着：慢些着

2.1.6.4. その他

要睡覺　何消説　你該去　肯教的　不肯教

2.1.6.5. 結果補語

賣完了　做完了　鎖好了　粘住了　学會了　講錯了　筭差了　看慣了

聽慣了　説明白　講明白

2.1.6.6. 様態補語

説得好　起得遲

2.1.6.7. 方向補語

放出來　噴出來　放出去　解開來　打開來

92　第一編　江戸時代における口頭中国語の受容──唐通事と口頭中国語

2.1.6.8. 可能補語

背不出　背得出　賣得完　賣不完　做不完　做得完　説得来　通得来
通不来

2.1.6.9. 完了

了：吃了驚　開了門　関了門

過：学過的　看過的　講過的

過了：揩過

2.1.6.10. 重ね型

VV：洗々臉　学々話　乗々凉

V－V：晒一晒　吹一吹　抹一抹　揩一揩　等一等　説一説

VV看：問々看　説々看　秤々看　量々看　聞々看

2.1.7. 副詞

2.1.7.1. 否定

不：不是他　不長俊

不曾：不曾看　不曾来　不曾講　不曾揩

没有：没有収

没：没幹了

還未：还未開　还未見　還未唎　还未説

未必：未必真　未必阿

2.1.7.2. その他の副詞

只管讀　已來了　已去了　也有的　也没有　倒出來　恰好有　准定去
另外做　你也寫　都有的　都没有　纔來説　純是水　全是糖　多拜上
多致意　進又少　用又大　先不先　偶然間

2.1.7.3. 接尾辞

〜生：一塊生　一直生　一帶生

2.1.8. 介詞

把：把我看

把人看

替：替我考

　　替他辞　他ニカハリテ辞退スル

　　替他告　他ガカハリニツゲル

　　替他憂　アレガウレイニカハル

同：同你走　　同你來　　同他去

和：和他説

向：向他説

朝：朝天的　　朝上的

由：由我説

2.1.9. 語気助詞

阿：未必阿　　好獣阿　　好雨阿　　好詩阿　　狠的阿　　不来阿　　多慢阿　　失陪阿

　　力牢阿　　還多阿　　拿牢阿

罷：請便罷

了：告別了　　不送了　　不用了　　路干了

哩：又獣哩　　就跑哩　　話長哩　　怎樣哩　　完是哩

唎：下雨唎　　還未唎　　不要唎　　歇足唎　　遠労唎

囉：正是囉

里呀：來里呀

～麽：曉得麽　　記得麽　　吃乳麽　　完了麽　　讀得麽　　自然麽　　不用麽　　去了麽

　　　在家麽　　曉得麽　　不痒麽　　也是么　　明白麽　　走得麽　　也好麽

～呢：勾了呢

～呢～：多呢少　　熱呢冷　　要寫呢　　不要寫

2.1.10. 反復疑問文

～不～：是不是　　肯不肯　　好不好　　成不成

94 第一編 江戸時代における口頭中国語の受容——唐通事と口頭中国語

2.1.11. 疑問詞

什麼／甚麼／甚么：為什麼　笑什麼　聽什麼　問什麼　尋什麼　姓什麼　號
　　　　　　　　　什麼　是甚麼　甚麼話　甚麼人　甚么忙

甚：他做甚　你做甚　是甚子

那裡：那裡來　那裡去　那裡人　那裡人　在那裡　那裡呢

多少：要多少　鈔多少　少多少

幾：歇幾天　禁幾天　幾時來

怎麼：怎麼樣

怎的：這怎的

何：何苦的　這何妨　有何説

如何：如何好

2.2. 特色のある語彙

2.2.1.

唐人館　唐館　紅毛庫　紅毛船　外江船　出唐船　清水廟　祇園廟　岸観音
八幡宮　祭媽祖　媽祖會　舊街官　新街官　接王家

2.2.2.

漳州人　福建人　南京人　下南人　暹羅人　滿洲人　紅毛人　日本人
京上人　東京人　長崎人　江戸人　唐山人　朝鮮人　中華人　高麗人
中國人　中華人　湖州人　東韃子　河南人　湖廣人　陝西人　江西人
山東人　北京人　雲南人　台州人　紹興人　徽州人

2.2.3.

漳州話　福建話　南京話　下南話　暹羅話　滿洲話　紅毛話　日本話
京上話　東京話　長崎話　唐山話　瑠球話　杭州話　唐山音　日本音

2.2.4.

周一使　吳二使　鄭三使　王四使　馮老爹　褚老爹　程老爹　衛老爹
蔣朝奉　沈朝奉　韓朝奉　楊朝奉　余朝奉　汪朝奉　朱一官　陳二官
尤三官　某老爺　某大爺　某大官　何伯々　ム伯々　施伯々　呂伯々

張伯々　孔哥哥　孔大哥　曹二哥　嚴三哥　華四哥　金二弟　魏三弟
陶叔々　姜叔々　戚大叔

2.2.5. 丁丑年

「2.1. 語法と語彙」で整理したように、『三字話』の三字話は、南方の言葉（「北京語の文法特点」[3] との不一致、唐話資料との類似）であり、均質的（『唐話纂要』との不一致）で実用的（動作や数量表現など日常会話に使用することが可能）である。[4]

ただ、唐話じたいは実用的な側面を有しているが、それに付された日本語訳を見ると、方向補語「起来」に対する「好起來　ヨキオキジブン」という訳、比較「〜より」を表す「似」に対する「好似他 他ガヨフニヨイ」という訳、介詞「〜のために、〜に」を表す「替」に対する「替他憂　アレガウレイニカハル」という訳などのように、明らかに誤りとみられるものがあり、三字話を収集した人物に唐話の知識があったとすれば、唐話を収集した人物と日本語訳を付した人物が、果たして同一であったかどうかは疑問を抱かざるをえないと言えるだろう。

また、「2.2. 特色のある語彙」で提示したように、長崎の地名や中国の言語や人を示す語が見られることから、唐通事が習得し使用した語が含まれていると考えられる。

年代を示す語として「丁丑年」が唯一含まれていることに、特別な意味があるならば、これらの語句が集められた年代か、この資料が書写された年代を示している可能性があると考えられる。[5]

一語一句については、問題を孕むものも存在しているが、本論では、整理し提示するに止め、さらなる調査は今後の課題としたい。

3）太田 1964を参照した。

4）奥村 2007

5）「丁丑年」は、1637年（寛永14年）、1697年（元禄10年）、1757年（宝暦7年）、1817年（文化14年）、1877年（明治10年）などが該当する。

3．『唐話纂要』及び『南山俗語考』の「三字話」との比較

　次に、三字の語句を収録している『唐話纂要』と『南山俗語考』とを比較する。前述のように、三字話が独立したひとつの書物となっている例は珍しく不明な点も多いため、比較の対象として、いずれも江戸時代に広く出版されたが、収録語彙や分類の仕方に違いの見られる2資料を取り上げ、『三字話』の性格や傾向を探ることが目的である。

　『三字話』と『唐話纂要』巻1の「三字話」、『南山俗語考』（1812）巻1の三字話との一致状況を以下の表に示す。『三字話』は三字話、『唐話纂要』は纂要、『南山俗語考』は俗語考と表記する。空欄は該当なし。

［『唐韻三字話』『南山俗語考』巻1『唐話纂要』巻1に見られる三字話の一致］

俗語考	日本語訳	三字話	日本語訳・語釈	纂要	日本語訳
熬了夜	ヨヲアカス	熬了夜	ヨアカシスル		
雨來了	アメガフリダシタ	雨來了	アメノフル		
陣頭雨	トヲリアメ	陳頭雨	ニワカアメ		
東南風	コチハヘ	東南風	コチカゼ		
東北風	キタコチ	東北風	キタゴチ		
西南風	ハヘニシ	西南風	ハエ		
西北風	ニシキタ	西北風	アナゼ		
露一宿	イチヤヨツユニサラス	露一宿	イチヤツユヲトル		
月初頭	ツキノハジメ	月初頭	ツキカシラ		
月半邊	ハンカゲツ	月半邊	月ノナカバ		
箇把月	一ヶ月ホド	ケ把月	一ヶ月バカリ		
大前日	サキヲトトヒ	大前日	センジツ		
這両日	コノゴロ	這両日	コノ両日		
一時間	一時ノアイダ	一時間	イットキ		
新年頭	ネントフ	新年頭	新年		
三月三	（上巳　三月三日）同上	三月三	叫做上巳上巳ト云フ		
五月五	（端午　五月五日）同上	五月五	叫做端午		
七月七	七夕	七月七	叫做七夕		

唐話資料史における『唐韻三字話』――『唐話纂要』及び『南山俗語考』の三字話との比較――　97

九月九	（重陽　九月九日）同上	九月九	叫做重陽		
近了年	セッキニイタル	近了年			
暖得緊	イカフアタタカ	暖得緊	シゴクアタタカナ		
冷得緊	イカフサムヒ	冷得緊	シゴクツメタイ	冷得緊	イカフサムイ
熱得緊	イカフアツヒ	熱得緊	シゴクアツイ	熱得緊	イカフアツヒ
涼得緊	イカフスズシヒ	涼得緊	シゴクスズシヒ	涼得緊	イカフスズシヒ

　上の表に示したとおり、『三字話』と『南山俗語考』巻 1 、『唐話纂要』巻 1 「三字話」との一致状況を見ると、『三字話』と『南山俗語考』とにより多くの一致を確認することができる。

　さらに、『南山俗語考』の六字、九字、十二字から成る語句が、『三字話』では、分解された三字の語句の形で連続して配置されている例が見られる。（巻末に、六字、九字、十二字の一致語句を列挙する。）

[『南山俗語考』の六文字以上の語句と『三字話』で連続している語句]

『南山俗語考』		『三字話』	
玉琢成粉捏就 玉ノヨウニミカイタモノヲツカミクダヒタ		玉琢成 粉捏就	タマデコシラヘタ ヲシロイデコシラヘタ
説一句笑話児散々悶 ヒトクチノオトシバナシガキバラシニナル		説一句 笑話児 散々悶	一句トク ワライゴト ウッサンスル
好京酒燙一燙拿來吃 ヨキカミサケヲカンシテモチテキテノメ		好京酒 燙一燙 拿來吃	ヨキクダリザケヲ カンシテ 以テキテノマセヨ
東也送西也送一担子送完了 アチコチオクレバヒトカツギノブンハオクリシマフタ		東也送 西也送 一担子 送完了	アチラニオクリ コチラニオクル（ハ） イッカ ヲクリシマッタ

　『三字話』と『南山俗語考』巻 1 を中心に調べたところ、一致状況は次のとおりであった。「　」内は、『南山俗語考』巻 1 に設けられた細目である。
　　「天文時文」161語中79語が一致
　　「地理名称類」66語中29語が一致

98 第一編 江戸時代における口頭中国語の受容——唐通事と口頭中国語

「人品類」234語中109語が一致

「身体類」152語中53語が一致

「親族類」30語中11語が一致

「性情類」71語中54語が一致

「視聴動作坐立趨走出入去来類」146語中85語が一致

『南山俗語考』に収められた三字話のうち、約48％が『三字話』と一致している。ただし、配置は順序だってはおらず前後しており、順不同である。

また、『南山俗語考』の六字以上の語句で、『三字話』では連続する三字話二語以上から成り立つものは、以下のとおりである。

巻１～巻５の６字話101語中36語が該当

巻１～巻５の９字話で該当するもの３語

巻１～巻５の12字話で該当するもの１語

ここでも、40％近くの一致が見られる。

また、『唐話纂要』巻１「三字話」476語中、『三字話』と一致するものは41語であった。

『三字話』『南山俗語考』『唐話纂要』の比較結果からは、『南山俗語考』と『三字話』とにより密接な関係性が認められると言えるだろう。

４．『三字話』と『南山俗語考』

『南山俗語考』（５巻）は、薩摩藩第25代藩主島津重豪（1745-1833）の命により、明和４年（1767年）に着手され、文化９年（1812年）に刊行された。[6] 自ら編纂に当たった島津重豪は良く唐話を話した人物であり、薩摩藩における唐話学習の必要性から、嗜好としてではなく実用のために編纂された書物である。項目ごとに二字から十二字の語句が収められ、すべての語句に片仮名表記の発音と日本語訳あるいは語釈が付されている。先行研究により、南京、浙江一帯の広い地域の音を対照としていること、その稿本である『南山

6）「明和丁亥仲冬日南山主人識」、「文化九年花朝古賀樸著」の記載がある。

考講記』との異同状況が報告されている。[7]

　『三字話』と『南山俗語考』とは、語句の一致はあるが、構成は大きく異なっている。

[『南山俗語考』と『三字話』の構成]

『南山俗語考』	『三字話』
分類あり 天部、地部、人部、器材部、文学部、兵部、疾病部、舩部、居処部、食物部、鱗介部、昆虫部、走獣部、飛禽部、草木部、馬匹革轡部、衣飾部 それぞれの「部」の下にさらに「類」をおき、細かく分類している	分類なし
「類」の中での配列の工夫	配列の工夫は見られるが徹底されていない。
例：「茶」「烟」に関する表現をまとめている	例：「拿」を用いる語のあつまり 日付、偏、数量表現のあつまり
全てに日本語訳がある	日本語訳や語釈のないものも多くある

　構成や体裁は異なる点が多いが、語句じたいは偶然とは言い難い一致が見られる。『三字話』には、『南山俗語考』の分類や配列が反映されてはおらず、『南山俗語考』を参照しながら三字話を順番に抜き出して書き写したとは考え難い。むしろ、順不同に一致している点からは、解体された『三字話』が『南山俗語考』の分類にしたがって収録されなおしたと考えられるだろう。
　『三字話』が書写された地点は明らかではないが、すでに確認したように、長崎貿易に関連する語句が含まれていることから、唐通事が長崎で使用した

　7）中田喜勝 1970「南山俗語考の音韻について」九州大学『中国文学論集』第1号。矢放昭文 1981「『南山俗語考』初探」『鹿児島経大論集』第23巻第1号。矢放昭文 1984「『南山俗語考』再探」鹿児島経済大学地域経済研究所『地域研究』。岩本真理 1989「『南山俗語考』のことば」『鹿児島経大論集』第30巻第1号。岩本真理 1990「『南山俗語考』の語彙的特徴」大阪市立大学『人文研究』第41巻第5分冊等の先行研究がある。「北京語の文法特点」と照らして、北京語の特徴である「很」が「狠」という表記で用いられている例が一例のみある（狠好　イカフヨヒ）。

100 第一編 江戸時代における口頭中国語の受容——唐通事と口頭中国語

語句が収められていると考えられる。このような唐話の知識を必要としたのは長崎唐通事ばかりでなく、薩摩藩に置かれた唐通事にとっても同様であった。

『南山俗語考』が出版された薩摩藩の唐通事は、唐話習得のために長崎に行くこともあった。

　　鹿児島には唐通事の頭目ともいうべき家があって藩内各地の唐通事を集めて時々唐話の講習を開催するという風で、唐通事中熱心なものは長崎まで留学して其地の唐通事に就きて支那語を稽古するという有様であった、而して薩藩の唐通事はその階級が本通事、本通事助、稽古通事、通事稽古の四通に分れて、本通事には扶持米八石より六石まで、本通事助には五石、稽古通事には五石より三石六斗まで、通事稽古には二石五斗より一石八斗までを給して居た[8]

また、薩摩藩で唐話を記述した書物の編纂が行われた可能性が指摘されている。

　　而してその教科書としては『二字話』『三字話』『長短話』『小學生』『請客人』『要緊話』『苦惱子』『譯家必備』『瓊浦通』『三才子』『三折肱』『養兒子』『闊裏鬧』等を讀習ひ『小説精言』『小説奇言』『三國志』『今古奇観』『唐話試考』等を卒業するを常例とした、其中で『二字話』『三字話』『長短話』『請客人』『苦惱子』等は鹿児島藩で刊行されて居たという説もある、[9]

薩摩藩の唐通事による唐話学習に関する先行研究を踏まえると、『南山俗語考』には、稿本である『南山考講記』以前に、編纂の手がかりとした基礎の

---

8) 武藤 1926、56頁。
9) 武藤 1926、57頁。

素材があったのではないかと考えることが可能だろう。

5. まとめ

　本論では、『唐韻三字話』と『南山俗語考』、『唐話纂要』との一致状況を調査し、『唐韻三字話』と『南山俗語考』との関連を指摘した。また、実用の語を収集することを目的とした『南山俗語考』に『唐韻三字話』の語が多く含まれるということは、『唐韻三字話』の実用性をも示していると指摘することができる。『南山俗語考』と一致する語句じたいは、刊行前の1812年以前に、唐通事が三字話として習得を目指した語群が呈示されていると考えられるのではないだろうか。

　ただし、この『唐韻三字話』という資料そのものが、『南山俗語考』の編纂過程で参照されたかどうかは、2.2.2.以降に挙げた語群が収録されなかったことを踏まえて慎重に扱う必要がある。また、『唐韻三字話』の書写年代は、紙の保存状態から見ても、比較的新しい可能性もある。残された問題点や、『遊焉社常談』などその他の資料との比較は、次章で取り上げたい。

[『南山俗語考』の六字、九字、十二字の語句と『三字話』の一致]
玉琢成粉捏就　玉ノヨウニミカイタモノヲツカミクダヒタ

把木梳掠一掠　クシニテケヅリソロエヨ

發了惱狠的阿　ハラヲタテタラキツカロフ

看得見有限的　タカガシレタコト

要去看就去看　ユキテミタクバユキテミヨ

瞪開了眼睛看　メヲミヒライヒテミヨ

狐狸炒困不着　キツネガアレテネラレヌ

風頭地不要困　カゼノフクトコロヘネルナ

天亮了好起來　ヨガアケタオキテミヨ

咬定的再不放　オヒウキテハナサヌ

便路了走去見　モヨリガヨヒユイテミヨウ

只顧己不顧人　タダヲノレヲミテ人ヲミヌ

進一歩退一歩　ヒトアシススミヒトアシシリゾク

説一句笑話児散々悶　ヒトクチノオトシバナシガキバラシニナル

在客辺寂寞些　タビハサビシイ

進又少用又大　イルコトハスクナクツカフコトガオホヒ

小做小还用的　チヒサクナッテモマダモチヒラルル

好京酒燙一燙拿來吃　ヨキカミサケヲカンシテモチテキテノメ

吃了酒好解愁　サケヲノンデウレヒヲトク

吃些酒好消憂　サケタベテウツヲハラス

（上の二つの語句に関しては『三字話』では、「吃些酒　好解愁　吃了酒　好
消憂」と並んでいる。）

点火來照々看　火ヲトボシテテラシテミヨ

醃過夜第二日就好吃　ヒトヨサホシテアシタニクロフ

全是糖竟不苦　サトウバカリデニガクナヒ

吃了他生病的　アレヲクヘバヤマヒガデル

福祿壽頭長的　フクロクジュハヅガナガヒ

東也送西也送一担子送完了　アチコチオクレバヒトカツギノブンハオクリシ
　　　　　　　　　　　　　マフタ

椶樹皮做蓑衣　シュロノカワヲミノニツクル

福壽香溜球出　フクジュカウハリウキウデ

日子長好讀書　日ガナガクシテショガヨミヨヒ

把盞兒指々字　ジサシデジヲサセ

我也讀你也寫　ワレハヨムソチハカケ

新開的上好筆　アタラシクオロシタルヨキフデ

幼而学壮而行　イトケナフシテマナビサカンニシテオコナフ

甚麼人做起的　ナニビトガシタテタカ

調兵馬好去打　セイヲソロヘテヨクセムル

這件藥行血的　コノクスリハチヲメグラス

紅毛船開了去　オランダブネガ出舩シタ

有鑰匙鎖好了　カギアリ〇ジャウマヘヨシ
把門児上一上　トシヤウシヲハメヨトト云コト
淘了米好煮飯　コメユリテメシヲタクニヨキジブン

【附記】本章は、平成25年関西大学アジア文化研究センター「東アジア文化資料のアーカイブズ構築と活用の研究拠点形成（代表者：松浦章）の成果の一部である。

『遊焉社常談』の唐話

——江戸中期唐話資料の研究——

1.「三字話」について

　「二字話」、「三字話」のように、文字数によって「〜字話」と称する分類は、唐話資料に見られる。たとえば、岡島冠山の『唐話纂要』(1718) や『唐唐話使用』(1735) 等は、長崎で唐話を学んだ経験と知識を生かしてまとめた一種の唐話学習書であると考えられるが、「二字話」に始まり「三字話」「四字話」「五字話」「六字話」のように、文字数によって語句を分類し、段階的に配置されている。また、武藤1926が「唐通事は最初登音を学ふ為に「三字経」一大学」「論語」「孟子」「詩経」等を唐音で読み、次に語學の初歩即ち恭喜、多謝、蹟坐などの短き二字を習ひ、好得緊、不曉得、吃茶去などの三字話を諳んじて更に四字以上の長短話を学ぶ[1]」と紹介したように、少ない文字数の語句から文字数制限のない長短話へと段階的に学ぶ方法は、長崎においては唐話学習法として定着していたのだろう。

　三字の語（三字話と呼ぶ）を中心に構成された資料に『唐韻三字話』がある[2]。『唐韻三字話』と『南山俗語考』の三字の語には一致するものが多く収められており、これはどちらかが参考にして編纂されたか、両方が参考にした別の資料があった可能性を示しているといえ、唐話を学ぶ日本人の問に共通の知識となる「三字話群」があったのではないかと考えられる[3]。

　そこで本章は、共通知識としての「三字話群」があったとすれば、どのよ

1）武藤 1926、51頁。

2）関西大学総合図書館長澤文庫所蔵。書写した人物や年代が記されていない写本資料である。二字の語（二字話と呼ぶ）と四字の語（四字話と呼ぶ）が一部に含まれている。概要は以下のとおりである。ページ数：本文171頁。収録数1頁あたり約24「話」。発音表記：ほとんどに片仮名による発音表記が付されている。訳や語駅が付されているものも多いが、誤りも見られる。題辞、序文、跋文、蔵書印、日付等はなし。

3）『唐韻三字話』と『南山俗語考』の関連については、前章で取り上げた。

うに伝播されたかを知るための、個別の資料の三字話を調査する基礎作業の
ひとつとして、『遊焉社常談』を取り上げ、どのように構成されているのかを
検討することを目的とする。なお、本論で用いるテキストは、『唐話辞書類
集』第17集（汲古書院刊、1974年）所収の『遊焉社常談』である。

2. 石川金谷と「遊焉社」[4]

　『遊焉社常談』の第1頁には「遊焉社常談巻之上」「金谷石川貞太一輯」と
記されている。石崎1940によると、著者石川金谷は、名を貞、字を太一、号
を金谷といい、先祖は河内の人であったが石川金谷自身は伊勢出身で、生没
年は、石崎1940は不詳であるとするが、長澤1974は1778年（安永7）に42才
で没したとする[5]。江戸時代中期の漢学者南宮大湫（1788年没）に学んだ後、
大津での教授経験を経て大炊御門家に仕え、1773年（安永2）に延岡城主内
藤政陽に招聘された。著書に『唐音孝経』があり、延岡藩においては『詩語
砕金』を編纂した。『唐音孝経』は1764年（明和元）に刊行された書物であ
り、それに寄せた南宮大湫の序によると、石川金谷は単身で長崎に遊学し唐
話を学び清人と交遊した経験の持ち主であるとのことである。石崎1940は、
「遊焉社」とは「金谷等唐話学者の集まりであろう」としており、石川金谷ら
が唐話を学ぶ場であったと考えられるだろう。

　『遊焉社常談』の出版年や出版元は、『唐話辞書類集』所収の本には記され
ておらず長澤1974も不明であるとするが、石崎1940によると新村出所蔵本に
は「明和七年京林権兵衛刊」と記されていたという。1764年刊の『唐音孝経』
の序ですでに石川金谷の長崎遊学が紹介されていることから、『遊焉社常談』
は長崎での唐話学習の成果をもとに編集されたものであると考えられるだろう。

　『遊焉社常談』は、石崎1940では「「唐話纂要」もどきの語学書」、「冠山の
語学書類と変わる所はない」と評されたが、本論ではその内容をその他の唐

---

4) この節の記述は、石崎1940、167-168頁に拠る。

5) 『唐話辞書類集』第17集（汲古書院、1974年）の長澤規矩也氏の解題による。

106　第一編　江戸時代における口頭中国語の受容——唐通事と口頭中国語

話資料との関連という観点から、改めて見ていきたい。

3．『遊焉社常談』巻之上「三字話」

　『遊焉社常談』巻上には「二字話」689語に続き、「三字話」995語が収められている。寫字のうち、『唐韻三字話』にも収められている語は、以下の831語である。

恭喜你	好得緊	不曉得	不會做	不會講	不會説	讀ゞ書	寫ゞ字
不打緊	不妨得	一樣的	不要頑	不要抄	怎麼樣	慢ゞ走	差不多
沒奈何	做不得	用心讀	多得緊	好東西	拿茶來	拿湯來	担酒來
拿出來	拿進去	好光景	有事幹	沒事幹	當心学	講甚麼	好天氣
妙得緊	説得好	請茶去	用茶去	吃茶去	没相干	辛苦你	有勞你
好大熱	好大雨	好大風	好大雪	好大冷	大得緊	小得緊	火燒了
請先生	為甚麼	獣東西	極好的	請菓子	客人來	同你走	請便罷
甜東西	會吃酒	明日來	請説ゞ	請先行	他做甚	你做甚	學過的
日本人	唐山人	紅毛人	朝鮮人	京上人	江戸人	日本話	唐山話
請他來	晒一晒	放出去	不在行	在行的	老在行	不明白	講明白
明白了	體面好	没體面	吹一吹	太多了	忒少了	在家麼	在家裡
不在家	問ゞ看	小ゞ的	大ゞ的	粗ゞ的	細ゞ的	寬ゞ的	陋ゞ的
扁ゞ的	解開來	正好吃	正好去	正好穿	一兩個	兩三個	十來個
一個月	兩個月	半個月	幾個月	頭一番	第二番	不見人	不要打
中ゞ兒	請上坐	洗ゞ手	打開來	倒出來	好月亮	明年来	夜裡来
一兩頭	十兩頭	吃早飯	吃中飯	吃午飯	吃晚飯	吃夜飯	會吃飯
多得狠	漫大的	活扯淡	活苦怪	活作怪	活造化	活騙人	沒有茶
沒有火	茶也有	奉杯茶	請上來	等一等	有鑰匙	鎖好了	紙上寫
那個人	這個人	冷得緊	熱得緊	凉得緊	暖得緊	乘ゞ凉	點得來
點不來	送把你	把我看	把人看	他説道	要打哩	不消改	不必改
滿ゞ的	不滿的	洗ゞ浴	淨ゞ浴	會打鼓	會騎馬	好吃烟	好吃茶

好京酒	燙一燙	拿來吃	放紙鳶	放鷂子	吃乳麼	不吃乳	我知道
笨東西	多年的	年尊的	年高的	年幼的	年輕的	活強盜	頭一號
第二號	要緊話	開々口	開々眼	動々手	好吃素	好吃葷	等着用
就要用	也不要	讀得麼	讀不得	打抽豐	回味好	不見你	請教我
不大好	那里人	別處人	甚麼人	可惡他	可恨他	他不要	我要的
小解去	抽解去	大解去	解手去	走過去	肚子疼	手上痛	頭裡疼
頭上痛	大性急	強東西	這一本	那兩本	這幾本	放底下	放上頭
外首坐	裡邊坐	有慢你	忌慢他	就是你	冷不過	粗大的	正經話
拜々你	謝々我	比々看	惱死他	寫一半	噴出來	吃了驚	吃驚了
吃個驚	遊山去	遊海去	也是少	累了墨	累了泥	累了油	把木梳
掉一掉	討個火	打圖書	正月裡	拜年去	長々的	短々的	方々的
圓々的	有客人	上頭來	上頭去	討些來	後日來	請去看	請來看
只管讀	看戲去	是不是	肯不肯	曉得麼	曉得的	少些讀	不要多
背不出	明朝學	讀前頭	記得麼	記得的	不記的	忘記了	仔細聽
仔細看	説々看	多呢少	得罪你	要多少	不要動	不要腦	有風來
沒有風	叫他來	叫你去	不耐煩	耐頑些	邀他來	厭得緊	不厭的
賣完了	賣得完	賣不完	做完了	做不完	做得完	完了麼	也有的
也沒有	賣把你	放他去	抹一抹	揩一揩	揩過了	筭差了	甚麼話
洗々臉	洗々脚	新開的	上好筆	晴得好	天晴了	天陰了	下雨唎
日子好	告別了	有精神	沒精神	同來了	同去的	那里去	那里去
天亮了	好起來	讀々看	有許趣	貴得緊	賤得緊	好大的	老人家
後生家	好扇子	他教你	你會得	通得來	通不來	看過的	不曾來
講過的	不曾講	經過手	打花押	改了姓	改了名	改了號	改了字
改姓煞	改々詩	改文章	送禮物	不是他	不是人	萬全的	好熱的
好冷的	新々的	舊々的	扇一扇	未必阿	托我看	托你看	請坐々
記心好	不送了	包起來	開了門	關了門	用過了	弄鬼的	穿衣服
托進來	托過去	訂一訂	免了我	免了他	日子長	好讀書	好田地
不必論	何苦得	走進去	騙一騙	他騙你	宿一宿	沖一沖	大家來
花開了	花謝了	信不得	是個大	愛讀書	走開去	不大用	希罕的

拜ゝ節	早些來	好朋友	本地人	送喪去	又獸哩	看不見	有限的
屋裡忙	好個花	要寫呢	不要寫	太平了	飛去了	一個字	一把刀
扇上了	扇了門	散生日	大生日	磨一磨	沒有菜	要去看	就去看
發了腦	狠的阿	兒ゝ看	秤ゝ看	禁了烟	梳ゝ頭	量ゝ看	敲鑼鼓
上了舩	嗽ゝ口	大罪過	多拜上	多致意	痛得凶	疼得狠	吃了去
不用麼	包一包	有刺的	沒有刺	蚊子叮	蚊虫叮	敲得碎	敲不碎
理一理	理好了	且回去	討回話	直氣的	話長哩	怕羅娑	扯破了
扯不破	扯一扯	我也讀	你也寫	好了些	不痒麼	別樣的	元舊的
借了來	借去了	在那里	長俊的	流水讀	費工夫	簇新的	鬪出來
討轉來	約定了	藏過了	苦腦子	苦得緊	沒臉嘴	會寫的	會筭的
好臉皮	説不盡	要睡覺	熬一熬	打漿糊	核桃漿	秤銀子	肚子通
是個説	這等説	話不通	紙包兒	配了藥	去了麼	也不好	不大有
還未説	担過來	烏黑的	漆黑的	嗅ゝ看	古執的	被髮的	大貴的
爛賤的	忙急ゝ	倒好吃	倒好看	作中人	做保人	會做文	會做詩
拿究他	敲進去	敲ゝ看	看慣了	聽慣了	好美菜	閑空的	清空的
已來了	已去了	叫化子	滿肚皮	有記才	不來催	不去催	好困的
好睡的	大女兒	小女子	風流人	摽致的	齊整的	收了來	借把你
把箋兒	指ゝ字	劣懶病	臟物事	也是麼	是這裡	荷花池	研一研
望ゝ你	不出門	出門去	都有的	都沒有	縛一縛	不要慌	揭開來
揭得開	揭不開	篩出來	胖ゝ的	胖大的	胖了些	拆房子	好笑的
突出來	閃了腰	講錯了	捱一捱	摳得着	摳不着	厚些兒	薄些兒
見識好	見識高	用錢多	添一個	街上人	丟掉了	不丟掉	月白色
淡紅色	大紅色	鵝黃色	淡綠色	桃紅色	茄花色	水墨色	好顏色
調兵馬	好去打	使雙刀	上半年	下半日	生了子	有子的	淡泊些
打東道	垂落來	垂下去	狐狸炒	困不着	有良心	沒良心	好賭的
好嫖的	趕上來	趕得及	趕不及	換把你	新鮮的	開了刀	拔了刀
笑甚麼	尋甚麼	不敢當	添了些	併攏來	合攏來	拿攏來	叫攏來
王道藥	霸道藥	掛好了	他勸他	不信佛	信佛的	大前日	小頭兒
大頭惱	剔指爪	剪指甲	歇一歇	金打的	風頭地	不要困	放了火

『遊焉社常談』の唐話——江戸中期唐話資料の研究—— 109

日々來	月初頭	夾々笆	織成的	好煞野	汚穢的	有疙瘩	晒黒了
有神道	討老婆	上之上	下之中	晩間來	起房子	點蠟燭	搭落來
甚麼忙	抬石頭	抬木頭	家口單	呆木了	靜々兒	烘々手	一両様
一滴兒	一丢兒	一塊兒	一片兒	一枝兒	一件兒	一把兒	水火爐
火刀石	千里鏡	筆尖上	三絃子	大屏風	小屏風	八分書	尖頭筆
白毫筆	寸錦筆	走馬燈	飛白字	釣魚舩	烟柴頭	土藥材	芭蕉扇
牛皮膠	綉毬花⁶⁾	山茶花	四季春	長春花	水仙花	鸎粟花⁷⁾	牽牛花
木槿花	剪秋羅	瑞香花	金燈籠⁸⁾	萬年青	覆盆子	玉簪花	郁李花
梧桐樹	胡蘿蔔⁹⁾	白扁豆	白葡萄	紫葡萄	黄鼠郎	哆囉絨¹⁰⁾	綢緞舖
生藥店	書坊店	雞蒙眼	獣和尚	風和尚	好漢子	慢驚風	大麻風
白癜風	五穀虫	細腰蜂	地扁蛇	螢火虫	牛皮糖	尊夫人	大臉孔
大鼻頭	甕鼻子	宅鼻子	不得已	照々看	医道興	石首魚	老尼姑
解酒的	耳聯响	和尚腔					

　『遊焉社常談』巻上では三字で収められているが、『唐韻三字話』では「的」を伴わず二字で収められているものは、次の11語である。

青色的　黄色的　赤色的　白色的　黒色的　紅色的　藍色的　緑色的
茶色的　灰色的　醬色的

　意味が同じではあるが、文字違いの語は次の4語である。左に『遊焉社常談』巻上の語を、右に『唐韻三字話』の語を（　）内に挙げる。

柳條緞（柳條布）　板不倒（搬不到）　優待我（優待他）　鬆々兒（鬆々地）

6）『唐韻三字話』は「繡球花」である。
7）『唐韻三字話』は「嬰粟花」である。
8）『唐韻三字話』は「金灯籠」である。
9）『唐韻三字話』は「胡蘿卜」である。
10）『唐韻三字話』は「多羅絨」である。

『遊焉社常談』巻上「三字話」にあり、『唐韻三字話』に収められていないものは次の256語である。

做得好	裝火來	留心寫	請郎中	琉球人[11]	大阪人	晒乾了	有酒麼
請上去	不消説	囉哴的	不囉哴	只管學	只管做	好長鬚	没鬚的
耳聾的	眼瞎了	糖好吃	這般説	打號子	做人好	覆轉來	翻轉來
省事些	省力些	把剪刀	剪一剪	也好大	獃娃子	懶物事	懶東西
也不是	也不曾	正是你	正是他	小心好	一向病	病好了	甩掉了
請改〃	請看〃	請聽〃	請談〃	饒恕我	想一想	想出來	背得來
揩抹廳	箏一箏	箏得准	暫別了	沒有趣	把扇子	禁了酒	在這里
紙包的	歇兩天	失火了	一張兒	手把照	水墨畫	近視鏡	不求人
火烙印	吹火筒	炊飯甑	石運轉	磨刀石	黃二娘	怕痒花	蝴蝶花
紫羅蘭	紫燕花	蜀葵花	海棠花	石榴花	杜鵑花	映山紅	滿山紅
山丹花	雞冠花	鳳仙花	忘憂草	剪春花	雁來紅	老少年	辛夷花
十姊妹	敗醬花	虞美人	梔子花	刀背草	蓬萍草	草烏頭	八角刺
蒲公英	南天竹	霸王樹	鳳尾蕉	美人蕉	銕梨木	花梨木	無花樹
合歡樹	章郎花	車前草	木賊草	懸鈎子	柳條穿	五針松	七絕樹
胡蘿蔔	裙帶菜	石花菜	紅花菜	海鹿菜	雪花菜	七絕樹	裙帶菜
石花菜	紅花菜	海鹿菜	雪花菜	天花菰	橫魚公	魚虎狗	繡眼兒
告天子	白頭公	烏骨雞	黃山魚	回腮魚	海鶄魚	鍋蓋魚	過臘魚
白皮紙	狗母魚	青鯶魚	金絲魚	方頭魚	大口魚	老婆魚	華臍魚
龍頭魚	鬼拳頭	江瑤柱	親家公	麵條魚	大花紬	小花紬	二重紬
牛良紬	紅縐紗	花縐紗	椒花緞	八絲緞	界地緞	烏大緞	大花緞
素服緞	天鵝絨	單福絨	芭蕉布	眼包皮	大母指	脚膝碗	近視眼
酒糟鼻	田螺眼	鷹嘴鼻	井灶鼻	雙生子	瓜子金	羊皮金	典當舖
螺細匠	鑄冶工	裱褙匠	兌換店	泥塑匠	磁器匠	魚獵戶	千里馬
劊子手	氣上升	皮寒病	絞腸痧	急驚風	白癩病	相思病	痙佛瘡

11）『唐韻三字話』は「瓈球話」である。

『遊焉社常談』の唐話——江戸中期唐話資料の研究—— 111

白禿瘡	痘風瘡	走馬疳	牛程躔	黃豆瘡	做針指	上臕脂	猪啞謎
紅蜻蜓	尺蠖虫	屠蘇酒	蜜林酒	米粉子	麥芽糖	令兄弟	令姊丈
令門人	敝門生	貴相知	孔聖人	孟夫子	小大官	好福相	唱曲子
唱歌兒	口字爿	戤人爿	無比的	打水來	好肴饌	嘗ヽ看	亡過了
回首了	把鏡子	掛了蓬	雞鳴了	間壁人	捉老鼠	嚼碎了	埋怨他
蜘蛛網	記錄手	脫衣服	厚情人	薄情的	縛得鬆	礬過了	結了氷
吃稀飯	解毒的	夜深了	倦了些	疲了些	磨ヽ墨	飯糊兒	指教我
遊方僧	椒樹皮12)	有柄把13)	把索兒	縛好了	有毛病	郷巴老	無忌諱

　『唐韻三字話』にはなく『遊焉社常談』巻上「三字話」にはある語には、動植物や魚類の名称、病名が特に多く含まれているといえる。『唐韻三字話』にないもののうち、以下の語は、『南山俗語考』の以下の項目に収められている。

「疾病瘍瘡」急驚風　皮寒病　白禿瘡　黃豆瘡
「魚鼈蚌蛤」黃山魚　麵條魚　江瑤柱
「樹竹」五針松　銕梨木　花梨木
「花卉」石榴花　海棠花　滿山紅　南天竹　雞冠花　蜀葵花　鳳仙花
　　　　紫羅蘭　蓬萍草

　上に列挙したように、『遊焉社常談』巻上「三字話」の多くが、『唐韻三字話』の語句と一致している。『遊焉社常談』巻上「三字話」にはあり、『唐韻三字話』にはないものもあり、またそれ以上に『遊焉社常談』巻上「三字話」にはなく、『唐韻三字話』にはある語句が多いといえ、『遊焉社常談』巻上「三字話」の８割が『唐韻三字話』にもあるということからは、両者の間に何らかの繋がりや影響関係があったと言えるだろう。また、『南山俗語考』に『唐

---

12)『唐韻三字話』には「櫻樹皮」「楡樹皮」がある。
13)『唐韻三字話』は「有把柄」である。

韻三字話』は影響を及ぼしたと考えられるが、『南山俗語考』の編纂過程には、複数の書物や知識源があった可能性を、『遊焉社常談』「三字話」と『南山俗語考』の一致状況は示していると言えるだろう。

4.『遊焉社常談』巻之下「長短話」

「長短話」という呼称は、唐話資料で二字話三字話等の文字数単位での段階の後に長短さまざまの唐話が対話形式や会話の一部の体裁で羅列されるものに付されることが多い

『遊焉社常談』の「長短話」は、各話題によって「○」の記号で区切りが示されており、145組に分けられている。内容は、初対面の会話、気候をめぐる会話、食事や娯楽に関する会話など、日常生活の中で交わされるものが多いが、学業、とりわけ唐話に関する会話が含まれていることを注目すべき点として次に挙げる。

（1）我們舊年起學話。學到今年足足一年。也不覺得一個月。眞眞光陰如箭。

（2）這個物件。唐山話怎麼講。正是。這個東西叫做竹夫人。東坡先生也叫青奴。

（3）唐話是毎日要講。若是歇了一天。舌頭硬起來。像個木頭一樣。動也動不得。那里説得轉。所以古人説得好。三日不講。口生荊棘。

（4）你學得幾句話。切不可忘記要緊。多謝多謝。老兄好意見教的好話。従今以後。小弟再不敢懶惰。好好。你只管用心。後來學得成了。多少有趣。

（5）昨日到先生家去赴席。講兩句唐話。大家好不稱讚了。如今休學詩文麼。豈敢。小弟才短。那里能得賦詩做文。但是這両天。先生家裡赴席。不得已而社撰両句塞責。

（6）昨日學得話。因爲字眼太多了。眞正難講。不打緊不打緊。這個叫做先難後易。先學了難講的話。落後容易得狠。

（7）後生可長。今世人個個會做詩做文章。眞正伶俐。你們也再過兩年。不得不做。要是留心留心。多謝。小弟還年幼。不要説兩年。再加兩年。也那能

勾做得詩文。小弟的情願。一兩年内。講兩句唐話就勾了。勞動兄長。請教
請教。不要説道樣没志氣的話。要做皇帝。纔能得諸侯國王。要到聖賢的地
位。纔到豪士高人的田地。後生家志向要大的。讀書講話。要是出類拔群。
那時節纔做大先生得過。用心用心。

(8) 你們講話。講得楜楜塗塗。竟不明白。我們聽不出。正是。小弟們選講不
慣。故兹講的不三不四。仰伏請教請教。

(9) 唐話講熟了。一句當得十句。講不熟。十句當不得一句。頭裡講錯了。

　(1) から (9) で述べられている内容から、これらは唐話を学びさらには
詩文を学ぶために先生のもとに集まった師弟間でのやりとりだと理解するこ
とができる。編纂者の石川金谷自ら長崎に遊学した経験があることから、唐
話を巡る会話は「遊焉社」での会話を記録したものであると考えることがで
きるだろう[14]。「長短話」で用いられている代詞、疑問詞、語気助詞を、石崎
1940が同類のものであるとした岡島冠山編『唐話纂要』の「長短話」と対比
させてみる。

---

14) 石川金谷等が唐話や詩文等を学んだ「遊焉社」は、おそらく『唐音孝経』刊行の1764
　年頃から延岡藩に仕える前の1772年頃までのある期間活動していたのだろう。『唐音孝
　経』が京都の書肆から刊行されていることや、「長短話」の次の会話内容から、京都で
　開催されていたのではないだろうか。
　○今朝我到二條去。迎接先生。要山上去採藥草。一到寺街上去的時節。就下了一陣大
　雨。所以先生等在那里。看看天色。雖是天晴了。地下稀爛。不能上山。今日又歇了一
　天。失落了手中的寶貝一様。
　○南天是四條橋梁乘凉的人多多。街上十分熱鬧。我們鎮日坐在樓上讀書。眞正不便。
　街上走過的人。説了有趣的話。我們聽得也高興。讀書講話總不在心上。天天閑過日子。
　寔在不便。不知貴街上清空的麼。正是。小弟家裡也一般。囉唆囉唆狠囉唆。

114 第一編 江戸時代における口頭中国語の受容——唐通事と口頭中国語

	『遊焉社常談』「長短話」	『唐話纂要』「長短話」
代詞	我 我們 你 你們 他 這 此 是 這様 這般 這里 那里（那首） ケ麼	我 我們 我毎[15] 你 儞 你們 他 這 此 之 是 那 此般 這般 直憑 恁地 這裡 此間 那裡 那首
疑問詞	那里 幾 多少 什麼 何 怎 怎麼 怎麼様 如何 何如 豈	誰 什麼 何 怎 怎的 怎生 怎麼様 怎恁地 如何 若何 豈 安 焉
語気助詞	阿 呢 了 也 麼 耳 矣	了 哩 則個 哉 也 矣 焉 耳 麼 否

　個人の通常の会話において固定的あるいは限定的に用いられると考えられ
る代詞、疑問詞、語気助詞を取り上げ、『遊焉社常談』と『唐話纂要』とを比
較した結果、会話形式ではあるが、両者ともいわゆる文言と白話の語彙がと
もに用いられている点が確認できた。が、『唐話纂要』の方が用いられている
語彙が、文言、白話ともにやや多い、つまり固定的（限定的）な側面が弱い
ということが分かった。岡島冠山の唐話資料の特徴のひとつは、語彙の使用
が固定的、限定的でなく、多様であり均質ではないという点であるが、『遊焉
社常談』にはその点を特徴とするほどには、多様かつ均質的ではないとは言
えないだろう。

5．『遊焉社常談』巻之下「話説」

　「話説」は、長崎唐通事の唐話資料である「鬧裏鬧」の一部と同じエピソー
ドが収められている[16]。「鬧裏鬧」と同様の内容が大部分を占めていることと、

15）「我毎」は「我-毎」と印があり、「我」と「毎」は個別の語であることが示されてお
　り、印がなく一語とみなされていた「我們」「你們」とは異なる認識を持っていたと考
　えられるが、ここでは代詞とした。

16）「鬧裏鬧」のテキストは、関西大学総合図書館長澤文庫所蔵の本を用いる。また、「鬧
　裏鬧」については、六角恒廣『中国語教本類集成』第1集（不二出版、1991年）所収
　書解題（5頁）と、奥村佳代子『関西大学図書館長澤文庫所蔵唐話課本五編』（関西大
　学東西学術研究所資料集刊30、2011年）の解題（15-18頁）を参考にした。拙著の翻刻
　は漢字、句読の位置に誤りが多いため、本論では可能なかぎり訂正した。

字句や表現の違いを示すために、以下に「話説」の全文を挙げ、「鬧裏鬧」の
該当部分と対照する。

「話説」	「鬧裏鬧」
話説。原來人家日常裡做人家要緊。	話説原來人家日常裡做人家要緊。
用一厘一毫銀子。也要思前慮後。	用一厘一毫銀子。也要思前慮後。
不可亂用爲何呢。	不可亂用。手緊就是了。為何呢。
若是撒漫財主。撥天撥地用掉了銀子。明日	若是撒漫財主。撥天撥地用掉了銀子。明日
漸漸地。家私搖動起來。一下到了大窮的日	漸々地。家私搖動起來。一下到了大窮的日
子。手中乾燥。比別人更加受苦。往常在金	子。手中乾燥。比別人更加受苦。往常在金
銀堆裡滾大起來。使滑的手兒。	銀堆裏滾大起來。使滑的手兒。
所以若是一刻没得銀用。便過不去。	所以若是一刻沒得銀子用。便過不去。就是
就是借了些債。原是用過大錢的	借了些債。原是用過大錢的人。
些少銀両。像個吃碗泡茶一般。霎時間就完	些少艮兩。像ケ喫碗泡茶一般。霎時間就用
了。	完了。
若是平常手裡捏得緊。	若是平日手裡捏得緊。
酸酸澀澀。省用慣了。那時節縱或做了窮鬼	酸々澀々。省用慣了。那時節縱或做了窮鬼
也是平常了。不到十二分苦楚的田地。常言	也是平常了。不倒十二分苦楚的田地。常言
說道。有千年產。没千年主。那里一生一世。	說道。有千年產。沒千年主。那里一生一世。
子子孫孫。富貴過日子。當初有錢。是個財	子々孫々。富貴過日子。當初有錢。是ケ財
主。人家自然趨奉你。今日没錢。是個窮鬼。	主。人家自然趨奉你。今日沒錢。是ケ窮鬼。
人人就不禮你。雖然如此。也有一説。天不	人人就不禮你。雖然如此。也有一説。天不
生無禄之人。地不生無根之草。	生無禄之人。地不生無根之艸。
難道就没有再好的日子。	難道就沒有再好的日子不成。
一下運氣轉頭的時節。自然仍舊做個財主。	一下運氣轉頭的時節。自然仍舊做ケ財主。
再筭不定人家。	這也再筭不定人家。
那里限得他定。所以他那生成慳吝的人。省	那里限得他定。所以他那生成慳吝的人。省
慣的家裡。緊溜的手兒。今日貧窮。没有什	慣的家裡。緊溜的手兒。今日貧窮。沒有什
麼十二分過不去。憑你怎麼樣的苦也受得起	麼十二分過不去。憑你怎麼樣的苦也受得起
甘願吃漫苦的苦茶。吃漫稀的稀飯。	甘願吃漫苦的茶兒。吃漫稀得稀飯。
本分分守自己的分量過日子。再不想去做	本々分々守自己的分量過日子。再不想去做
歹事了。這等的人。自然有日子掙起。當初	歹事了。這等的人。自然有日子掙起。當初
一樣的家私來。他那奢華的敗子。撒漫的性	一樣的家私來。他那奢華的敗子。撒漫的性
兒、撒撥的身子。放蕩慣了。到了貧窮。一	兒。撒潑的身子。放蕩慣了。到了貧窮。一
些苦也打熬不來。想起當初的受用。只管想	些苦也打熬不來。想起當初的受用。只管想
好魚好肉。	吃好魚好肉。
想得口中淡出鳥來。肚裡飢出鳥來。花言巧	想得口中淡出鳥來。肚裡飢出鳥來。花言巧
語。滿口講諞人家的話兒。	語去。滿口講諞人家的話兒。
東也去借一兩銀子。西也去少一件東西。一	東也去借一兩艮子。西也去打一件東西。一
日没得銀子。	日沒得艮子用。
手裡痒不過。按納不住。只管煩惱了。	手裡痒不過。按納不住、只管煩惱。
到了泯頂的田地。失面做賊人。	到了泯項的田地。失了體面做賊。
偷人家的物件。一下做了強盜。再没個起頭	偷人家的物件。一下做了強盜。再沒ケ起頭
的日子。殺人放火。無所不至。造了許多的	的日子。殺人放火。無所不至。造了許多的
孽障。弄得後來死在刀鎗之下了。	孽障。弄得后來死在刀鎗之下了。

你説個起根發脚。是在那里呢。	你説這ケ起根發腳。是在那里呢。
不過是在不省用這三個字上來的了。	不過是在不省用這三ケ字上來的了。
古人説破慳吝的人。	唐山人説破慳吝的人。
取個綽號説道。	取几ケ綽号説道。
守錢虜。或者是説看財奴。又説吃狗屎的太御。多少咒罵了。又説一個道理好像和尚説法一般。	守錢虜。或者是説看財奴。又説吃豹屎的大御。多少咒罵了。又説一ケ道理好像ケ和尚説法一般。
一味亂話道。人生一世。草生一春。	一味亂話道。人生一世。草生一春。
你既有銀子。只圖快活下半世也好。	你既有了艮子。只圖快活下半世也好。
爲何這樣酸澀。有口也不吃好東西。有身子也不穿好衣裳。譬如一個米。一粒一粒數起來煮飯。一個柴火。一根一根秤起來燒。用得謹謹慎慎。	為何這樣酸澁、有口也不吃好東西。有身子也不穿好衣裳。譬如一ケ米。一粒々々數起來煮飯。一々柴火。一根々々称起來燒。用得謹々慎々。
蓄了多少銀子。	積蓄了多少艮子。
活到幾百歲。人生七十古來稀。就是活得一百歲。	活到几百歲。人生七十古來稀。就是活得乙百來歲。
必竟是一死。辛辛苦苦。積得銀子。明日一下死了。帳落得把別人受用了。你死的時節。這個銀子可將來。做得行李。帶到陰間去麼。今日人家見你手裡罟覺活動。貪圖借些銀子用。假活兒陪個小心。只管來趨你。一下你口眼閉了。那時節樹倒活猻散了。莫説沒人説你一個可憐。	這ケ艮子可將來。做得行李。帶到陰間去麼。今日人家見你手裡罟覺活動。貪圖借些艮子用々。假活兒陪ケ小心。只管來趨奉你。一下你口眼閉了。那時節樹倒活猴猻散了。莫説沒人來説你一ケ可憐。
	必竟是一死。辛々苦々。積得艮子。明日一下便了帳落得把別人受用了。你死的時節。
就是受了大恩的人。	就是受了大恩的人。
也沒有替你墮淚。	也沒有來替你隨淚。
你的妻子。怎麼沒投沒奔。	你的妻子們。怎麼樣沒投沒奔。
沒有生活。也不來救濟。若是有人説你的恩人死了。何不念一番。	沒有生活。也不來救濟、若是有人説你的恩人死了。何不念一番。
當初攙舉的你恩情。	當初抬舉你的恩情。
該替他做好事追薦他的亡靈。	替他做好事追薦他的亡靈。
不然墮些淚也見得情分了。那人見説這話。倒是冷笑了。滿口講鬼説道。	不然隨些淚也見得情分了。那人見説這話。倒是冷咲了。滿口講鬼話説道。
若要我下淚。我的眼睛。不是個洞庭湖。那里有許多眼淚出來。	若我隨淚。我的眼睛。不是ケ洞庭湖。那里有許多眼淚流出來。
你説好聽不好聽。目今世間。	你説好聽不好聽。目今的世上。
這樣人情薄。你偏生自己不會快活。每日把眉頭亂縐縐。省用銀子。打帳做什麼用頭。莫若依我的做法。得一日過一日。得一年過一年。今日有一兩。明日有二兩。就用二兩。買魚買肉。落得自己。	這樣人情刻薄。你偏生自己不會快活。每日把肩頭亂綯々々。省用銀子。打張做什麼用頭。莫若依我的做法。得一日過一日。得一年過一年。今日有一兩。明日有二兩。就用二兩。買魚買肉。落得自己受用。
尋花問柳。各處去吃酒頑耍。	尋花問柳。各處去吃酒頑耍。
快過下半世就是了。	快活過了日子。下半世就是了。
俗語説牡丹花底下死。做鬼也風流。為何不在花烘上頑耍。好不朦朧油嘴放屁。説得這樣嘴強。聽起來像個中聽。但是由我看來。	俗語説牡丹花底下死。做鬼也風流。為何不在花烘上頑耍。好不朦朧油嘴放屁。説得這樣嘴強。聽起來像ケ中聽。但是由我看起來。
寧爲雞口。莫爲牛後。	寧為雞口。莫為牛後。
寧可做酸澀的人。不要做敗子。	寧可做酸澁的人。不要做敗子。

破了家私。到了没設法的。明日做強盜。
自己一個人壞了體面還罷了。連祖上的名
聲。也惹得不好聽。都説某人是某家的兒子。
某人是什麼人的孫子。父母不教訓。所以不
學長俊。做個儱賴的人。弄到這個地步。倒
説父母不好。可見家教要緊。閑説少説。這
個強盜有幾等幾樣的各色。
如今把我所記的賊人之類。説把你知道。譬
如在海上做賊的。叫做海賊。在山上打劫了
過往的行李包裹的。
叫做剪徑。一個人馬熱鬧的所在。擠來擠去。
擠在人叢裡頭。故意挨肩擦背。擠緊了。神
不知鬼不覺。把剪刀剪斷了人家的荷包偷了
去。這個叫做剪拂。
唐山有一種響馬強盜。
這個夥計們。
好不利害。生得力氣高大。武藝熟演。人家
聽得響馬的這一聲。魂不附體。心裡突突地
跳起來。通身亂抖。怕也怕得狠。所以看見
人家膽勇過人。強頭強惱的。便説道。
他有響馬強資。
或年七八歲的小姓兒。
不聽父母的話。只管作怪會頑的。那父母嚇
唬他説。響馬來了來了。
也有梁山泊那一夥的人。一樣合了許多夥計。
在山下了寨。
劫掠官府的東西。這一夥人。還曉的義氣。沒
有搶奪百姓人家的東西。
聽見某官府貪了銀子錢。凌虐百姓的。就去
廝打。打破了衙。擄掠了錢糧。
説了替天行道。替百姓除了大害。
若是做官清正的好官府。
再不敢去驚動他。人家説的草寇。就是這個
了。也有燒悶香的賊人。也有開酒店。酒壺
裡下了蒙汗藥。灌醉了人的。
也有飛簷走壁會過牆的。
叫做白食鬼。
或者故意通姦了人家的老婆。拐帶了逃走到
別處去。賣他下水做婊子的。但凡賣良為娼
的。定要做一個圈套。瞞了本婦。只説有親
眷在這里。托他尋個房子居住纔好。領人來
看看。中了意纔好騙他過門。收了身價。
悄悄地逃去。逃得都不見了。

明日破了家私。到了沒設法的時節。做強盜。
自己一ケ人壞了體面還罷了。連祖上的名
聲。也惹得不好聽。都説某人是某家的児子。
某人是什麼人的孫子。父母不教訓。所以不
學長俊。做ケ懶懶之人。弄到這ケ地步。倒
説父母不好。可見家教要緊。閑話少説。這
ケ強盜有幾等几樣的名色。
如今把我所記的数落一難。説把你知道。譬
如在海上做賊的。叫做海賊。在山上打劫了
過往客人的行李包裹裡的。
叫做剪徑。一ケ人馬熱鬧的所在。擠來擠去。
擠在人叢裡頭。故意撫肩擦背。擠緊了。神
不知鬼不覺。把剪刀剪斷了人家的荷包偷了
去。這做ケ叫做剪綹。
唐山有一種響馬強盜。
這一夥老賊種。
好不利害。生得力氣高大。武藝也熱鬧。人
家聽得響馬的這一聲。魂不附體。心裡突々
地跳起來。通身亂抖。怕也怕得狠。所以看
見人家膽勇過人。強頭強惱的。便聽道。
他有響馬強資盜。
或者年紀七八歲的小娃子。
不聽父母的話。只管作怪會頑的。那父母唬
嚇他説。響馬來了。
也有梁山泊那一夥的人。一樣合了許多夥計。
在山上下了寨。
劫掠官府的東西。這一夥人。還曉得義氣。並
沒有搶奪百姓人家的東西。
聽見某官府貪了銀子錢。凌虐百姓的。就去
廝打。々破了衙門。擄掠了錢糧。説道替天
行道。替百姓除了大害。
若是做官清正好官府。
再不敢去驚動他。人家説得草寇。就是
這ケ了。也有燒悶香的賊人。也有開酒店。酒
壺裡下了蒙汗藥。灌醉人的。
也有飛簷走壁會過墻的。
也有的叫做白食鬼。
或有故意通姦了人家的老婆。拐帶了逃走到
別處去。賣他下水做婊子的。但凡賣良為娼
的。定要做一ケ圈套。瞞了本婦。只説有親
眷在這裡。托他尋ケ房子居住纔好。領人來
看看。中了意纔好騙他過門。收了身價。
悄々地逃走。逃得影都不見了。

又説後漢朝又一個。姓陳名寔表字仲弓的。那時年成不好。一夜有個小偷。潛入家裡。躲在梁上。仲弓看見了。故意做不曉得模樣。叫起子孫們。正色教訓説道。你們用心要緊。不可放蕩。不良的人。也不是性兒不好。書經上有的。習以性成。畢竟到了那地位。梁上君子就是了。偷兒聽得。好大吃個一驚。魂不附體。梁上下將來。啼啼哭哭。滿面下了淚説道。老爹把天大的恩情。饒恕小的一個性命。仲弓安慰道。我看過你的狀貌。不像個不好的人。因爲年荒。生意貧窮。自然到這個地步。説罷。把二匹絹。送了偷兒。放了去。自是以後。一縣都沒有盜賊。古人語言。一點不差。前頭説過的幾等盜賊。都是年幼的時節。不聽父母的教訓。去嫖去賭。又好食酒。所以做了這等的人。你們衆人。學個正經。先學孝經。論語。詩經。書經。這個四部書。都是聖賢的言語事體。前言往行。總在裡頭。是書生的先？務。這四部書讀完了。即是看過他書的時候。書上沒有攔路虎。看書容易。然後把周易。春秋。左氏傳。公羊傳。穀梁傳。周禮。儀禮。禮記。孟子。個個熟讀。前頭説的十三部書。叫做十三經。這幾等書通得來。可謂學業大成矣。那諸子歷史文集之類。隨手讀過。越讀越好。不要懶惰。留心苦學。學得成了。見識遠大。至老快活。小子勉哉。	＊この部分は、「鬧裏鬧」には該当するエピソードがない。 ＊「鬧裏鬧」では、続いて盗みと詐欺の話が展開する。

　「鬧裏鬧」は（1）節約と始末の話、（2）盗みと詐欺の話、（3）火事と放火の話、という三つのエピソードから構成されているが、『遊焉社常談』巻下「話説」には、節約と始末の話が収められ、その後に続けて、後漢の陳仲弓の「梁上の君子」のエピソードを挙げ、聖賢の言葉を学び学業を成就させるようにという戒めが続いている。こちらの話も、長崎の通事の間で伝えられていたものであった可能性があるが、現時点で明らかになったことは、『遊焉社常談』には「鬧裏鬧」の一部が収められているということであり、石川金谷が長崎で得た知識が活用されていることを明示しているといえるだろう。

6. まとめ

　本章では、『遊焉社常談』の構成を紹介し、「三字話」を糸口に、他資料との関連について調査し検討した。

　巻之上に収められた「三字話」の語句の８割は、『唐韻三字話』という長崎あるいは薩摩において収集された三字話を記述していると考えられる資料の語句と一致している。収録されている三字話が『唐韻三字話』と一致するものが多数含まれる資料としては、他にも『南山俗語考』があり、『唐韻三字話』との関連を指摘することができるが、『遊焉社常談』もまた、『唐韻三字話』との関連を指摘することが可能であり、長崎を中心に共通の知識としての三字話群が存在していたこと、また、個別の資料は独自に一から言葉を収集したとは限らず、知識源あるいはお手本とした資料がまとまった形で存在していたことを示す有力な資料のひとつであると言えるだろう。

　江戸時代の唐話学を代表するものとしてみなされている岡島冠山の『唐話纂要』には、『唐韻三字話』と一致する三字話が含まれてはいるものの、その数は僅かに過ぎす、『南山俗語考』や『遊焉社常談』とは明らかに異なっていることから、両者は一線を画する資料だと考えられる。

　また、「長短話」とは、その時々にその場その場で交わされた会話の記録という側面があり、参加者や編者の唐話を学ぶ目的や立場、あるいは時代を反映しているのではないだろうか。『遊焉社常談』の「長短話」は、用語の種類から唐通事資料の長短話により近いと思われるが、江戸時代全体の「唐話」の実態を知るには、さらに調査対象を広げ比較していく必要がある。

　唐通事資料の「鬧裏鬧」が一部ではあるが収録されていることからも、『遊焉社常談』は長崎の唐話や唐話資料が石川金谷によって反映されている文献であることは確かであるが、『唐韻三字話』とは一致していない三字話及び本論では取り上げることの出来なかった「二字話」と「話説」の「鬧裏鬧」にはないエピソードの由来に関しては今後の課題としたい。

近世日本における異文化知識の受容
──唐通事テキスト『訳家必備』にみられる異文化情報の吸収と交流──

1．はじめに

　江戸時代の長崎は、日本唯一の海外貿易の拠点として、来航してきた中国人たちを受け入れていた。1689年（元禄2）に、中国人専用の居留施設である唐人屋敷が開設され、来航中国人たちはすべて唐人屋敷に滞在しなければならなくなった。このため、日本人と中国人との接触は制限されることとなったが、いっぽうでは中国文化が凝縮された唐人屋敷という異文化の空間が生み出された。

　唐人屋敷は、来航中国人がただ寝泊りするだけの場所ではなく、約7000坪の敷地内には、唐人居住用の唐人部屋、市店と称された小さな商店、祠堂、あずま屋、池、広場などを備え、あたかも小さな町であった[1]。唐人屋敷の運営や管理は長崎地役人である町年寄や乙名らが当たり、唐人屋敷を警護する唐人番や探番などが置かれたが、唐通事もまた交代制で唐人屋敷に詰めることになっていた[2]。

　『訳家必備』は長崎唐通事による写本資料であり、主要な舞台として唐人屋敷が登場する。長澤規矩也氏は、『唐話辞書類集』第20集に『訳家必備』を収め、解題で次のように述べている[3]。

1）唐人屋敷の敷地面積は、完成直後は6296坪余りであったが、何度か拡張された。永井規男 2003「唐人屋敷─町の構成─」関西大学東西学術研究所資料集刊9-6『長崎唐館図集成』207-224頁。

2）唐人屋敷への出入りは厳しく制限されており、定められた役人以外は遊女の出入りが認められていたが、一般の日本人は禁止されていた。

3）『訳家必備』は、長崎歴史文化博物館、静嘉堂文庫、天理図書館、関西大学図書館で所蔵されている。本論では、『唐話辞書類集』第20集所収のテキストを用いているが、長澤氏が静嘉堂文庫と対照して補ったとする箇所は除外した。論文中では『訳家必備』と表記する。

長崎の通事の爲に、清商との對話を項目毎に録したもの。初めて通事となった時に来賀の清人との會話を記した「初進館」から、來舶の乗組との對話「捧送漂到難船」、外國へ漂着した邦人を送還して來た清舶の船員との會話「護送日本難人」、貿易の取引「本船起貨」「貨庫」「清庫」以下具體的に問答を記載してゐる。體裁は全く辭書ではないが、語彙が既刊の各書と非常に違つてゐるばかりではなく朱筆で訓點を施してあるので、唐話研究には重要な資料であることを認めて、本集の最終巻に輯録することを企てた。然るに、架蔵本を底本として撮影中、虫損が甚しいので、靜嘉堂文庫本を借照したところ、彼は四巻に分けて無點。末に「譯家必備全部予祗役于長崎使譯司抄寫之　蔵一本於家塾　寛政七年季八月近藤守重」の奥書があるが、その轉寫本で東條琴臺の舊蔵、「掃葉山／房蔵書」の印記を捺し、誤脱が非常に多い。予の蔵本は、朝川善庵の孫である片山格（修堂、尚友館）の舊蔵であり、是亦脱誤がある[4]。よって、その照片に、靜嘉堂文庫所蔵本を以て一々對校したものを底本とすることにした。對校両年に渉り、筆を執っては止むこと数次、その爲、校訂の體裁、前後多様となってしまった。

　長澤氏の指摘にあるように、『訳家必備』は『唐話辞書類集』に収められた「水滸伝」の語を解説したものや『唐話纂要』をはじめとする岡島冠山による編著書とは、体裁だけでなく、言語そのものが様相を異にしている。本来の「唐話」とは、長崎唐通事が自らの話す官話を称して用いた語であり、「唐話辞書」の対象とされた白話語彙より、長崎唐通事の中国語を唐話と称するほうがより相応しいといえる。『訳家必備』は、長崎唐通事の唐話テキストであり、まさに唐話研究のための重要な資料であるといえるだろう。

　次に、『訳家必備』冒頭の「初進館」に描かれた、公堂での様子を引用して

　4）長澤氏の解題に「朝川善庵の孫」とあるように、関西大学長澤文庫蔵本の表紙の裏には、「片山格、號修堂、尚友館者其齋號也、朝川善庵之孫、明治二十年前後没」とある。が、片山格（1810-1840）は、片山述堂、朝川善庵の次男で片山兼山の孫に当たる人物であり、上記の詳細については不明である。

122 第一編　江戸時代における口頭中国語の受容──唐通事と口頭中国語

みよう5)。なお、意味の区切れを示すコンマは筆者による。

　　大凡通事到了十五六歳，新補了學通事，頭一遭進館的規矩，到了公堂，
　　看見在館各舡主財副坐在公堂上分南北而坐，廳上値日老爹同幾箇學通事
　　內通事分箇品級端端正正坐在那裡，看見新補通事施禮過了，方纔値日老
　　爹對唐人們說道，這位是林老爹的阿郎，此番新補了學通事，今日頭一回
　　進來見見衆位，那時唐人一齊來作揖說道，原來林老爹的令公子，恭喜恭
　　喜，貴庚多少，不敢，屬鼠屬牛屬虎屬兔屬龍屬蛇屬馬屬羊屬猴屬雞屬狗
　　屬豬，今年交十七歳，尊姓呢，賤姓林，台號呢，賤號某，尊翁好麽，托
　　福托福

　このように、地の文と会話とから構成されている。ここでは、唐通事にな
りたての林家の若者が主役として登場する。林家の子弟の唐通事修行のため
に作られたテキストとしての一面があると推測できるが、「貴庚多少？」「不
敢屬鼠屬牛屬虎屬兔屬龍屬蛇屬馬屬羊屬猴屬雞屬狗屬豬今年交十七歳」「尊
姓呢」「賤姓林」「台號呢」「賤號某」という記述にあるように、特定の個人の
ためではなく、林家の子弟であれば誰でも使用することができるようにとの
意図があったのだろう。また、1804年（文化元）9月から1805年10月にかけ
て長崎奉行所に支配勘定として着任していた大田南畝が、赴任先の長崎から
息子である大田定吉への書簡に次のように記している。

　　唐通事彭城仁左衛門穎川仁十郎来唐話の事など承候。東都にて得候訳家
　　必備、荘嶽唐話見せ候処、是通詞之初学に読候書のよし。段々訳文いた
　　し候。

───────────

5）1764年（明和元）に長崎に滞在していた汪鵬（汪竹里）は、日本滞在記である『袖
　　海編』の中で唐人屋敷の様子を詳細に描写し、「公堂」については次のように記述して
　　いる。「日本滞在記通事官與客會話之所曰公堂具煙茗日必一至」。『昭代叢書』戊集巻二
　　十九所収。

この書簡の記述にあるように、『訳家必備』は唐通事のための基本書であり、林家の子弟ではなくても学んだ可能性もあると考えられる[6]。

『訳家必備』を中国語資料としてとらえた論考は僅かにあるが、語彙の分析に特化しており、テキスト成立の過程や背景に対する視点が不足している。また、描かれている事柄が史実に基づいているのかどうかという点も含めて、内容に関する検討の余地は大いに残されている[7]。

『訳家必備』は、次の内容から構成されている。

　　初進館　唐舩進港　牽送漂到難舩　護送日本難人　本舩起貨　貨庫

　　清庫　王取　挿番　出印花布疋　領伙食　講價　出貨　交貨　秤貨

　　拜聖　拜媽祖　看花　媽祖會　關帝會　王道禮　誦經　上墳　身故

　　秤椅楠　修舩　［火罩］　修杉板　放舩　看舵　看修理　打索路

　　八朔繳禮　下頭番　堅桅　補蓬　下搭客　眼桅　裝銅　看包頭　講包頭

　　秤包頭　裝包頭　秤添退包頭雜包　巡舩　河下送水菜柴火　對賬　開舩

　　搬庫　領牌　口外守風

以上のように、唐船が入港してからの流れにしたがって唐通事が従事すべき業務や遭遇するであろう出来事が配列されているが、各章は独立した資料として読むことも可能である。作者や完成年が明記されておらず、もともと

---

6 ）『大田南畝全集』第19巻（1989年、岩波書店）112頁。『大田南畝全集』所収の「識語集」に「『訳家必備』（森潤三郎『考証学論攷』による）文化甲子六月、得諸飯田町書僧英屋。時有崎陽之命。不亦奇乎。杏園主人」とある。（705頁）1804年（文化元）の大田南畝の蔵書目録にも『訳家必備』の書名が見える。南畝は、1803年以前に江戸で手に入れた『訳家必備』が、本来何のために用いられたのか、つまり、唐通事の基本の書であるということを、長崎に来て唐通事から直に教わって初めて知った。『訳家必備』を用いてどの程度まで唐話を学んだかは分からないが、1804年から1805年までの長崎に支配勘定として赴任した一年間は、南畝にとって、『瓊浦雑綴』や『瓊浦又綴』などの日記に記されているように、唐通事とたびたび交流し、唐話に触れ学ぶ好機に恵まれた、といえるのではないだろうか。

7 ）奥村佳代子 2004「『譯家必備』とその語彙について―写本資料からみた唐話の一端」『関西大学中国文学会紀要』2004年3月。同 2005「江戸時代における唐話資料と「白話風」小説―『譯家必備』、『忠臣蔵演義』と『海外奇談』」『関西大学中国文学会紀要』2005年3月。

は一冊の書物ではなく、それぞれ独立したテキストを組み合わせて、ひとつにまとめたものであるとも考えられるが、本論では、まず「初進館」と「護送日本難人」を中心に取り上げ、成立年代について考えてみたい。

2.「初進館」「護送日本難人」の内容と成立年代

『訳家必備』には奥付がなく書写が完成した年代は不明だが、次に挙げるように、時代背景を示す手がかりをいくつか示すことが可能である。

① 「南巡」

前面的神帳有皇恩欽賜四簡字，這什麼緣故，老參原來不曉得，前年乾隆皇南巡的時節恩賜的正頭

「前の緞帳には、有皇恩欽の四文字が書かれていますが、これはどのような由来なのですか。」「ご存知なかったのですね。以前、乾隆帝が江南へ巡幸されたとき賜った織物なのです。」

ここに述べられているように、天后堂の菩薩に供えられている絹織物は、「前年」に乾隆帝が江南へ巡幸した際に賜ったものであるという。

乾隆帝の南巡は、1751年から1784年までの34年間に6回行われた。それぞれの日程は、以下に示したとおりであった。

（1）乾隆十六年　（1751）　正月十三日〜五月初四日

（2）乾隆二十二年（1757）　正月十一日〜四月二十六日

（3）乾隆二十七年（1762）　正月十二日〜五月初四日

（4）乾隆三十年　（1765）　正月十六日〜四月二十一日

（5）乾隆四十五年（1780）　正月十二日〜五月初九日

（6）乾隆四十九年（1784）　正月二十一日〜四月二十三日

「初進館」の「南巡」は、（1）から（6）に挙げたいずれかの南巡を指している。

② 唐人屋敷見学ルート

　公堂での唐人たちとのひととおりの挨拶の後、唐人屋敷内へと入ってゆく様子が、次のように描かれている。

　　老爹進館麼，就要進館，拜拜土地廟天后宮觀音堂，轉一轉出去，老爹今日頭一次進館，到敝庫來頑頑，請三杯寡酒，要賀喜老爹，多謝多謝，就到寶庫來拜拜，晚生先一步進館候駕，豈敢，請便請便，新老爹進來了，晚生陪你走走，這裡就是土地廟了

　土地廟（土神堂、土后神堂）→天后宮（天后堂、関帝廟）→観音堂の順に参拝してから、ある船主の部屋を訪ねる約束をしている。

　唐人屋敷は、町としての構成の変容という観点から前期（元禄二年の開設から享保二十年まで、1689～1735）、中期（元文元年から天明四年の大火まで、1736～1784）、後期（天明5年から明治元年の廃止まで、1785～1868）の3期に分けるのが妥当であるとされる[8]。土神堂、天后堂、観音堂のうち、最も早い時期に建設されたものは土神堂であり、前期の1689年（元禄2）、福建省泉州の商人が夢に見た土公神のお告げが祭祀の始まりであると伝えられている[9]。中期の屋敷内南辺の敷地拡張の際に新しく加わったものが、南京人によって祀られた天后堂と福建人によって祀られた観音堂である。町の構成という観点から見た場合、天后堂と観音堂の創設には大きな意義があったと見なされる。

　　敷地南端の地は、天后や観音を祀る聖なる場に、また清遊の場に姿を変えたのである。それはそれ以前の唐館には欠けていたもの、すなわち精神面を充足させうる空間の出現であった。そうしたことが結果論かもしれないが、意図されていたように思われる。そして土神堂 — 天后堂 —

8）永井規男 2003「唐人屋敷—町の構成—」関西大学東西学術研究所資料集刊9-6『長崎唐館図集成』207-224頁。

9）長崎史談会 1931『長崎名勝図絵』205頁。

126 第一編 江戸時代における口頭中国語の受容——唐通事と口頭中国語

観音堂の三者をむすぶ道が整備され、新しい町内の回路の形成が準備されていくのである。[10]

このように、仮りの住まいであるとはいえ、唐人屋敷における祠堂の存在意義は大きく、初めて屋敷内に立ち入る唐通事が真っ先に訪れなければならない場所であった。唐人屋敷の祠堂には、他に「霊魂堂（幽霊堂）」と「聖人堂」があったが、「初進館」ではいずれも参拝されていない。霊魂堂の創設は1779年（安永8）、聖人堂の創設はさらに遅いという[11]。すでに創設されていたのならば、土神堂、天后堂、観音堂とともに参拝ルートに含まれた可能性が高いと考えられるため、霊魂堂が創設される以前の話であるといえるだろう。

したがって、「初進館」に描かれた唐人屋敷内の建築物は、中期（1736〜1784）の霊魂堂が創設される1779年までの期間に該当していると考えられる[12]。

③「酉年二十二番船主沈綸渓」

「沈綸渓」という氏名は、観音堂を参拝中に、案内役の唐通事の口から登場する。

這一尊觀音菩薩也是唐山帶來麼，正是這箇酉年二十二番船主沈綸渓許塑的

10）永井規男 2003 212頁。
11）李陽浩 1996『長崎唐人屋敷に関する建築的研究』 52頁。
　　「観音堂」及び「霊魂堂」の建立年代は『長崎名勝図絵』には記されていないが『唐人番内田氏諸書留』によれば、それぞれ元文元年（1736）、安永八年（1779）となっている。
12）「初進館」には、土神堂を参拝して天后堂に向かう途中の様子が次のように描かれている。「這裡一帶幾間庫都空了為什麼沒有人住呢這幾間庫都是舊庫樓上都塌了東歪西倒的壁子也破壞盖瓦也散掉了幾天前還有人住在這裡各各生怕起來都搬去了所以纔斯晚生們開一張公呈求街官禀年行公重新再要造好諒來過幾天管修理的進來折掉了去那前面幾箇蓬子開店的賣雜貨做糕餅做裁縫賣燒酒賣麵食這幾間沒有樓的還是耐得住了。」

この観音菩薩も唐山から持ってきたのですか。これは、西二十二番船船主の沈綸渓が彫塑したものです[13]。

　ここで述べられているように、観音堂に祀られていた観音菩薩を制作した人物であるとされる沈綸渓は、『元明清書画人名録』「清人来舶」（安永六年、1777年）には、「沈鈺　シンワウ　号綸渓　行書」とあり、行書を能くした人物として記録されている。また、平賀晋民（1722年～1792年）は、長崎滞在時に親交のあった人物として沈綸渓の名を挙げている。

　　余在長崎時。與唐山人沈綸渓者。甚相親好。及余還也。綸渓致書送余。
　　余亦報書爲別。當時四方贈答之書牘頗多。而草稿皆失之。報綸渓書亦烏
　　有。今止綸渓之書附于此。
　　頃接張老爹進館。得悉
　　先生。即欲言旋。但館間隔。未獲把手。親餞都門。深爲恨々。未知何日
　　得慰繼見也。第邇來炎暑。初臨山川。客路還宜自愛。今奉上不堪。小物
　　二種。稍作羽毫之敬。祈咲存此。
　　上
　　中南平先生臺電
　　同學弟沈鈺綸渓拜[14]

　平賀晋民が長崎に滞在していた時期は、宝暦12年（1762）から明和元年（1764）であると考えられ、沈綸渓との交遊はその間のことであろう。『通航一覧正編』によると、船主としての沈綸渓の来日歴は、次のとおりである[15]。
　　宝暦五乙亥年五月二十三日（1755年）
　　宝暦六丙子年五月（1756年）

13）原文には、「正ニ是レ這箇ハ西年二十二番主沈綸渓ノ許塑スル的」と、カタカナによる送り仮名が振られている。この送り仮名に従い、「這箇」は「西年」の修飾語ではなく、主語として読み取った。
14）澤井常四郎 1930『經學者平賀晋民先生』　大雄閣書房　24-25頁。
15）『通航一覧正編』第４巻および第６巻。

宝暦十二壬午年七月二十五日（1762年）

沈綸渓は、平賀晋民が長崎を去る際に手紙を送っていることから、明和元年にも来日したと考えられる。

以上のように、沈綸渓は宝暦から明和にかけて繰り返し来日した船主であり、「初進館」の「酉年二十二番船主沈綸渓」とは同一の人物であると見てよいだろう。酉年は、沈綸渓が頻繁に来日していた時期では、宝暦3年（1753）と明和2年（1765）が候補として考えられるが、江戸幕府は明和2年から1年間の来航唐船数を13艘までと定めたため、明和2年の可能性はない[16]。宝暦3年については、

宝暦三年癸酉年、二十五艘入津

とある[17]。沈綸渓を船主とする二十二番船は、宝暦3年に来航したと見て良いだろう。

④「護送日本難人」

「護送日本難人」は、日本人漂流民が清国から長崎へ護送されたことが描かれている。

此番晩生的舩上護送十三位貴國的人來了，我早曉得你帶日本人來，不曉得他們怎麼漂到唐山呢，唐山是什麼地方，晩生聽他說是日本仙臺人通舩十三箇人，舊年不知幾月裡遇風漂流到了唐山的地界，依舊料理要囘舊路，不曉得針路，走轉來走轉去，後來一連幾遭遇着大風，斷了大桅失去了舵把，舩打到花山地方去，打魚的小舩看見了，舩也是各樣的舩，人也不是唐山人，漁夫看見怕起來了，不敢近前，日本人看他不來，拜了哭了把手勢做求牽的模樣給他看，纔曉得是難舩，即忙囘去報知，舟山的訊地官來牽進他的舩收口，後來舟山的總兵衙門報到寧波府，知府叫巡檢使押送他們到寧波地方來，知府報到巡撫總督上司各憲啟奏朝廷奉了旨意，吩咐晩

16）『長崎県史』所収『長崎会所五冊物』第二。『長崎県史』史料編第四所収『明安調方記』「唐船宿町順」564頁によると、明和2年は十一番船まで記録されている。

17）長崎文献叢書第2集第3巻『長崎古今集覧』巻之十三　「唐船進港之事」　431頁。

生的財東信公興家裡收養，揀一間房子給他住了那十三箇人，裡頭八箇人
舊年六月起害了排子病，官府差箇大醫來醫他，有二十天工夫纔醫好了，
今年朝廷旨意到寧波，所以總督撫院發文書知會太守送他們回國，知縣衙
門發一道咨文，吩咐晚生船上護送過來了，朝廷也有給他皇賞的銀子（略）
在唐山替他通話的人有沒有，正是有一箇姓王的，箇麼你們両箇人也同日
本人到王府要見王

　　奥州の13人の漂流難民の情報は、『通航一覧』に掲載されており、漂流難民
の13人が寧波で滞在した場所が、「信公興」という人物の屋敷であったこと、
通訳が「王」という姓であったことが、「長崎志」に基づく記録と一致してい
る。

　　宝暦四年正月十日、一番寧波出馬政元、信謙吉船より、奥州仙台の者十
三人送来、一此者共、去々年申十二月五日、二十端帆船十三人乗組、下
総の銚子に赴し処、同八日逆風烈しく大雪降り続き、前後不相見、沖の
方に吹流され、荷物三千五百石刎捨、帆柱を切折り、桁を柱に用い、数
十日大洋に漂い、三月廿四日浙江省定海県舟山の内花山と云所に流寄る、
即刻役人来り、船中相改陸地に揚げ、番人を附置、食事等被相与、六月
十八日迄此所に滞留す、同十九日右の人数一船に乗せ、翌廿日寧波に着
船す、則去々年南部者世話致せし信公興宅に差置、日本に数度渡海した
る王友三と云者通弁の為付置、糧米薪水衣類等被相与、懇に介抱有之、
此旨帝都に奏聞有之、数月の後、本国に可送遣の勅許有之よしにて、船
頭伝兵衛に皇賞銀百目、水主十二人に三十目宛、黄綸子の袋に入下し賜
る、仍て寧波府鄞県より咨文一通相渡遣す、委細江府へ言上有之処、御
下知有之、菅沼氏より回咨一通被相渡、且又荷主信公興に米七十俵、馬
政元に三十俵、信謙吉に二十俵、王友三に二十俵被相与、本船三月十三
日出帆す、同五月五日、松平陸奥守方より使者大越十左衛門上下三十三
人当表に被差越、右十三人の者請取之、但此内二人南部領の者、右の使

130　第一編　江戸時代における口頭中国語の受容——唐通事と口頭中国語

者一所に請取連帰、[18]

　また、手振り身振りで中国の漁民に遭難を伝え助けを求めたことや、13人
中8人が病気になったことは、次に引用する「迷復記」に基づく記録と一致
している[19]。

　　漁船と相見え候舟に、見馴ざる人乗組居、不審には乍存、難儀之あまり
　　声をかけ、救いくれ候様相頼候へとも、双方言語通し不申、右のものも
　　笑い居候ゆえ、此方より綱を出し挽申候手真似をいたし候て見せ候得は、
　　右漁舟のもの岸へ引寄くれ候て、碇を入候様なる体、彼是仕形にて教え、
　　沖へ漕走り候付、此所に四月二日迄船住居仕、

　　一最初舟上に罷在候内より、私とも十三人の内少少煩候もの有之候処、
　　ニンポウへ罷越候て、伝兵衛、嘉平治、弥三太、正之丞、次太郎、庄吉、
　　源之助追追風邪相煩難儀仕候、右之段彼のものとも見かけ、医師四五人
　　参り、脈など見せ候内に、シセインと申医師の薬、サンコ世話にて私と
　　も方にて煎給申候、尤八人の内十日、十五日或三十日程煩候もの御座候、

　ここに示したように、『訳家必備』の「護送日本難民」が、宝暦2年末に奥
州を出発し、宝暦4年頭に戌一番船の寧波船で帰着した13人であることは明
白であるといえるだろう[20]。

---

18)『通航一覧正編』第5巻　595頁。
19)『通航一覧正編』第5巻　591-592頁。
20)『通航一覧』に収められた宝暦四年戌一番船による日本人難民の護送に関する記録に
　　ついては、「迷復記」のほうが「長崎志」より詳細である。「迷復記」によると、難民
　　は「天台宗　沖船頭　伝兵衛　年四十五歳　同　水主　吉兵衛　同三十九歳　同　同
　　嘉平治　同六十歳　禅宗　水主　次太郎　年二十六歳　天台宗　同　正之丞　同五十
　　四歳　同　同庄吉　同四十三歳　同　同　三之丞　同五十三歳　同　同　六助　同二
　　十七歳　同　同　弥三太　同三十一歳　天台宗　同　八助　同二十五歳　浄土宗　同
　　伝次郎　同三十九歳　禅宗　同　五兵衛　同三十一歳　天台宗　源之助　同二十六

近世日本における異文化知識の受容——唐通事テキスト『訳家必備』にみられる異文化情報の吸収と交流——　131

　ここまで見てきたように、乾隆帝の南巡および唐人屋敷内の廟建築と来航唐船数から、「初進館」の林家の若者が初めて唐人屋敷を訪れたのは、1751年から1764年までの間の出来事であると推定できる[21]。その間の南巡、沈綸渓の来航と奥州の13人による漂流事件を年表にして示すと次のようになる。「初進館」での話題に上った南巡の可能性があるものを、（1）（2）（3）で示した。また、来航唐船数を〔　〕内に示した。

（1）1751年（宝暦元年、乾隆十六年）　南巡（初回）　　　　　　　　　〔11〕

　　　1752年（宝暦二年）奥州から乗組員13人を乗せた船が出港する　　〔15〕

　　　1753年（宝暦三年）酉二十二番船船主沈綸渓が来航する　　　　　〔25〕

　　　1754年（宝暦四年）戌一番船が奥州の漂流難民13人を伴い来航する〔24〕

　　　1755年（宝暦五年）亥四番沈綸渓　　　　　　　　　　　　　　　〔12〕

　　　1756年（宝暦六年）沈綸渓　　　　　　　　　　　　　　　　　　〔7〕

（2）1757年（乾隆二十二年）　南巡（二回目）　　　　　　　　　　　〔12〕

　　　1758年　　　　　　　　　　　　　　　　　　　　　　　　　　　〔14〕

　　　1759年　　　　　　　　　　　　　　　　　　　　　　　　　　　〔18〕

　　　1760年　　　　　　　　　　　　　　　　　　　　　　　　　　　〔12〕

　　　1761年　　　　　　　　　　　　　　　　　　　　　　　　　　　〔12〕

（3）1762年（宝暦十二年）九番沈綸渓　（乾隆二十七年）　南巡（三回目）〔15〕

　　　1763年　　　　　　　　　　　　　　　　　　　　　　　　　　　〔13〕

　　　1764年（明和元年）　沈綸渓　申三番四月十一日[22]　　　　　　〔14〕

「初進館」には、「前年乾隆皇南巡的時節恩賜的疋頭。」とあり、「南巡」は

　　歳」の13名である。また、「迷復記」によると、日本人難民の寧波での滞在先は、文官
　　という人物の居宅であり、通訳の名は「サンコ」とあり、「長崎志」の記録とは大きく
　　異なっている。

21）「講價」には「十四番」船が出てきており、『訳家必備』全篇を通して、13艘までという制限が設けられる1765年（明和2）以前の様子が描かれていると考えられるのではないだろうか。

22）『長崎県史』史料編第4所収『明安調方記』「唐船宿町順」564頁。

「前年」の出来事である。

「前年」は、清代には「一昨年」の意味はなく、「去年」あるいは「先年」の意味で用いられた[23]。『訳家必備』では、先に挙げた「護送日本難民」に「舊年不知幾月裡遇風漂流到了唐山的地界」とあるように、「去年」を指す語としては「旧年」が用いられており、「前年」は具体的な年数を明らかにせず、「先年」の意味で用いていたと考えられる。したがって、「前年」の南巡とは、二年前以前の何年か前を指すということになる。『訳家必備』の会話テキストとしての側面を考慮すると、題材はより新鮮なほうが良く、同時代の出来事が反映されているのではないだろうか。『訳家必備』を宝暦4年（1754）ごろの資料だとすると、「前年」の南巡は三年前の宝暦元年（1751）すなわち乾隆16年の第一回南巡を指しているといえるだろう。

また、日本人難民が長崎に連れ戻されたのは、一月十日のことであるが、「初進館」での土地廟参拝の際に、次のような会話が交わされている。

　　　那箇就是戲台，時常做戲麼，不是，二月初二是土地公的聖誕，通館各番
　　　在這箇廟上供養三牲各樣果品結綵掛燈，又做幾折戲文，鬧一両天，真箇
　　　好頑，明年老爹進來看就曉得了

この会話は、二月の土地廟の祭礼の期間を過ぎてから交わされたものではないだろうか。

また、天后堂の前では次のような会話が交わされている。

　　　天后宮前插了紅旗，我們也有時節走過墻外，沒有看見那箇旗，正是時常
　　　沒有插旗，今朝是十五好日子了，每月初一十五是插旗

この会話からは、その日が十五日であることがわかる。

23）『漢語大詞典』。『唐話纂要』（1716年、1718年）で付された日本語訳は、「センネン」である。

以上、「初進館」「護送日本人難人」の内容から、1754年（宝暦4年）の二月十五日以降の資料であるといえるだろう。

3．唐人屋敷における異文化情報の受容

　唐人屋敷を初めて訪れた唐通事は、土神堂、天后堂、観音堂を参拝しながら、さまざまな情報を手に入れている。先に述べた天后堂での参拝の様子は、天后堂に供えられた織物の由来を知る機会であったとともに、第一回目の南巡がどのようなものであったかが語られた場でもあった。

　このように、唐人屋敷は中国の情報を得ることのできる場でもあった。次に、『訳家必備』に描かれた異文化情報の受容について、もう少し見ていきたい。「」内に引用箇所の項目名を記した。

① 中国国内の新情報
　唐人屋敷内の天后堂を参拝した際に話題に上った南巡は、次のように説明されている。

> 前面的神帳有皇恩欽賜四箇字，這什麼緣故，老爹原來不曉得，前年乾隆皇南巡的時節恩賜的疋頭，這有一箇原故，往常聖駕的時節，叫人家閉門閉戶迴避了，不許拜駕，這一遭乾隆的南巡不是這樣，他的意思，做皇帝的把百姓認做親生的孩児，做孩児的不認得爹娘那裡使得，所以自家騎在馬上走，叫百姓都出來拜，更有一樣好事，不費民間一箇銅錢，倒把自家的金銀緞疋恩賜民家，各各歡喜得狠，又叫出外的遠商來賞賜疋頭各色，那時一箇姓林的在那裡領了這一疋緞子，自己不敢用，所以帶到這裡來供養菩薩的了　「初進館」

　乾隆帝の第一回南巡に関しては、延宝8年から天明2年までの出来事が収められた見聞録である『続談海』巻二十、宝暦元年 (1751) 十二月七日付で

134　第一編　江戸時代における口頭中国語の受容——唐通事と口頭中国語

記録されている[24]。松浦章氏によると、『続談海』の情報は、宝暦元年に長崎に来航した唐船から伝えられたものであり、南巡の実際の日程等には若干の違いがあるものの、江南地方での乾隆帝を歓迎する様子や乾隆帝の老人に対する保護のことを中心に、江南滞在中の諸々の出来事を記している[25]。『続談海』によると、乾隆帝の一行は二月十日に北京を出発し、二月廿一日に蘇州へ到着、五日間の逗留の後、廿五日に浙江へ到着し、七日間逗留したとあり、その間の様子を次のように伝えている[26]。

　　其間諸省の道筋民間之者共拝見ヲ被許、数百里ノ間サマザマノ造物、焼籠台等扱、上下万民面々家コトニ香案ヲ立テ、色々飾等イタシ、聖駕ヲ迎申候。乾隆帝叡感ノアマリ、其所ノ者共ニ、織物并金銀・人参・貂・鼠皮等賜フ。尚又七十以上ノ老人ニハ銀ニテ懸目四匁程宛ノ札ニテ養老二字ヲ鋳付候ヲ一枚宛賜之。八十歳、九十歳ノ者ニハ格別ニ織物、白米等相添賜之。百歳ノ者ニハ百歳ノ二字ヲ彫付候石門ヲ建テ候様ニトテ銀六百枚目宛賜之候。其意老ヲ老トスルノ儀ニ承申候。其者一生ノ調役ヲ被許候。

　引用文には、「初進館」で語られた南巡の様子と同じように、庶民が直に皇帝を拝顔することを許され、歓迎する人々に感極まった皇帝は、様々な褒賞を賜ったと記されている。

　「初進館」の会話にある「又叫出外的遠商來賞賜正頭各色。」については、一切触れられていないが、南巡の際に貿易商人が褒賞を得ることじたいは、特に珍しいことではなかったため記されなかったのだろう[27]。「初進館」では、

24）内閣文庫所蔵史籍叢刊第45巻、1985年、汲古書院。
25）松浦章1993「乾隆南巡と唐船風説書」『和田博徳教授古稀記念明清時代の法と社会』所収、243-272頁。
26）前掲の松浦1993の引用文に依った。
27）松浦1993によると、第三回南巡の唐船風説書（京都大学付属図書館所蔵『乾隆南巡始末聞書』）に「扨又揚州蘇州嘉興杭州四府之塩商并日本渡海之弁銅官商其外諸所の故ある者共舞台をしつらひ踊を催し銭物等結構贅を尽し候事凡数百里の内にて御駕を迎

唐人屋敷内の天后堂に祀られた織物の由来を説明することによって、乾隆帝の南巡の様子が語られている。その様子は、断片的であり、褒賞を賜った商人の名前は些細な事柄かもしれないが、南巡の情報が、細やかに語られているといえるだろう。

② 唐通事の異文化体験

　土神堂、天后堂、観音堂の参拝を終えた学通事（稽古通事を指すと思われる）は、招きを受けた船主の部屋を訪れる。船主は、服を着替え新しい帽子をかぶり学通事を迎え入れ、点心や大皿料理、小皿料理など、テーブルいっぱいにさまざまな料理を並べ、唐通事を款待する。船主のもてなしは、お茶から始まる。その時、ふたりの間では次のようなやりとりが交わされる。

　　請教唐山茶葉有幾様，也不多，叫做珠蘭茶就是於今老爹用的，還有雨前茶松羅茶武夷茶，這武夷茶是福建武夷山的出産，會清火喫得有益了　「初進館」

　日本の喫茶の風習は、中国からもたらされたものであり、唐、宋、明末における渡来の三段階に応じて、日本における普及は平安時代、鎌倉室町時代、江戸時代の三時期に展開する[28]。時代が下るに従い、茶の栽培は拡大し生産技術が進歩し、江戸時代には、隠元禅師（1592-1673）によって煎茶がもたらされ、文人によって大いに嗜まれた。
　汪鵬は、日本人の喫茶について、次のように書き記している。

　へ候尤舞台数千ヶ所しつらい候へとも同様の仕立ハ一所も無之候右之者共へハ金銀端物貂皮等御引賜リ相応之上意有之何れも面目を取感悦仕候」とあり、「日本渡海之弁銅官商」が褒賞を賜ったという。また、宝暦元年に福建から帰国した日本人難民は、乾隆帝南巡中に銀牌を賜った（『通航一覧正編』第5巻480頁）。ただし、こうした記録は、清朝側の記録には残されなかった可能性がある。

28）林屋辰三郎 1981「茶の普及の三段階」守屋毅編『茶の文化　その総合的研究』（淡江社）第1部所収、107-110頁。

136　第一編　江戸時代における口頭中国語の受容——唐通事と口頭中国語

茶甌如孟，金彩青花，不等磁質，甚輕，下用空心木托盤，捧而送客，甌頗大而斟茶止二三分　『袖海編』

また、シーボルトは『江戸参府紀行』で、次のように述べる[29]。

諫早と鈴田という小さい村の間にはたくさんの茶が栽培されていて、畑という畑には整然と茶の木が植えてある。長崎付近では茶の木はよく見かけたが、きちんと植えてあるのではなく、数本ずつ藪をなして野原に散在していたり、または境に沿って生垣となったりしていた。(正月十日)

『江戸参府紀行』からは、茶の木の植わっている光景が、珍しいものではないということが伝わってくるのではないだろうか。また、『農業全書』巻之七には、次のようにある[30]。

宇治、醍醐、栂尾、是れ本朝の三園、何れも性強き赤土の石地なり。されば茶經にしるせしごとく北陰など日當のあしき、風寒はげしき所、茶にはよしと見えたり。茶園を仕立つる人、此等の考へを專らすべし。凡そ都鄙、市中、田家、山中ともに少しも園地となる所あらば、必ず多少によらず茶を種ゆべし。左なくして、妄りに茶に錢を費すは愚なる事なり。一度うゑ置きては幾年をへても枯れ失する物にあらず。富める人は慰ともなり、貧者は財を助くる事多し。

このように、江戸時代の日本では、茶の需要は日本国内で供給されていた。『農業全書』によると、日本の茶で中国風に拵えたという。『袖海編』に日本の茶碗は「金彩青花」と描写されているが、中国からは釉薬として茶碗薬が

───────────────

29) シーボルト『江戸参府紀行』(東洋文庫87、斎藤信訳)。1826年正月十日の日記。
30) 宮崎安貞編録、貝原楽軒刪補、土屋喬雄校訂『農業全書』1786年（天明7）岩波文庫242-248頁。

近世日本における異文化知識の受容――唐通事テキスト『訳家必備』にみられる異文化情報の吸収と交流――　137

輸入されていたが、茶そのものは輸入されてはいなかった。中国から齎された茶ではあるが、18世紀の日本では日本の茶文化が発達していたのであろう。

　唐人屋敷の船主部屋を訪れた唐通事は、「珠蘭茶」を味わう。中国茶を実際に飲むという体験を通じ、中国の茶についての知識を得ているといえるだろう[31]。

③ 言葉と異文化理解

　貿易を終えて中国に帰る際に、中国人たちはさまざまなお土産を買って帰った。彼らの買物リストを唐人屋敷内で回収し、品物を用意の役目も唐通事の役目であった。中国人たちに人気のお土産のひとつに植物があった。

　　　原來唐人囬唐的時節，各各買了幾株花樹，花是茶花櫻桃花五針松楓樹，
　　　唐山沒有這幾樣花樹，所以各人喜歡買去送人的了　「開舩　搬庫　領牌」

　帰国の際に購入した花として、「櫻桃花」が挙げられているが、中国にも「櫻桃花」と称される花は存在していた。国立公文書館内閣文庫に所蔵されている『華客答問録』には、「櫻桃花」をめぐる唐人との問答が収められており、蔡2009によって詳細に論証されている[32]。中国人が珍重して持ち帰ったという「櫻桃花」は、日本原産の桜であり、現代中国語では「櫻花」と称される。中国で「櫻桃花」といえば、さくらんぼの花のことであり、日本の桜とは異なる。日本側からの、中国にも「櫻桃花」があるはずだけれども、日本のものとは異なるのか、それとも同じなのか、という質問に対し、中国人は、日本の「櫻桃花」のような花は中国にはない、と答えている[33]。日本と中

---

31) この唐通事は続いて中国料理、中国菓子を経験するが、これらについては、別稿で取り上げる。

32) 蔡雅芸 2009、643-674頁。蔡氏によると、『華客答問録』の成立年代は、1719年から1722年までの間であると推定できる。

33) 注32に挙げた蔡2009より。「問　南京話　想必你們曾看見櫻桃花了。前邊唐人看見日本的櫻桃花叫做海棠，又叫做杏花，其實不曉得櫻桃花。然而，宋景濂有一句：說道「愛櫻日本勝於唐」，其外，古人詩句裡頭說櫻桃花的人也多，據此看來，唐山自然有的，中

国では、別の花の名称である「櫻桃花」だが、中国人にとっては「日本的櫻桃花」として理解され、日本人にとっては「日本那様的櫻桃花唐山沒有」と理解されていた。『訳家必備』の描写は、『華客答問録』でのやりとりにあるように、双方の誤解が解かれ、日本人と中国人が互いの言語の違いを明確に認識しているという前提のもとに成り立っており、それぞれの異なる言語文化を受け容れていることを示しているといえるだろう[34]。

④ 中国人の触れた日本文化

　唐人屋敷は、唐通事が中国の文化や情報を得ることができる場であっただけではなく、中国人が日本の文化に触れる場でもあった。次に挙げる場面は、日本人の振る舞いを中国人船主が真似る場面である。

　　　那時看見把一箇東洋的大酒盃托在托子上，主人吃了一杯，向客人說道，
　　　這箇是東洋的道理，晩生奉敬一杯，遞了杯子，拿起筷子夾了一塊白扁肉，
　　　蘸了醬油，送過客人，說奉菜，客人吃了菜，又把杯子囘過主人，說道囘
　　　敬主人吃了一杯　「初進館」

　このように、船主は日本の盃で日本流の飲み方をすることによって、通事をもてなしている。この行為からは船主の相手の文化に対する尊重が伺え、また、唐人屋敷は中国人にとっての異文化体験の場でもあったといえるだろう。

　　難道是沒有？或者，唐山日本的不同？有両様广？還是唐山的櫻桃花都是日本的山櫻桃
　　花之類广？不知怎麼様？」「答　日本那様的櫻桃花唐山沒有。唐山的櫻桃花就是日本的
　　山櫻桃花之類，　花、葉、樹是差不多。海棠、杏花另是一種，不是日本櫻桃花那様的。
　　日本那様的櫻桃花唐山沒有。唐山的櫻桃花是山櫻桃花之類。」
34)　『仮名手本忠臣蔵』を唐通事が翻訳した『忠臣蔵演義』（早稲田大学所蔵）でも、桜
　　を「櫻桃花」と訳しているが、1815年に出版された『海外奇談』では「櫻花」が用い
　　られており、「櫻桃花」が桜を指す名称として用いられていたのは、唐通事と中国人と
　　の間に限られていたのかもしれない。

4．まとめ

　本論では、前半で『訳家必備』の成立年代が1754年頃であったと推測し、後半で当時の唐通事と中国人との間で交わされた会話から、唐通事がどのような知識や情報を得ていたのかを見た。中国の情報だけでなく、日本文化にもおよぶ彼らのやりとりは、交流ともいえるものだろう。

　その主な舞台であった唐人屋敷は、異文化を経験することのできる場所であり、唐通事は、唐人屋敷を通じて、中国の文化や情報を吸収していたといえるだろう。

　『訳家必備』は、唐話による会話や貿易についての知識を提供しているだけでなく、唐人屋敷を舞台として、中国人の伝統や習慣、同時代の中国の情報を知らせている。初心者の唐通事は『訳家必備』を学ぶことによって、情報としてもたらされた事柄を、知識として吸収し、立派な一人前の唐通事となることを目指したのではないだろうか。このように考えると、『訳家必備』は唐話を学ぶための会話教科書であるばかりでなく、異文化知識を学ぶための総合的な教科書でもあったといえるだろう。

　また、本論ではその一部分を取り上げたが、『訳家必備』に登場する人名や事柄は創作ではなく、実際に即している。他の資料では知りえない、唐人屋敷ならではの情報や消息が伝えられてもいる。『訳家必備』に記されたすべてが史実を伝えているとすれば、唐話資料としてだけではなく、唐船貿易資料としての価値を備えており、宝暦年間における唐船貿易の空白を補う貴重な資料であるといえるのではないだろうか。

140　第一編　江戸時代における口頭中国語の受容——唐通事と口頭中国語

18世紀長崎における口頭中国語
——「初進館」の内容に基づく『訳家必備』再考——

1．はじめに

『訳家必備』は長崎の中国貿易に関わる会話を中心として構成されている。会話の主は長崎唐通事であり、来日した中国人を相手とした中国語による会話である[1]。

『老乞大』や『朴通事』は朝鮮時代に編纂され、通訳養成機関であった司訳院で教材として用いられたと考えられることから、中国語会話教科書と見なすことができる。また、改訂版が存在することからも、時代に応じた会話教科書としての役割を担っていたと考えられるだろう[2]。

いっぽう、『訳家必備』は、『老乞大』や『朴通事』と同じように会話形式ではあるが、公的な通訳養成機関で教科書として使用されていたと考えられる後者とは異なり、序文や跋等の出版された書物のもつ形式を備えていないため、誰によってどこでどのように記述され用いられたのかが明示されてはいないが、書かれている事柄は貿易業務を中心とした来日中国人とのやりとりであり、唐通事の職務上の中国語会話や仕事のやり方を知ることができる。たとえば、「初進館」の項には、次のような会話が記されている。

貴庚多少？
不敢。屬鼠、屬牛、屬虎、屬兔、屬龍、屬蛇、屬馬、屬羊、屬
猴、屬雞、屬狗、屬豬。
今年交十七歲。

1）『訳家必備』の写本は複数存在するが、本稿では『唐話辞書類集』第20集所収の「譯家必備」を用いる。

2）金文京、玄幸子、佐藤晴彦訳注 2002『老乞大—朝鮮中世の中国語会話読本』（東洋文庫699、平凡社）の「解説」（鄭光、佐藤晴彦、金文京）による。

尊姓呢？

賤姓林。

台號呢？

賤號某。

　ここでは、年齢や名前（号）を答える上で、特定の年齢や人名ではなく、干支をすべて挙げ、「某」という語を用いることによって、各個人に適合する語を選んだり置き換えたりすることによって、誰にでも応用できるような書き方がなされている。また、「唐船進港」の項には、中国船の入港と中国人の上陸に伴う諸手続きに必要な文書が書き写されているが、日付と署名欄が次のように示されているものが多い。

　年月日　　　　某年幾番某港舩主某姓某名

　このように、応用することのできる形式をとっていることから、『訳家必備』は特定される事項を記録した資料ではなく、不特定の通事が唐通事としての知識や技能を身につけるための基本書として、いわば教科書のような役割を果たしていたと考えられるだろう[3]。

　前章で示したように、『訳家必備』に記されている歴史的な事実から、おおよその年代を推定する作業を部分的に行ない、1750年代に書かれ同時代を中心に実用されていたという結論を得たが、本章では『訳家必備』が一気に書かれたものではなく、1冊の書物としての完全な連続性を備えているとはいいがたい点を踏まえ、『訳家必備』全編が書かれた時期ではなく、年代が推定できる項目や部分ごとに、どのような中国語が用いられているかを整理したい。

3）『訳家必備』の第一番目の項目である「初進館」の冒頭が会話ではなく、「大凡通事到了十五六歳，新補了學通事。頭一遭進館的規矩，到了公堂，看見在館各舩主財副，坐在公堂上，分南北而坐，廳上值日老爹，同幾箇學通事内通事，分箇品級，端端正正，坐在那裡，看見新補通事，施禮過了，方纔值日老爹，對唐人們説道」と、「學通事」（稽古通事）が唐人屋敷を訪問する初日の作法についての説明があることからも教科書的側面があるといえる。

142 第一編　江戸時代における口頭中国語の受容──唐通事と口頭中国語

『訳家必備』を、ある時期の会話を記録したものであると見なし、会話学習にも使用された口語資料として扱うことが本稿の目的であり、手はじめに「初進館」を取り上げたい。

2.「初進館」の時代設定

2.1.　会話内容にみられる年代

『訳家必備』の最初の項目である「初進館」の会話がいつ交わされたものであるかを知る手がかりは、乾隆帝の南巡の時期と沈綸渓の来日の時期の2点である[4]。(1)(2)は、初めて唐館（唐人屋敷）を訪れた稽古通事（通事）と案内役の中国人（唐人）との会話である。

(1) 通事：前面的神帳有皇恩欽賜四箇字，這什麼緣故？
　　唐人：老爹原來不曉得，前年乾隆皇南巡的時節恩賜的正頭。

(2) 通事：這一尊觀音菩薩也是唐山帶來麼？
　　唐人：正是這箇酉年二十二番船主沈綸渓許塑的。

　乾隆帝は1751年、1757年、1762年、1765年、1780年、1784年に南巡を行なった[5]。この6回の南巡のいずれかが、ここに登場する「前年乾隆皇南巡」に該当する。

　沈綸渓は宝暦から明和にかけて船主として何度か長崎を訪れていた[6]。ここ

4）前章で詳しく取り上げたので本論では要点のみ取り上げる。

5）乾隆帝は、乾隆16年（1751）、22年（1757）、27年（1762）、30年（1765）、45年（1780）、49年（1784）に南巡を行なった。

6）沈綸渓は『通航一覧正編』第4巻および第6巻によると、宝暦5年（1755）、6年（1756）、12年（1762）の3回が記録に残っており、平賀晋民（1722-1792）は長崎を去る際（明和元年（1764））に沈綸渓に手紙を送っている（澤井常四郎1930『經學者平賀晋民先生』大雄華閣書房、24-25頁）ことから、繰り返し長崎に来ていたことがわか

では、「酉年」の「二十二番」目に入港した船の船主として登場しており、可能性として考えられるのは宝暦3年（1753）あるいは明和2（1765）年であるが、明和2年は来航唐船数が13艘までに制限されたため、宝暦3年を指すと考えて良いだろう[7]。宝暦3年の入港数は25艘であり、沈綸渓を船主とする「酉年二十二番船」は宝暦3（1753）年に入港した船のことである[8]。（2）の「這箇酉年二十二番」の「這箇」が「酉年」を指していると考えることが可能であれば、このやりとりはまさに宝暦3年（1753）に交わされたものであると言えるだろう。ただし、写本であるがゆえに「這箇正是酉年二十二番」の書き間違いである可能性も否定できないため、確実に言えることは、ここから分かることは、観音菩薩が「酉年の22番船で来航した沈綸渓」によるものであるということであり、このやりとりが交わされたのは、宝暦3年（1753）以降であったということである。

　南巡に関しては、1751年は会話の話題と年代が近く、候補のひとつとなるだろう。1757年、1762年は会話の話題の年代からは少し離れるが、排除される根拠はないだろう[9]。1765年は「酉年」であり、会話で触れられている「酉年」が1753年であるとすれば、会話時点で「酉年」が特定されないこととなるため、該当しないと考えられる。1780年、1784年は、「初進館」は唐人屋敷

　　る。

7）『長崎県史』所収『長崎会所五冊物』第二による。

8）『長崎古今集覧』（長崎文献叢書第二集第三巻）巻之十三「唐船進港之事」431頁。

9）（1）には乾隆帝の南巡が「前年」の出来事であるとされており、現代中国語普通話のように「前年」が一昨年の意味で用いられるようになるのがいつ頃からなのかは検討の余地があるだろう。現時点では「前年」は清代には去年や先年（何年か前）の意味で用いられたと考えられる（『漢語大詞典』）。また、『訳家必備』の「護送日本難人」は宝暦4年の出来事であり、『訳家必備』全編が完成した年代は宝暦4（1754）年以降であると考えられる。前章では、各項目ごとに検討せず、『訳家必備』をひとつの貫徹された1冊の書物として扱い、宝暦4年以降に記述された資料である、と結論づけたが、記述されたというよりも、現存する『訳家必備』としてまとまった形になったのが宝暦4年以降であると言うべきであるかもしれない。また、前章では、「前年乾隆皇南巡」として1751年、1757年、1762年の3回を候補とし、第1回目の南巡であると結論したが、本論は結果的にそれに疑義を呈するものとなった。

内の建築から中期の唐人屋敷の中でも、霊魂堂が建設された1779年より前を舞台としていると考えられるため、除外される。

「初進館」の場面は、林家の子弟である稽古通事が初めて訪れる唐人屋敷（唐館）であり、唐通事および滞在中の唐人（清人）らとのやりとりが記されている。新入り稽古通事はまず公堂で居並ぶ唐通事らに挨拶をした後、滞在中の唐人の案内に従って唐人屋敷を見学、唐人船主の部屋で食事、歓談の後ふたたび公堂に立ち寄り、唐人屋敷訪問を終えるという流れであり、ある一日の出来事として記されている。唐人屋敷見学中、土地廟でのやりとり（(3)）と天后宮の前でのやりとり（(4)）は、その日が何日であるかを示している。

(3) 通事：請教這箇池塘上為什麼造起臺子？諒來必有用頭。

　　唐人：那箇就是戲台。

　　通事：時常做戲麼？

　　唐人：不是，二月初二是土地公的聖誕，通館各番在這箇廟上供養三牲各
　　　　　樣果品，結彩掛燈，又做幾折戲文，鬧一兩天，真箇好頑，明年老
　　　　　爹進來看就曉得了。

(4) 通事：天后宮前插了紅旗，我們也有時節，沒有看見那箇旗。

　　唐人：正是時常沒有插旗，今朝是十五好日子了，每月初一十五是插旗。

　（3）のやりとりは、芝居を上演するための舞台がしつらえられていることに気づき、唐人屋敷ではよくお芝居をするのですかと問う稽古通事に対して、2月2日は土地廟のお祭りがあり、お芝居が上演されるのだと案内役は答え、さらに、そのにぎやかさと楽しさは、来年ここに来て見ればわかりますよ、と言い添えている。「初進館」には完了を示すアスペクトとしての「了」も、いわゆる変化の発生を示す語気助詞「了」のいずれも用いられており、ここでも、2月2日に行なわれたという、出来事が実現したことを伝えるのであれば、「了」を用いるのが適切であると考えられる。だが、毎年恒例で行なわれるということを言いたいのであれば、「了」は用いない。また、「来年ここ

に来て見ればわかりますよ」という言葉との整合性から、このやりとりは2月2日が過ぎて間もない時期に交わされたものだと推定できる。さらに、土地廟の後に訪れた天后宮前での（4）のやりとりから、その日が15日であることが明らかにされていることから、この稽古通事が唐人屋敷を訪れたのは、候補となる南巡の行なわれた年に「前年」が示す数年を加えた、宝暦3年（1753）から明和元年（1764）の2月15日ではなかったかと仮定することができるだろう。

2.2.「林家の跡継ぎ息子」

「初進館」で会話をする人物として登場するのは、主役ともいえる林家の子弟である稽古通事、案内役の陳三官（唐人）、稽古通事が訪問する十五番船主（唐人）、公堂の当番の唐通事、公堂に会する唐人たち、である。林家子弟の稽古通事は、当番の唐通事から「這位是林老爹的阿郎，此番新補了學通事，今日頭一回進來，見見眾位。」と紹介された後、唐人たちから様々な質問を受ける。林家の新入り稽古通事に関する情報を、唐通事や唐人たちの発言ややりとりの中から見てみよう（アルファベットの大文字は唐通事あるいは唐人の言葉、小文字は林家子弟の言葉であることを示す）。

（A）令叔老爹好幾天不進來，諒來也是貴忙。

（B）這一位不比目今的後生家，會做詩，又會講話，做文章的道理，也略略明白，更兼會寫字，他寫的端楷，皆是字體端正的狠，時常有人來求他的字，又是做人極忠厚，又聰明，算得一箇才子，我們在外頭，照他一樣的做人是罕得見。

（C）目今青年的時候，明日大大見功。

（D）林老爹有了這樣好令郎，正是快活。明日做了大老爹的時節，看顧看顧。

この林家の跡継ぎである稽古通事は、唐通事や唐人からその才知や能力を称賛され、ゆくゆくは大通事になるだろうと目されている。名門家系である

林家といえば、林公琰を祖とする家系の本家を挙げることができる。『唐通事家系論攷』に基づき、「唐通事の名門中の名門の林の本家」の世襲の様子を把握しておこう[10]。

初代林公琰は万暦26年（1598）に福建省福清に生まれ、1623年に彼杵郡大村に渡り日本女性と結婚、1628年に長崎に居住を認められ、1636年に唐年行司の役を仰せつかった。

二代林道栄は1640年の生まれ、幼少から書を読めばたちどころに意味を理解し、書道の腕前はどの字体も得意とするほどであった。また詩文にも長け、その英才ぶりは有名であったという。私的な通訳（内通事）を経て、1663年に小通事、1675年に大通事、1697年に目附役、1699年に唐通事として当時の最上席であった風説定役を仰せつかった。

三代二木三郎兵衛は、1684年に稽古通事、1693年に小通事、1697年に大通事を仰せつかった。

四代林梅庭は、1700年に生まれ、1718年に稽古通事、1733年に小通事、1736年に大通事、1743年に御用通事兼大通事、1747年に唐通事諸立合兼御用通事を仰せつかった。

五代林梅卿は、1727年に生まれ、1740年に稽古通事、1747年に小通事、1758年に大通事、1775年に一旦隠居して後、1782年に唐通事頭取を仰せつかった。唐通事頭取はそれまでにはなかった職名であり、大通事以上に新たに設けられた役職に就くという破格の出世を果たした。

六代林三郎太は、1749年に生まれ、宝暦10年（1760）に稽古通事、1766年に家附小通事、1775年に父梅卿の跡を継ぎ大通事を仰せつかった。林三郎太は父梅卿の出世に伴い、異例に早い出世を遂げた。

七代林百十郎は、唐通事を継いでおらず、唐通事林家の本家はここで途絶えた。

宮田1979によると、林家本家の唐通事で、先に確認した「初進館」のやりとりの舞台となった唐人屋敷に稽古通事として訪れた可能性がある人物は、

10）宮田1979、346-365頁。

六代林三郎太である。宝暦10年（1760）に稽古通事となった林三郎太が、「初進館」の林家の子弟の稽古通事であれば、「前年乾隆皇南巡」とは第2回目の南巡すなわち1757年の南巡を指し、年代的な整合性は認めることができる。

だが、林家の子弟である稽古通事が林三郎太であるとすると、詳細が宮田1797に示される事実とは一致しない。林三郎太は、12歳で稽古通事になっているが、「初進館」の稽古通事の年齢は、17歳である。

（E）原來是林老爹的令公子，恭喜恭喜，貴庚多少？

（e）不敢。屬鼠、屬牛、屬虎、屬兔、屬龍、屬蛇、屬馬、屬羊、屬猴、屬雞、屬狗、屬豬。今年交十七歲。

また、林三郎太には弟2人についての記述があるのみだが、「初進館」の稽古通事には8人の兄弟姉妹があるという。

（F）有幾位昆仲？

（f）小弟有兩個家兄，一箇家姊，三箇舍弟，兩個妹子。

さらに、8人の兄弟姉妹について詳しく述べている。

（G）這幾位都在府上麼？

（g）不是，一箇大家兄在別嶋王家手裡，吃些錢糧。二家兄過房，到家伯裡去。家姊出嫁了。一箇舍弟做醫生。一箇是做生意。一箇還在家裡。一箇舍妹許嫁，敝同僚張某人。一箇還是年小。

林三郎太の妻は、阿蘭陀小通詞楢林重兵衛の妹であったが、「初進館」の稽古通事は唐通事の家系の娘と婚約している。

（H）老爹娶親麼？那一位的令愛？

（h）定是定了。不曾娶在家裡。陳按察的姪女，劉問信的小女。

上述のように、個人を特定する上で重要な細かな事情が事実とは異なるが、

148　第一編　江戸時代における口頭中国語の受容——唐通事と口頭中国語

他に該当する人物がいないこともまた事実である[11]。

2.3.　年代に関わるその他の記述

　「初進館」以外に、年代を推測できる事柄として次の三点を挙げることができる。

　一点目は、前章で取り上げたように、「護送日本難民」には宝暦2年（1752）に奥州から出航し宝暦4年に帰国した、日本人難民の唐船による送還についてのやりとりが記述されている。

　二点目として、「唐舩進港」に次のようにある。

　　唯獨正當年老爹還是留在後頭問唐山的信息。老爹對舩主説道，于今要問
　　唐山的信息。從前問信是我們同僚裡頭有箇問信通事，幾年前出去了，這
　　箇缺再不補，叫我們做當年的兼官。

　上の引用箇所では、唐通事が中国の政治動向や国際情報を上申する専門通訳として置かれていた風説定役が、何年か前に廃止されたと述べている。風説定役は林家二代林道栄が最後に務めた役職でもあるが、元禄10年に置かれた重職であり、寛延2年（1749）に廃止された[12]。1749年を「幾年前」と表現できる年代における発言であろう。

　三点目として、「誦経」に次のようにある。

　　我再要拜懇老爹，回路到竹林院去要見見伯玽和尚，大家好許多時不見他，
　　要去看他一看。

11）宮田1979によれば、林公琰を祖とする本家、分家ともに、宝暦年間に大通事を輩出
　　し、稽古通事となった子弟のいる家は本家のみであり、該当するのは林梅卿、林三郎
　　太親子のみであると思われる。
12）山脇悌二郎著『長崎唐人貿易』（吉川弘文館、1964）295頁（旧版による）、『長崎県
　　史』史料編第四、592頁。

上の引用に登場する伯珣和尚（伯珣照漢、1695-1776）は、福建省延平府尤渓県の人で、1722年に長崎に至り、1724年に崇福寺の住持となった。伯珣和尚が竹林院にいたのは、寛延3年（1750）からのことであり、宝暦13年（1763）に黄檗第19代仙巌急逝の後後任として推挙され、明和2年（1765）2月9日に黄檗第20代を継承したことにより、竹林院を離れることとなった。したがって、竹林院に伯珣和尚を訪ねるという発言は、1750年から1763年もしくは1765年まででなければ成立しない。

このように、「初進館」のやりとりから推測される1753年頃から1764年頃という年代が、『訳家必備』のその他の項目においても妥当な推論であることが証明されているといえるだろう。

『訳家必備』に描かれた事柄や会話内容は、1753年頃から1764年頃に集中していると言える。また、前述のように、特定の稽古通事のために記されたものではなく、不特定の稽古通事の唐通事修業のためにまとめられたものであるとすれば、兄弟関係や年齢といった細かな部分が完全に一致する実在の人物が見当たらないことはむしろ当然であると言えるだろう。

3.「初進館」に記された口頭中国語

唐話すなわち唐通事にとっての口頭中国語は、求められる重要な能力であったため、話される中国語を書く行為が疎かにされたとは考えられない。唐通事の初学の実用書であった『訳家必備』の会話の中国語は、話される中国語（すなわち唐話）として記述されたはずであろう。

では、「初進館」に登場する唐通事（中国をルーツとする日本人）と唐人（中国人）とはどのような中国語で話したのだろうか。ここでは、均質か不均質かを見るために、用いられるか用いられないかが内容によって左右されることの少ない代詞、疑問詞、語気助詞の各自の語彙の使用情況を見ていく。用例は1例ずつ挙げる。

（1）稽古通事の中国語（唐話）

（1）-1．代詞

我們　我們也有時節走過牆外沒有看見那箇旗。

你　　你看，這樣面孔紅了。

他　　他陳三官一周遭帶小弟轉一轉，領教過許多事情，樣樣都明白了。

這　　這地方好乾淨。

這箇　這箇池塘上為什麼造起臺子。（量詞がつく場合）

此　　家父本該帶小弟進館，因為早間王府裡有字児叫，諒必此刻還在王府裡
　　　辦什麼公事。

這裡　這裡一帶幾間庫都空了，為什麼沒有人住呢。

這樣　老爹這樣説，小弟要躲避了。

那　　那一天冒夜到郊外去送行，感冒了風寒。

（1）-2．疑問詞

什麼　這什麼緣故。

幾　　這箇對聯都好。（不定詞として）

幾時　這箇幾時造起來。

那　　這箇我不信，年裡頭不過一兩會的戲，那有這樣大受用。（反語）

（1）-3．語気助詞

麼　　天后宮也有香公麼。

罷　　既是這樣説，遞過酒壺來，小弟自己篩一杯吃罷。

了　　老爹這樣説，小弟要躲避了。

罷了　就是這樣罷了。

呢　　這裡一帶幾間庫都空了，為什麼沒有人住呢。

（2）公堂の中国人たちの中国語

（2）-1．代詞

我　　據我看來，目今後生家乖巧得狠。

他　　他寫的端楷，皆是字體端正的狠。

我們　我們在外頭，照一樣的做人是罕得見。

這　　這那里使得。

這箇　這箇最好了。

這樣　既然這樣，晚生們也信服了。

這裡　這裡走過幾條街會到麼。

(2)-2．疑問詞

什麼　有什麼貴恙。

為什麼　令尊今日為什麼不進來。

那　　老爹府上在那一條街。

幾　　有幾位昆仲。

那里　老爹説那里話。(反語)

(2)-3．語気助詞

麼　　尊翁好麼。

了　　這箇最好了。

(3) 案内役の中国人（陳三官）の中国語

(3)-1．代詞

你　　新老爹進來了，晚生陪你走走。

他　　他的意思做做皇帝的把百姓認做親生的孩児，…

我們　我們是走洋的人。

這　　這是尊敬菩薩的道理。

這箇　通館各番在這箇廟上，供養三牲各樣果品，…

這裡　這裡就是土地廟了。

那　　老爹看，那正面的牌匾，環帶共欽的四個大字，好不好。

那箇　那箇不算什麼菩薩。

(3)-2．疑問詞

那裡　不然那裡管得到。(反語)

(3)-3．語気助詞

麼　　館裡有戲子麼。

了　　自己不敢用，所以帶到這裡來供養菩薩的了。

（4）船主の中国語

（4）-1．代詞[13]

這　　這武夷茶是福建武夷山的出産，會清火，喫得有益了。

這箇　這箇最好。

（4）-2．疑問詞

什麼　晩生費什麼心。（反語）

那　　那有這箇道理。（反語）

那里　那里話。（反語）

幾　　雖吃幾杯，不過有限。（不定詞として）

（4）-3．語気助詞

麼　　老爹用飯麼。

了　　晩生看見老爹量好，況且唐山酒是味淡薄了，多用幾杯也不醉人了。

　上に示したように、稽古通事、公堂の中国人、案内役の中国人、舩主の中国人の人称代詞、疑問詞、語気助詞の使用語彙は限られており、文言の混用がないという点で均質である。

4．まとめ

　『訳家必備』は、たとえば名門唐通事家であった林家の林三郎太のような、将来の有能な唐通事を教育、養成するために用いられた実用の書であったろう。未熟な稽古通事を教育、指導する上で、有用であったと考えられる[14]。

　『訳家必備』は、唐通事の職務内容や江戸時代の中国貿易の一面を示す資料であるだけでなく、書面語の一種である白話ではなく、話された言葉が再現された口頭中国語の資料であるという意味においても、重要な研究対象であ

13）稽古通事と船主の会話では、稽古通事は自分を指して「小弟」、船主を指して「長兄」を用い、船主は自分を指して「晩生」、稽古通事を指して「老爹」（老爹は唐通事に対して用いられた呼称）を用い、共に人称代詞を用いていない。

14）林 2010。

ると言えるだろう。話された中国語を、そのまま再現する形で記録しただろうと考える根拠は、外国人である唐通事が習得する必要があった中国語が、まさに話される中国語であったからである。『訳家必備』は読まれるためのものではなく、声に出して言うためのものであったからこそ、手を加えることなく話されていた言葉を書き写しているのではないか。このように考えることが可能であれば、『訳家必備』の中国語の特徴は、『訳家必備』という個別の資料の特徴を示すだけに留まらず、口頭で話される中国語の一般的な特徴であると言えるのではないだろうか。

唐話資料「小孩児」の語法について
——官話資料としての可能性——

1. はじめに

　関西大学図書館長澤文庫に所蔵される「小孩児」「長短話」「請客人」「小学生」「鬧裏鬧」の5編は、刊行されたものではなく写本であり、作者名や記述年代が明記されておらず、序文や跋文もないため、情報量の少ない資料であるとことは否めない。しかしながら、これらの資料は、江戸時代の日本において中国語に最も近い存在であった唐通事に関わりのある資料であり、中国語学習の状況と、中国貿易で活躍した唐通事はどのように育成され、どのような中国語を操ったのかを知る手がかりを与えてくれるはずである。この5編は、本来は長澤文庫所蔵本のように書物として1冊に綴じられていたものではなく、独立した別々の冊子だったと考えられるため、それぞれの資料としての性格や記述された背景や目的などを個別に見る必要があるが、本章では、「小孩児」を中心に、官話資料としての側面に焦点を当て、語学的な見地からの分析を試みたい[1]。

　唐通事が活躍していた江戸時代、中国からの貿易船の出港地は上海や広東などの南方の地域であり、乗組員もまた上海人や蘇州人、寧波人、泉州人などの南方人であった。唐通事は、「南京口」「福州口」「漳州口」など、専門とする方言があったようである。『朝野雑記』巻第四に収録されている「長崎通事唐話会」は、「福州話」「漳州話」「南京話」をそれぞれ専門とする若手唐通事が、1716年（享保元）11月22日に長崎聖堂に会して行った会話学習会の記録である[2]。また、『唐通事心得』には漳州通事が登場し、漳州語が記述されて

1）「小孩児」をはじめとする5編は、関西大学図書館長澤文庫に所蔵されている。影印に、奥村佳代子編関西大学東西学術研究所資料集刊30『関西大学図書館長澤文庫所蔵唐話課本五編』（2011年、関西大学出版部）がある。

2）国会図書館所蔵。先行研究には、石崎1940、若木2005などがある。

いる[3]。若木 2005 で述べられているように、「長崎通事唐話会」のような会話学習会の記録が残されていることは珍しく、唐通事の教育現場の一場面を示す資料である。また、日本人と中国人との問答を記録した資料である『華客答問録』には、「南京話」などの問答が記録されており、中国人との会話においても、言葉を使い分けていた様子を見ることができる[4]。蔡 2009 によると、『華客答問録』が記録された下限を1719年から1722年までの間であると推定しており、「長崎唐通事唐話会」とほぼ同時代であると見なすことができる。出身地の異なる個々の中国人を相手とした唐通事にとっては、方言による会話能力が切実に必要とされていたのだろう。

　いっぽう、高田 1997 で指摘があるように、江戸時代の日本の知識人の間では、南京の言葉がもっとも正しいとする考え方があった。高田 1997 は、太宰春臺の「明の代の南京は古の呉国の地なり。南京の音は天下の正音にて、中華の人も是を則とす。」という言を挙げ、長崎の唐通事あるいは長崎に渡来する中国商人からしか情報を得ることの出来なかった当時の日本の学者にどれほどの正確な判断を期待し得るかはともかくとして、南京官話を最上とする見解がヨーロッパの宣教師と軌を一にすることは注意されてよい事実であろう、と指摘している[5]。

　しかしながら、方言ごとに専門家を養成した唐通事は、次のような言葉も残している。

　　你若依我的教法，平上去入的四声、開口呼、撮口呼、唇音、舌音、歯音、
　　喉音、清音、濁音、半清、半濁，這等的字音分得明白後，其間打起唐話

3）木津 2000a。
4）蔡 2009 に『華客答問録』の全文が翻刻されている。
5）太宰春臺『倭讀要領』（1728）巻上「倭音説」に、次のようにある。
　　明の代の南京は古の呉國の地なり。南京の音は天下の正音にて、中華の人も是を則
　　とす。是明朝に其地を陞せて南京として帝都に准じ、百官を備てこれを守りしより、
　　學 士大夫縉紳先生の聚まる所となりし故なり。然れども明の代に至りて其土音頓に改
　　まりてかく正しくなりたるにはあらず。秦漢以来漸を以て致す所にして、実は南方の
　　風 気の然らしむる所なり。

来憑你對什麼人講也通得的。蘇州、寧波、杭州、揚州、雲南、浙江、湖州，這等的外江人是不消説，連那福建人、漳州人，講也是相通的。他們都曉得外江話，況且我教導你的是官話了。官話是通天下中華十三省都通的。若是打起郷談来，這々我也聽不出，怪我不得，我不是生在唐山的。那ケ土語各處々々不同，杭州是々々的郷談，蘇州々々是々々 的土語。這个你們不曉的也過淂橋。

　この言葉は、「小孩児」で先生が生徒に対して説いた言葉である。ここでは、個々の方言ではなく、天下に共通する官話を話すべきだと主張されており、方言ごとの唐通事を配した状況とは矛盾している。「小孩児」が記述された時代は定かではないが、先に挙げた「長崎唐通事唐話会」や『華客答問録』とは隔たりがあると考えられる。つまり、唐通事には、方言を重んじた時代もあったが、官話を重んじた時代もあったということになるだろう。
　次に、「小孩児」の官話資料としての可能性を、先行研究に基づいて検証したい。

2.「小孩児」の語法

　語法の面から官話資料の可能性を探るために、1964年に発表された太田辰夫「北京語の文法特點」で指摘された北京官話の特徴と、対照的に挙げられている南京官話の語法とに基づき、項目ごとに調査した[6]。また、「小孩児」以外の4編（「長短話」「請客人」「小学生」「閙裏閙」）についても、該当する語法に関しては注に挙げた。

　6）北京官話の語法の特徴を具体的に提示し、対照言語として南京官話について言及している太田辰夫1964「北京語の文法特點」（『中国語文論集　語学篇　元雑劇篇』1995年、汲古書院刊を参照）に基づいて調査を行う。

1. 名詞

1.1. 名詞接頭辞「阿」は用いられていない[7]。

太田1964は、「北方語では名詞接頭辞"阿"を用いない。もっとも、南京官話でもこれを用いるわけではなく、用いるのは呉方言、粤方言などである。」とする。

1.2. 名詞接尾辞については、以下のとおりである。

（1）「児」

　　貓児　狗児　廢物児　孩児

太田1964は、「北方語の名詞接尾辞"兒"は南京官話においては用いることが少ない。」とする。次に挙げる「子」に比べると、用いることが少ないと言える。

（2）「子」

　　梯子　桌子　虱子　席子　樣子　漢子　曲子　肚子　叫化子　飯袋子
　　瓜子　日子　壁子　児子　板子　索子

（3）「頭」

　　坐頭　話頭　裏頭　枕頭　論頭　手頭　晩頭　饅頭

（4）「今児（個）」「明児（個）」などは用いられていない。

（5）泛称を表す「家」

　　老人家

太田1964は、「北方語では"爺兒們""娘兒們"が複数をあらわさず単なる汎称をあらわすことがある。南京官話ではこのばあい"男子家""婦人家"などのごとくいう。」とする。

1.3. 目上の者と目下の者とを合わせていう語はない。

太田1964は、「北方語では"娘兒兩個"のように目上の者と目下の者とを合わせていう語がある。」とする[8]。

7）「小孩児」の「阿」は、「～や～など」の意で一度用いられている。
　　我冷阿暖阿都不要你費心。
8）「闇裏闇」には、「子母」という組み合わせが用いられている。
　　正在那里啼哭的時節，子母相見好不歡喜。

158　第一編　江戸時代における口頭中国語の受容──唐通事と口頭中国語

2.　代名詞

2.1.　一人称複数形は用いられていない[9]。

2.2.　二人称単数の敬称は用いられていない。

　太田 1964は、「"您"は南京官話でも通じないことはないが、"您那"は用いられない。これに對し南京官話では"您駕"また地方によっては"你家"が用いられる。」とする。

2.3.　太田 1964で南京官話ではないとされる北方語の三人称敬称は用いられていない。

2.4.　「誰」は用いられていない。

　　　打起唐話來，憑你對什麼人講也通得的。

　太田 1964は、「南京官話でも"誰"を用いないわけではないが、姓などを問うときはおおく"哪個""哪一個"といい、職業などを問うときは"甚麼人"などともいう。」とする[10]。

2.5.　「各人」「自各児」「自己各児」など、自称の代名詞は用いられていない。

　上の三語について、太田 1964は、「南京官話ではあまり用いられず、"自己"などという。」とある[11]。

2.6.　北方語の一部で用いられる一人称単数または複数の「俺」「咱」「偺」は用いられていない。

2.7.　事物を問う「啥」「嘛」は用いられておらず、「什麼」が用いられてい

　9）太田 1964は、「"我們"と"咱們"の区別は南京官話にはない。」とする。
　　「請客人」に、「私達」の意で「你我」が三度用いられている。
　　　你不要拘縮，你我多年的相好。
　　　你我両ケ人臭味相投，談笑歡飲倒勝過吹彈。
　　　檀不焚不知其香，你我已成莫逆之友。
　10）「長短話」でも、「什麼人」が用いられている。
　　　真正奇怪，比當初大相懸涉，不論什麼人都要銀子。
　　　「鬧裏鬧」には、「哪個」に置き換えることが出来る「什麼人」が用いられている。
　　　某人是什麼人的孫子。
　11）「鬧裏鬧」に「自己」が用いられている。
　　　原來認籌不認人，我自己再不錯，除非是你不小心。

る。他に事物を尋ねる場面で、「為何呢」が一度用いられている。

　　不知叫你學什麼事情可以學得來。

2.8. 「這裡」「那里」を用い、「這児」「那児」「哪児」および「此地」は用いられていない[12]。

　　我這裡就是學堂一ケ禮貌之地了，不是花哄的所在了。

　　據我看來那里撒得這許多小便。

「哪裡」は「那裡」と表記している。

　　我説的恩在那裡呢。

　　太田1964は、「"這兒""那兒""哪兒"は南京官話では用いられず、"這裏""那裏""哪裏"を用いる、南京では、"這兒"の代わりにしばしば"此地"を用いる。」とする。

2.9. 時間を問う語は、そうした場面がなく、用例なし[13]。

2.10. 南京官話で用いられない「這程子」、南京官話で用いられる「這些時」ともに用いられていない。

2.11. 南京官話で用いられる「這様」「那様」は用いられていない。また、北方語で用いられる「這麼」「那麼」も用いられていない[14]。

2.12. "哪麼"はなし。

　　太田1964は、「北方語の一部で使用されたものが北京語に入ったものかと想像される。」「広く用いられる語ではない。」とする。

---

12) 「請客人」は、「～里」という表記が用いられている。
　　　因為多年相與的年家，看得老兄親眷一般在這里。
　　　但是賓主両个人沒有帮閑的在這里未免冷静些。
　　　説那里話，沒有什麼時新的好魚菜。
　　　「長短話」には、「什麼所在」が用いられている。
　　　今朝天氣好到个什麼所在去頑耍纔好。
13) 「多咱」「多會児」「幾早」「多早」「幾咱」「麼咱」いずれも用いられていない。
　　　「閙裏閙」には「幾時」が用いられている。
　　　萬一缺少了本錢，隨便幾時到衛門來只管討我。
14) 「閙裏閙」には「這様」が用いられている。
　　　大家説莫説王家是百姓的父母，應該這様了。
　　　嫡親的児女也未必這様孝順。

160　第一編　江戸時代における口頭中国語の受容——唐通事と口頭中国語

2.13.「怎麼」は用いられているが、「怎麼着」は用いられていない。

　　這樣懶東西學問怎麼學得到。

2.14.　南京官話では用いられないとされる感嘆を表す「多麼」は、用いられていない。また、「幾多」も用いられていない。

　　感嘆は、「多少」で表現されている[15]。

　　説々笑々平常康健，父母也多少歡喜。

2.15.　疑問を表す「多少」は用いられているが、南京官話でより普通に用いられるとされる「幾多」は用いられていない[16]。

　　　做了職事一年收多少俸祿又不少呢，又不少穿，快々活々过日子。

　　また、形容詞の前に用い疑問を表す「多」はなく、南京官話でより普通に用いられるとされる形容詞の前に用い疑問を表す「幾」も用いられていない。

3.　数詞・量詞

3.1.「200」を言う場面がないため、北方語の"二百"、南京官話で用いるとされる"両百"ともに用いられていない。

3.2.「倆」「仨」は用いられていない。南京官話で用いることがあるとされる「両人」は用いられていない。

　　肯讀的賞三个或者賞五个。

3.3.　兄弟の順序を言う場面がないため、「老大」「老二」は用いられていない。

15）感嘆を表す多少は、「長短話」「小学生」「闇裏闇」でも用いられている。
　　　走到戲臺上出來多少好看。
　　　父母的體面不消説，連我先生的也多少光輝。
　　　我的管下有你這樣孝婦，連我也多少光輝了。

16）「長短話」「闇裏闇」には、金額を尋ねる「多少」が用いられている。
　　　今年賤些 一担米多少價錢 没担米不過九錢艮子光景。
　　　用得謹々慎々積蓄了多少艮子。
　　「小学生」には、年齢を尋ねる「多少」が用いられている。また、年長者に対しては「幾歳」が用いられている。
　　　你今年多少歳。賤庚十五歳。先生貴庚幾歳。痴長六十歳。

3.4 「一些」が用いられている[17]。

　野頭野脳一些規矩也没有。

3.5. 「這些」「那些」のように、指示代詞の後に「些」を伴った形は用いられていない[18]。北方語で用いるとされる「這些個」や「好些個」など、「些」の後に「個」のついた用例は見当たらない。また、南京官話で用いられることがあるとされる「些的」は、用いられていない。

3.6　個々の量詞

　量詞はあまり用いられていない[19]。

　　偏生不肯讀，讀了一遍，就歇一回，歇了好一回，纔讀。

　　人家説的日圖三餐夜圖一宿的廢物児就是你們。

3.7. 不定数を表す「来」が用いられている。

　　我辛々苦々教導你十來遍。

　　上半刻時辰，連那小便出恭十來遭是定有的。

4.　形容詞

4.1.　比較表現で、北京語で用いられる「〜多了」、南で用いられる「〜得多」ともに用いられていない。

4.2.「比」を用いた比較表現は用いられていない[20]。

---

　17)「長短話」「小学生」では、「一点」も用いられている。
　　　若是有一点客氣，怎説請个寡酒。
　　　倘或有一点毛病，即便打罵我。
　　また、「鬧裏鬧」では「半点」が用いられている。
　　　若是寡婦的説話裏頭有半点糊塗，父母自然再來勸他。
　18)「長短話」「請客人」では指示代詞の後に「些」が付く形が用いられている。
　　　雖然如此這些事情不是平常有
　　　不過是這些小菜沒有大盤魚肉。
　19)「鬧裏鬧」では、「一會」という表記が用いられている。
　　　手巾替他洗了一會，口裡不住的説道，好水有趣。
　20)「長短話」「請客人」「鬧裏鬧」では、「比」が用いられているが、太田1964は「"更""還" などの副詞を用いて比較する時に南京官話では副詞の後に"要"を用いるのが普通なようである。」とするが、該当する「長短話」の2例と「鬧裏鬧」の1例は、副詞

162 第一編　江戸時代における口頭中国語の受容——唐通事と口頭中国語

4.3. 「〜したほうが良い」を表す「還是」は用いられていない。

4.4. 比較表現で、「似」は用いられていない。

5.　動詞

5.1. 動詞の前で進行を表す「在」「正在」は用いられていない。

　動詞の後におき、「どこどこで〜している」を表す「在」は多用されている[21]。

5.2. 「時間や費用がかかる」ことを言う場面がないため、北方語の「得」も南京官話の「要」も用いられていない。また、北方語の「非得」も、南京官話で「非得」に相当する「必須」も用いられていない。

5.3. 「不能」は用いられていない[22]。

5.4. 北方語の「待要」「待」は用いられていない。

5.5. 北方語の「よく……する」という意味の「愛」は用いられてない。

5.6. 目的語が後に続かない場合には「没有」が用いられている[23]。

　の後に「要」は用いられていない。
　　天色不比的前日更覺寒冷起來。
　　比起在家人來更加利害。
　　不比前更好，可見孝順是感動天地。

21)「闇裏鬧」に、「〜している」と持続を表していると見なすことの可能な「在那裡」が用いられている。
　　悄々停々走出來看自己的衣櫃開了在那裡。

22)「長短話」「請客人」「小学生」には「不能」が用いられている。太田1964は、「"不能"を北方語では"不會"（ありえない）の意味にも使用するがこれは南京官話にはない。」とする。見極めは困難であるが、特に「ありえない」の意味で使用していると特定できる用例はないと言えるだろう。
　　只要懶惰不能進學。
　　没有助興的酒不能吃得下去。
　　只是量浅，不能多吃。
　　我不會吃，又是這樣大盃，越發不能吃。
　　自己回首不能帶到陰世裏去
　　年邁你們俸祿只怕不能發出來，可以做得來呢。

23)「闇裏鬧」で目的語を伴わない「没」が一度だけ用いられている。
　　忽然驚醒了看這般的火星，魂魄都没了，十分吃驚。

唐話資料「小孩児」の語法について――官話資料としての可能性―― 163

　太田1964は、「動詞 "没有" は北方語では単に "没" ともいう。しかし南京官話では賓語をとるとき以外には "没" は用いられない。」とする。

　　一些規矩也沒有的了。

5.7.　北方語に用いられる動詞の前の「没的（没得）」は、用いられていない[24]。

5.8.　北方語で可能不可能を表す複合動詞「〜得了」「〜不了」は用いられていない。

5.9.　南では見られるとされる、可能不可能を表す複合動詞の間に賓語が入って分離している例が見られる。

　　想東想西真个奈何你不得，不知叫你學什麼。

　太田1964は、「可能不可能をあらわす複合動詞に賓語が用いられる場合、北方語では動詞を分離しないのが普通であるが、南では分離することがある。」とする[25]。

5.10.　「できあがった」意を表す「〜得了」は見られない。

5.11.　北方語にあるdaを接尾辞とする動詞は、用いられていない[26]。

5.12.　南京官話で用いられないとされる「得慌」は用いられていない。

　　「得狠」も用いられず、「得緊」が用いられている[27]。

---

24)　太田1964は、「北方語では "没的"（"没得" とも書く）を動詞の前におき "……するものがない" という意味をあらわす。つまり文語の "無所" に相当する。このような表現は南京官話には見られない。」とする。動詞の前の「没得」は用いられていないが、名詞の前の「没得」は「小孩児」と「鬧裏鬧」で用いられている。
　　　縱或我家遭瘟蕩敗了家私，沒得飯吃也不要你送。
　　　所以若是一刻沒得銀子用。
　　　一日沒得戾子用，手裡痒不過按納不住。

25)　「請客人」にも用例がある。
　　　豈敢。陸羽是過去幾千年的古人，比我也比他不上。

26)　太田1964は、「北方語ではdaを動詞接尾辞とするものがある。南京官話にはない。」とする。次に挙げる「鬧裏鬧」で用いられている「勾搭」は該当するのではないだろうか。
　　　老婆寫了一封情書上説了許多撒嬌撒痴的情話，揀一个豪富人家的輕薄少年勾搭他私通。

27)　「長短話」「請客人」「小学生」には、「得狠」が用いられている。

164 第一編 江戸時代における口頭中国語の受容——唐通事と口頭中国語

　　躁暴得緊　懶惰得緊　粗糙得緊

5.13. 北方語で動詞のあとにつく「〜給」が一度だけ用いられている。また、南京官話で用いられる「〜把」も用いられている。「〜與」は用いられていない[28]。

　　縱或金銀錢財堆積上來送給我。

　　良田美産送把你一生受用的一般了。

5.14. 南京官話にはないとされる、状態の完成への接近を表す「上来」と解釈可能な「上来」が用いられている。

　　究起這个根本来虧我好幾年用心教導你，教導上來的只當置了幾所良田美産送把你一生受用的一般了。

5.15. 「間に合う」の意味で北方語で用いられる「〜迭」「〜迭當」は用いられておらず、南京官話で用いられるとされる「〜及」も用いられていない。

5.16　南京官話では「不記得」を「記不得」とするとされるが、否定形は用いられていない。「記得」は一度用いられている。

　　我辛々苦々教導你十來遍，看見你畧覺記得，又換个別人來讀。

　　また、「知道」は用いられておらず、「曉得」が用いられている。

　　有一等人家只曉得愛惜児子一味嬌養，聽見先生打罵倒是埋怨。

5.17　使役の「讓」は用いられておらず、「把」が用いられている。

　　你若痴々獃々一竅不通的，就是手頭有了両分本銭，都被人家騙了去，个麼生意也不敢把你去學。

　　太田1964は、「北方語では "讓" をよく用いるが、南では用いることが少ない。」とする。

5.18　使役の「叫」が用いられているが、受身を表す「叫」は用いられていない。また、「給」は用いられていない。

　　喜得狠　健得狠　聰明得狠　怠慢得狠　好乾淨得狠　不正経得狠　可惜得狠　怕得狠　正真快活得狠　奇得狠　不受用得狠　妙得狠　好得狠　仔細得狠　刻薄得狠　臭得狠

28)「〜與」は、「闇裏闇」で用いられている。
　　潮州人聽見忙把自己的手巾遞與那人説，我這條手巾還乾浄，着實替我洗洗。

難道做爹娘的叫你特々送來學个不長俊不成。

想東想西真个奈何你不得，不知叫你學什麼。

太田 1964は、「北方語では "叫" を使役と被動に用いるが、南では "給" を
これに用いることがある。」とする。

5.19.「來」「去」を用いる連動句では、「來」「去」が先に用いられている。

太田 1964は、北方語では「来」「去」が後に、南では先に用いられる、と
する。

5.20. 反復疑問文ではないが、肯定形と否定形の組み合わせで、目的語が二
箇所で用いられている。

做先生的再沒有愛惜聰明不愛惜不聰明，可憐這个不可憐那个。

太田 1964は、「反復疑問文に賓語を用いるばあい、北方語では賓語を肯定・
否定の中間におくかまたは 2 個用いるが、南では後におく。」とする。

6. 介詞

6.1. 南では用いられないとされる起点を表す「解」「起」は用いられておら
ず、南京官話で用いられるとされる「從」が用いられている。

我每自從早起到晚頭，一日寸步不離坐在楼上。

6.2. 行き先を示す「到」が用いられている。

我和你説你們大々小々到我這裡來讀書，先不先有了三件不是的事情。

太田 1964は、「行き先をあらわす "上" は南ではおおく "到" または "往"
を用いるようである。」とする[29]。

6.3. 北方語で方向を表す「衝」は用いられておらず、「照」が用いられてい
る。

裏頭吃残的茶水照臉上一潑々得滿面都打濕了。

6.4. 北方語で用いる時間の到達を表す「趕」は用いられておらず、南で用い

---

29)「鬧裏鬧」で「往」が用いられている。
　　打發了浴錢，飛奔也似往外頭去了。

るとされる「等」が用いられている。

　　有了三件不是的事情，等我分説一番把你知道。

　　等你學會了肚裡飢的時節可將來當得飯吃冷的

6.5.　北方語にある介詞としての「給」は用いられておらず、南京官話で用いるとされる「替」「和」が用いられている。

　　我替你們説，講一ケ唐話先不先要个瞼皮。

　　或者替他計較，尋ケ門路擡舉他做執職。

　　我和你説你們大々小々到我這裡來讀書，先不先有了三件不是的事情，等我分説一番，把你知道。

6.6.　南ではあまり用いないとされる「跟」は用いられておらず、「對」が用いられている[30]。

　　憑你對什麼人講也通得的。

6.7.　「ある者から借りたりもらったりする」ことを表す「問」は用いられていない。

　　太田1964は、「官話ではある者から借りたりもらったりする場合 “問” を用いるところがある。しかし北京語ではこれを用いない。」とする。注30に「鬧裏鬧」の例を挙げた。

6.8.　北方語に特有とされる材料や用具を表す「使」は用いられていない。北方語にはない用法とされる、用具を表す「把」が用いられている。また、官話に共通するとされる「用」も用いられている。「拿」は用いられていない。

　　若还再要狠些，把索子箍起來吊在梁上。

　　研了黑墨或者磨了紅朱用筆揲了臉。

　　太田1964は、「“把” を材料や用具をあらわすために用いるのは北方語にはない用法である。」とする。

6.9.　南ではあまり用いないとされる依拠を表す「按」は用いられておらず、

30）「鬧裏鬧」で「跟」の意味で用いられていると考えられる「問」が用いられている。
　　掌櫃的趕上了，一把揪住問他要浴錢。

南北共通して用いられる「照」「據」は用いられている。

　　照你這樣費了精神。

　　據我看來那里撒得這許多小便。

6. 10. 北方語の「對」の意の「管」は用いられていない。「管～叫」も用いられていない。

7. 副詞

7. 1. 南京官話では用いられることがないとされる程度副詞の「大」は、わずかながら用いられている[31]。

　　豈不是大不孝莫若學我。

　　我身上算得大々報恩了。

7. 2. 時間が長いことを表す北方語の「老」も、南京官話でも用いるとされる「総」も用いられていない[32]。

　　太田1964は、「"再三"は北方で用い、"再四"は南京官話で用いるという。」とするが、どちらも用いられている。

　　臨去的時節再三再四吩付你讀，你偏生不肯讀。

　　太田1964は、「"動不動"も北方語で、河南や南京官話では"好不好"という。ただし"動不動"はわりに通用範囲がひろいようであり、あるいは文学言語であるのかも知れない。」とするが、「好不好」は用いられておらず、「動不動」は用いられている。北京語で用いられる「圧根児」「底根児」は用いら

────────────────

31) 太田1964は、「大を程度副詞に用いることは南京官話にはない。もっとも北京語でも、それほど自由には用いられない。」とするが、「長短話」「請客人」「小学生」「鬧裏鬧」それぞれに用いられ、特に「鬧裏鬧」には多く用いられている。
　　新泡的一壺好茶，香氣大妙。好茶々々，香得緊，回味大妙。
　　有一ケ大戸人家的小丫鬟平常貪嘴不過又是食量大好。
　　又有一件大好的所在，平常伏侍舅姑十分孝敬。
　　通崎的人都尊重孝婦名声大高。
32) 太田1964は、「時間の長いことをいう"老"は南京官話では用いず"総"などであらわすほかない。」とする。「長短話」に「総」が用いられている。
　　他那性緩的老早裡看見的總不做聲，有了好一回纔開口説道。

れていない。

　　沒有一句中聽的話，開口動不動講下賤的話來戯弄人家。

7.3.　北京語で用いられる「只」の意味の「光」、南でこれに相当する「寡」
ともに用いられていない。「只」の意味で用いる「就」も用いられていない。

　　北京語で「すっかり、全然」を表す「所」は用いられていない。

　　北方語で特指疑問に用いる「都」も用いられていない。

7.4.　北方語で「たしかに、きっと」の意味で用いられる「準」は用いられて
いない。北方語で用いられる「管保」、これに相当する南方語の「保管」は、
ともに用いられていない。

　　逆接を表す「可」、南京官話で用いるとされる「却」は、ともに用いられて
いない。

　　北方語の「敢情」「敢自」は用いられていない。

　　北方語で推測を表す「許」「也許」、南方語で用いられる「敢是」は、とも
に用いられていない。

7.5　北方語で禁止の意味の「別」は用いられていない。南京官話で用いられ
る「莫」は一度だけ用いられているが、諺としての使用である。

　　由我看起來寧為雞口莫為牛尾。

8.　助詞

8.1.　南京官話では用いないとされる類似を表す"似的"は用いられていない。
南京官話で用いるとされる「〜一般」「〜一様」が用いられている。

　　我看你上樓跟々飛一般走上來。

　　但是不是講假話一樣不三不四。

8.2.　北京語では用いられないとされる「哩」が用いられている。

　　若是梯板稀薄的時節只怕踏破了踏得粉碎的哩。

　　还不上半刻時辰，連那小便出恭十來遭是定的、只怕还不止的哩。

8.3.　北京語で過去の追憶を表す「来着」、南京官話の「来」ともに、用いら

れていない。

8.4. 断定の語気を示す「的」は用いられていない[33]。

8.5. 南京官話では用いられないとされる文末の「得了」は用いられていない。

8.6. 北京語特有とされる助詞の「不則」「罷咱」は用いられていない。

8.7. 北京語で用いられる接尾辞「咖」は用いられていない。

3．まとめ

　本章では、太田辰夫「北京語の文法特点」に照らし、「小孩児」の文法的特徴を整理した。その結果、次の2点を確認することができた。

　ひとつめは、「小孩児」の中国語は、北京官話や北方語ではないということである。この点については、江戸時代の中国貿易が南方から来航する船や船員であったことから、当たり前のこととも取れるが、唐通事が「官話」と言うときには、北方とは明らかに異なる南方の官話を指しているということを、改めて確認しておきたい。

　ふたつめは、太田1964で提示された南京官話の語法とは、完全には一致していないという点である。以下の5点は、完全には一致しておらず、北京官話ではもちろんないが、南京官話とも言えない。

（1）北方語で動詞のあとにつく「〜給」が一度だけ用いられている。

（2）南京官話にはないとされる、状態の完成への接近を表す「上来」と解釈可能な「上来」が用いられている。

（3）反復疑問文ではないが、肯定形と否定形の組み合わせで、南方では後の一箇所に置かれるとされている目的語が、二箇所で用いられている。

（4）北方で用いられる"再三"、南京官話で用いる"再四"ともに用いられている。

（5）南京官話では用いられないとされる程度副詞「大」が用いられている。

---

33)「鬧裏鬧」に断定の「的」が用いられている。

170　第一編　江戸時代における口頭中国語の受容——唐通事と口頭中国語

　（1）と（2）はそれぞれ一度しか用いられていない上に、太田1964で南京
官話では用いられないとされる用法に該当するものとは断定できない可能性
もあるが、注意を要する語法と考えたい。

　上に挙げた5点が、「小孩児」が官話資料として不完全なものであることを
示すのかどうかは、太田1964が、南京官話の資料として唐通事の資料を取り
上げなかったことを考慮すれば、性急に結論を下すべきではないと言えるだ
ろう。「小孩児」が、南方の官話を記述したものとするのであれば、南京官話
の語法や語彙を見直す資料である可能性を持っていると言えるのではないだ
ろうか。また、注にあげた「長短話」「請客人」「小学生」「鬧裏鬧」は、太田
1964で南京官話だと認定されている語法に合致するものがほとんどではある
が、北京語や北方語の特徴に数えられる語法もまた「小孩児」以上に見られ
る。この4編には、特に「官話」への言及は見られないが、記述年代あるい
は成立年代が解明されれば、資料の性格をつかむ手がかりが得られると考え
られる。

第二編　岡島冠山と唐話

江戸時代の唐話資料における文体の変容
──岡島冠山の唐話テキストを中心に──

1．「唐話」という呼称の指示範囲

　江戸時代の中国語資料を唐話資料とも称する。唐話は、学んだ人は誰かという側面から見た場合、唐通事を学習者とした唐話と、唐通事以外の日本人を学習者とした唐話とに大別することができるだろう。また、学ばれた土地はどこかという側面から見れば、長崎で学ばれた唐話とそれ以外の土地で学ばれた唐話とを区別しなくてはならないだろう。

　もっとも限定的な意味での唐話とは、長崎の唐通事が会話に用いた中国語であるといえる。長崎の唐通事は、下の引用で語られているように、中国人との口頭での意思疎通のために用いた自らの中国語を唐話と称していた。

　　我説的唐話雖不如唐人的口氣，不過杜漫撰而已。但是不是講假話，又不
　　是打夢話一樣不三不四的。算做一个唐話可以做得准了。你若依我的教法，
　　平上去入的四聲，開口呼撮口呼唇音舌音齒音喉音清音濁音半清半濁，這
　　等的字韻分得明白後其間打起唐話來，憑你對什麼人講也通的了。蘇州寧
　　波杭州楊州紹興雲南浙江湖州，這等外江人是不消説，對那福建人漳州人
　　講也是相同的了。他們都曉得外江説話，況且我教導你的是官話了。官話
　　是通天下中華十三省都通的。若是打起鄉談來，這個我也聽不出，那个怪
　　我不得。我不是生在唐山，又不是生成的。那个土語各處各處不同，杭州
　　是杭州的鄉談，蘇州是蘇州的土語。這个你們不曉也过得橋。
　　私が話す唐話は、唐人の話しぶりには及ばないし、間違いも多いけれど、
　　でたらめな言葉を話しているのではないし、寝言やうわ言のように様に
　　もなっておらず、唐話としてはなかなかのものです。（まぎれもない唐話

です。）私の教えに従って、平、上、去、入の四声や、開口呼、撮口呼、唇音、舌音、歯音、喉音、清音、濁音、半清音、半濁音などの発音をはっきりと区別できてから唐話を話すと、誰に話しても自由に通じるようになるのです。蘇州、寧波、杭州、揚州、紹興、雲南、浙江、湖州などの外江の人々は言うまでもなく、福建や漳州の人に話しても同じように通じます。彼らは皆外江の言葉を理解するし、まして私が教えているのは官話なのです。官話は天下どこでも中華十三省全部で通じます。方言（郷談）なんかで話されたら、この私でも聞き取ることができないけれど、私を非難できる人などいるでしょうか。私は唐山で生まれたわけでも育ったわけでもないのですから。方言は場所によってそれぞれ違っていて、杭州は杭州の方言、蘇州は蘇州の方言です。でも、これが分からなくても、やっていけるのです[1]。

　ここに引用した言葉は、おそらく唐通事を目指す者を論している言葉であるが、この人物は自らの唐話を「我説的唐話雖不如唐人的口氣，不過杜漫撰而已」であるが、と断ったうえで、「算做一个唐話可以做得准了」と述べている。つまり、唐話とは外国人（日本人）が話す中国語を指していると考えられる。またさらに、「況且我教導你的是官話了」とも述べている。ここでは、中国語を指す言葉として、「官話」「郷談」「土語」などが登場するが、唐通事が習得すべき唐話とは官話であると主張しているのである[2]。ただし、中国人

1）『小孩児』（『中国語教本類集成』第一集第一巻所収）より。中国語文に付した句読点と日本語訳は筆者による。本書第一編第一章「長崎通事の唐話観」で詳しく述べた。
2）官話に対する唐通事の考えは、その他の唐通事教育書にも共通した内容が見られる。例えば、『唐通事心得』（木津祐子 2000b を参照した）では、次のように述べられている。「大凡學了福州話的人，舌頭會得掉轉，不論什麼話都會講。官話也講得來，漳州話也打得來。壁如先學了官話，要你講漳州話，口裡軟頭軟腦，不象ヶ下南人的口氣。先學了漳州話，要儞説官話，舌頭硬板々，咬釘嚼鉄，像個韃子説話一樣的不中聆。這个正真奇得狠。唐人是生成的，自然如此，連日本人也是這樣了。若是外江人遇着下南人，或者見了福建人，講官話自然相通。原來官話是通天下，中華十三省都通得了。童生秀才們要做官的，不論什麼地方的人，都學講官話，北京朝廷裏頭的文武百官都講官話。所以曉得官話，要東就東，要西就西，到什麼地方去再沒有不通的了。豈不是便當些。

が話す官話＝唐話ではなく、長崎で唐通事が話す官話＝唐話であると認識していたのではないだろうか。長崎における中国貿易の担い手として、中国語会話能力が欠かせなかった唐通事にとって、中国生まれ中国育ちの中国人のようには話せなくても、官話を学び、長崎の中国語＝唐話を習得することが、第一に目指すべき指標であると見なされていたのだろう。

　万人に通じる中国語の習得を目指した唐通事が残したテキストは、長崎という限られた空間であるとはいえ、同時代の中国人との会話に役立てられた唐話の姿を書き写したものであり、そこに書き残された言葉が実際に話されていた唐話であると理解すべきだと思われる。唐通事が唐話及び唐通事としての仕事や心構えを学んだと考えられるテキスト『訳家必備』『唐通事心得』『唐話』『長短話』『小孩児』『養児子』『閙裡閙』などの語を鳥瞰してみると、それぞれある時期に話されていた標準的な言葉に相応しく均質である[3]。たとえば、語彙のレベルで言うと『訳家必備』で用いられている人称代詞は単数形が「我」「你」「他」、複数形が「〜們」、同動詞は「是」、語気助詞は「了」「哩」「罷」「阿」「呢」「麼」、疑問詞は「什麼」「甚麼」「怎麼」にほぼ限定されており、非常に均質であるといえる[4]。

　文字で残された資料を見る限り、唐通事のテキストは口語として極端に不自然ではないように見える。しかし、「我説的唐話雖不如唐人的口氣，不過杜漫撰而已」というように、唐通事には自らが話す中国語は中国人の話す中国語とは異なっているという自覚があった。唐話とは、唐通事の中国語に対す

　　但是各處各有郷談土語，蘇州是蘇州的土語，杭州是杭州的郷談，打起郷談來竟不通，只好面々相覷，耳聾一般的了。」

　3）『唐話』『和漢俗語呈詩等雑字』は、県立長崎歴史文化博物館所蔵のテキストを、『唐通事心得』は木津 2000、『小孩児』『養児子』『閙裡閙』は『中国語教本語教本類集成』第一集第一巻所収の影印を、『訳家必備』は『唐話辞書類集』（汲古書院）第20集所収の影印および関西大学図書館長澤文庫所蔵のテキストを、『長短話』は関西大学図書館長澤文庫所蔵のテキストをそれぞれ参照した。

　4）『訳家必備』の会話部分に限る。『訳家必備』には、貿易に関わる文書も載せられており、文書類の言葉は、この限りではない。なお、『訳家必備』は、関西大学図書館長澤文庫蔵（『唐話辞書類集』第20集所収）のテキストを用いる。

る理解を示していると同時に、外国人の話す中国語であるという自覚を表した呼称だと言えるだろう。

　しかし唐話は、唐通事が学び話した中国語であっただけでなく、唐通事以外の日本人知識人、たとえば荻生徂徠や伊藤仁斎や雨森芳洲などの儒学者によってそれぞれの目的のために学ばれ、長崎を遠く離れた江戸や京都や大坂で学ばれ話された中国語でもあった。唐話のステージは、長崎における中国人との貿易上のやりとりの場だけでなく、日本人や朝鮮人を相手とした学術上や外交上のやりとりの場もあった。また、唐話の知識は文学の方面にも生かされ、「水滸伝」の訓訳、翻訳や、日本の近世文学における白話小説の影響にも関係していく。唐話は、異なる目的を持つ使用者や学習者を介し、日常生活や商売の言葉から、学問や外交を語る言葉へ、口頭で話される言葉から学問や文学として書かれる言葉へと繋がっていった。

　すでに確認したように、唐通事の唐話の語彙の特徴は均質であるということであり、このことは口語として実用されていたことの現われであるといえるだろう。しかし、使用者や使用されている土地が変われば、その特徴は維持されるわけではない。したがって、唐話資料にはレベルの異なる様々な唐話が含まれているということに留意しなくてはならない。

　このような唐話の多様化ともいえる状況を生み出すきっかけとなった出来事は、荻生徂徠の中国語学習であり、講師を務めた岡島冠山によって『唐話纂要』をはじめとする唐話シリーズが著され、出版されたことである[5]。唐通事以外の日本人に、初めて具体的に文字として広く示された唐話が『唐話纂要』であり、岡島冠山を編著者とした唐話書は、一般の日本人にとっての唐話のイメージ形成に影響力を持っていたといえるだろう。

　5）『徂徠集』巻之十八「譯社約」（近世儒家文集集成第三巻『徂徠集』、ぺりかん社、1985年）。

2．岡島冠山の唐話と唐通事の唐話

2.1．岡島冠山の唐話来歴

　唐話が初めて書物として出版されたのは、岡島冠山（1674-1728）の編著書『唐話纂要』（享保元（1716）5巻5冊、享保3年以降6巻6冊）であり、唐通事以外の多くの日本人にとっては、『唐話纂要』が初めて目にする唐話であったと言えるだろう。

　岡島冠山の経歴には不明な点が多く、唐通事であると明記した記録があるかどうかはわからない。岡島冠山の名が冠せられた唐話書の序文や跋文では、冠山は次のように紹介されている。

『唐話纂要』享保元年高希樸仲敦甫序
　　夫崎陽者。其地瀕海。跨唐一葦。賈舶商舩舳艫相接。職譯官此。歲致千
　　金。故其土人士戸學人習。然超然出類者。僅僅晨星耳。獨我友玉成子能
　　抜萃者也歟。玉成崎陽人也。少發大志。長來東都。其開口譚唐。揮筆譯
　　和。恰如仙人之如尸解。將凡骨庸胎一時脱換。獨餘其衣冠而不化也。一
　　起一坐一咲一　。無不肖唐。嘗在崎陽。與諸唐人相聚譚論。其調戲謾罵。
　　與彼絲髮不差。旁觀者惟辨衣服。知其玉成。其技之妙大率如此。故海内
　　解音者聞名讋服。望風下拜宜乎。所著南木太閤等書與水滸西游相頡頑。
　　使見者愛翫不已也。頃採唐話。便于初學者。集爲纂要。其書五卷五冊。
　　平生成語無不該載。

『唐話纂要』白樫仲凱跋
　　唐話者華之俗語也。（中略）玉成岡嶌君世家長崎。少交華客。習熟其語。
　　凡自四書六經以及諸子百家稗官小説之類。其聲音之正與詞言之繁。頗究
　　其閫奥。且質之於大清秀士王庶常者。而后華和之人無不伸舌。以稱嘆之。
　　嗚呼岡嶌君之於唐話。可謂勤矣。

176　第二編　岡島冠山と唐話

『唐訳便覧』伊藤長胤序

　　冠山子生乎肥長乎肥。〃會同之地。故多与閩廣呉會之人交。善操華音。

　序文、跋文は一様に岡島冠山の唐話が素晴らしいと賞賛し、長崎生まれ長
崎育ちであり、若いころから親しく中国の人と交わり、中国語を習得したの
だとしている。

　岡島冠山が生まれたころの長崎には、唐人屋敷はまだ存在していなかった。
唐人屋敷は、来日した中国人全員が帰国するまでの間滞在することを許され
た唯一の空間であった。そこは、限られた日本人しか出入りすることのでき
ない、中国人の街だったということができるだろう。唐人屋敷が建設された
理由は幾つかあるとされるが、中国人が長崎市中を自由に行き来し日本人と
接触することによって引き起こされる問題を解消することも理由のひとつと
して挙げられる[6]。唐人屋敷が開設される以前は、鎖国に向けて不自由さは増
していったかもしれないが、長崎は一般の日本人が中国人と生活を共にする
余地が残された場であった。唐人屋敷が開設したのは、元禄2年（1689）な
ので、延宝2年（1674）生まれの冠山は15歳くらいであったとすれば、それ
以前に中国人から直接中国語を学ぶ機会があったと考えられる[7]。また、『太平
記演義』守山祐弘序に次のように記されている。

　　吾師玉成先生同郷長崎人也。少交華客。且従先師祖上野先生而習學華

　6）唐人屋敷（唐館）開設に至った理由として、密貿易の禁止を徹底するため、キリス
　　ト教の伝来を阻むため、風紀の乱れを防ぐためなどが指摘されている（山本紀綱著『長
　　崎唐人屋敷』謙光社、1983年）。また、松浦章著『江戸時代唐船による日中文化交流』
　　（思文閣出版、2007年）「第二章　元禄元年長崎来航中国船について」では、唐人屋敷
　　設置の最大の理由について、「多量の人口増加に対応する新政策であった」との新しい
　　指摘がなされている。
　7）『訳家必備』に、「大凡通事到了十五六歳新補了學通事頭一遭進館的規矩到了公堂看
　　見在館各舶主財副」とあり、15、6歳頃に現場での仕事と勉強を開始したようである
　　が、そのために必要な唐話は前もって習得していることが求められていた。

語[8]。

　上野先生とは上野玄貞であり、唐通事であった[9]。岡島冠山は、清人王庶常だけでなく、唐通事について中国語を学んでいた[10]。

　では、岡島冠山自身に、唐通事の経験はあったのだろうか。唐通事の中心は大通事や小通事であり、中国人を祖とする通事家が代々その中心を担っていたが、内通事は中国人の家系ではなくとも就くことのできる通訳であった。内通事は、寛文6年（1666）に幕府から公認された際、その数168人に上ったが、公認される以前は私的な通訳として個人の中国人に付いていた[11]。

　中国人の家系ではない岡島冠山が通事であったとすれば、内通事だったということになる。内通事の記録は乏しく、岡島冠山に結び付く記録は『唐通事会所日録』の元禄13年（1700）の3月7日及び8日の記録に「内通事岡島長左衛門」とあり、名前が同じだというだけの根拠である[12]。とはいえ、岡島

8）関西大学図書館長澤文庫所蔵のテキストに依る。

9）大田南畝『瓊浦又綴』（文化元年）「國思靖は出雲國造の裔なり。唐通事にて俗稱を上野玄貞といへり。詩をよくせり。今は其家絶たり。」

10）時代は下るが、大田南畝が「唐通事彭城仁左衛門潁川仁十郎来唐話の事など承候。東都にて得候訳家必備、荘嶽唐話見せ候処、是通詞之初学に読候書のよし。段々訳文いたし候」（『大田南畝全集』第19巻所収、長崎赴任中の南畝が江戸にいる息子に送った手紙）と述べているように、唐通事のテキストを江戸で手に入れることも可能であった。唐通事の家系に生まれ育った者ではなくても、唐話を学ぶことができたということがわかる。

11）宮田1979によると、「劉一水を祖とする彭城氏本家」の二代目劉宣義は、林道栄と並ぶ唐通事の双璧であり、大通事まで昇った人だが、明暦元年（1655）に唐僧隠元の内通事に選ばれたという例、「劉焜臺を祖とする彭城氏本家」の二代目彭城久兵衛は、寛文3年（1663）8月9日　即非禅師が宇治黄檗山万福寺へ登るとき内通事として同行したという例、「樊玉環を祖とする高尾氏家系」の「高尾本家」二代目高尾兵左衛門は、寛文5年（1665）9月朱舜水が水戸光圀の招請で長崎から水戸に上るとき内通事として付添ったという例などが挙げられている。

12）「岡島援之は、長崎にては長左衛門といひし者なり。華音には希なる生れなり。服元喬がいふには、和中の華客なり、といひしも尤なり。学才は余りなしとかや」柳里恭（柳澤淇園 1704-1758）『独寝』。（1957年、水木直箭校訂、近世庶民文化研究所から出版されたものを参照した。）

178　第二編　岡島冠山と唐話

冠山が若い頃を過ごした長崎では中国人との接触が容易であり、『唐話纂要』の序文にあるように長崎に住む者の多くがこぞって唐話を学んだという環境を考慮すれば、『唐通事家系論攷』に名が載るような通事家出身ではなかったため、唐通事としての足跡を辿ることは困難だが、私的な通訳である内通事の経験があった可能性は十分にあると言え、たとえ内通事ではなかったとしても、中国人の中国語や唐通事の唐話がどのような言葉なのかを知る機会を日常的に持っていたと言えるだろう。

　岡島冠山は長崎を離れ、唐話を学ぶ人を対象とした書物を江戸と京都で出版した。唐話を学ぶ人とは、岡島冠山が訳社の講師を務めたことから、儒学者を念頭に日本人知識人を想定していたと考えて良いだろう。これらの書物は、『唐話纂要』（享保元（1716）5巻5冊、享保3年以降6巻6冊）『唐音雅俗語類』（享保11、5巻5冊）『唐訳便覧』（享保11、5巻5冊）『唐話便用』（享保20、6巻6冊）の順に出版された[13]。

2.2.『訳家必備』と『唐話纂要』『唐話便用』との相違点

　長崎における唐話の知識があったと考えられるものの、岡島冠山が出版に関わり、唐話と題して出版された書物の唐話は、唐通事の唐話テキストの唐話とは語彙の面から見て非常に違っている。ここでは、特に『唐話纂要』と『唐話便用』を取り上げ、唐通事の唐話テキスト『訳家必備』（『唐話辞書類集』第20集所収のものを使用する）と比較し、違いを指摘したい。

　両者の構成は以下のとおりである。『訳家必備』は見出しとして挙げられている語を、『唐話纂要』と『唐話便用』は巻毎に挙げられている見出しと項目を挙げる。

　『訳家必備』

13）『唐話便用』は外題は『唐語便用』とあるが、内題は「唐話便用」となっている。本論では『唐話便用』または『便用』と表記し、また、『唐話纂要』は『纂要』とも表記する。

「初進館」「唐舩進港」「牽送漂到難舩」「護送日本難人」「本舩起貨」「貨庫」「清庫」「王取」「挿番」「出印花布疋」「起米洗艙油桅起石鈔包篷」「領伙食」「講價」「出貨　交貨　秤貨」「拜聖」「拜媽祖」「看花」「媽祖會　關帝會」「王道禮」「誦經」「上墳　身故」「秤椅楠」「修舩　燂洗　修杉板放舩　看舵　看修理」「打索路」「八朔繳禮」「下頭番　竪桅　補蓬　下搭客　眼桅」「裝銅」「看包頭　講包頭　秤包頭　裝包頭　秤添退包頭雜包」「巡舩　河下送水菜柴火」「對賑」「開舩　搬庫　領牌」「口外守風」

　上に示したように、『訳家必備』は唐通事が貿易を行う手順に従って展開しており、貿易業務に伴う出来事も記されている。書写年代は明記されていないが、記載されている人名や出来事などから見て、最初に書写された年代は、1754、5年であると推定できる[14]。

『唐話纂要』
　　第一冊　巻一　二字話　三字話
　　第二冊　巻二　四字話
　　第三冊　巻三　五字話六字話　常言
　　第四冊　長短話
　　第五冊　巻五　「親族」「舩具」
　　第六冊　巻六　和漢奇談「孫八救人得福」「德容行善有報」[15]

『唐話便用』
　　第一冊　巻一　二字話并四字等話
　　第二冊　巻二　三字并五字等話
　　第三冊　巻三　六字與七字相連之話
　　第四冊　巻四　「初相見説話」「平日相會説話」など5場面

14）本書第一編。1764年頃までにまとめられた可能性もあり得る。
15）初版の享保元年のみ5巻5冊。享保3年版から第6巻6冊「和漢奇談」が付されるようになる。

第五冊　巻五　「諸般賀人説話」「諸般諫勧人説話」など3場面

第六冊　巻六　「與僧家相會説話」　長短話　器用

『唐話纂要』『唐話便用』ともに、少ない文字の語句から学びはじめ、文字数の制限を受けないレベルを目指すという構造である。『唐話纂要』巻四の長短話及び『唐話便用』巻4から巻6は、一問一答の会話形式となっている。

　唐通事の唐話は、唐通事が学ぶ言葉であり、長崎滞在中の中国人との会話に用いられる言葉であったということは、唐通事テキストの内容にも現われている。いっぽう、岡島冠山が長崎出身であり、唐話の基礎を唐通事に付いて学んだという痕跡は、『唐話纂要』や『唐話便用』の長崎貿易に関連づけて考えることのできる語句に刻まれており、三字話、四字話という短い語句であれば、まったく同じ語句を唐通事テキストの中に探し出すことが可能である。ただし、2人の人物による会話形式となると、同一のものを探し出すことは、おそらく不可能である。つまり、『唐話纂要』にも『唐話便用』にも、依拠したテキストの存在を明確に示す記述は見当たらないのである。

　しかし、岡島冠山が長崎で唐通事に学び、中国人と唐話で会話していた、あるいは内通事だったのかもしれないという経歴は、岡島冠山が唐通事仕込みの唐話を習得していたと考えるに十分な根拠である。したがって、岡島冠山が著した、序文に「採唐話」（『唐話纂要』）、「有唐語便用凡六巻蓋中華所談日用言語具在」（『唐話便用』）と明記されている『唐話纂要』と『唐話便用』と、唐通事の唐話テキストとの比較から、学習者あるいは読者の違いが見えてくると言えるだろう。

　手法としては、ある事柄について述べる時、どのような内容を具体的に記述したかを比較することが、両者を対照する際に有効な試みであると考えられる。両者を同じ条件のもとで比較するため、会話として記載されていることが明確な語句を取り上げる。『訳家必備』と同じ事柄が、『唐話纂要』と『唐話便用』ではどのように語られているか、三者を比較していく。なお、句読点は筆者による。

① 初対面でのやりとり
①-1.『訳家必備』における「初対面」

大凡通事到了十五六歳，新補了學通事，頭一遭進館的規矩，到了公堂，看見在館各舩主財副坐在公堂上分南北而坐，廳上值日老爹同幾箇學通事內通事分箇品級端端正正坐在那裡，看見新補通事施禮過了，方纔值日老爹對唐人們說道。這位是林老爹的阿郎，此番新補了學通事，今日頭一囘進來見見衆位。那時唐人一齊來作揖說道。原來林老爹的令公子，恭喜恭喜，貴庚多少。不敢，屬鼠屬牛屬虎屬兔屬龍屬蛇屬馬屬羊屬猴屬雞屬狗屬豬，今年交十七歳。尊姓呢。賤姓林。台號呢。賤號某。尊翁好麼，托福托福，。

　上に引用した唐話は、『訳家必備』の冒頭である。『訳家必備』は唐通事が学ぶことを想定したテキストであるため、唐通事の眼を通して記述されている。『唐話纂要』には、「貴庚」「尊姓」「貴庚幾何」などが収録されているが、初対面の対話は次のとおりである。

①-2.『唐話纂要』における「初対面」

先生大名如雷轟耳。正想渴之際，何幸今日天假良緣，而初接高風，意出望外了。従今以後願承雅教。請勿有棄。
足下名聞四方諸生所共欽仰。今我僥倖為識荊，大慰平生想渴。今後必當遞相切磋，但我襪線之材，恐不足為對耳。

　『唐話纂要』の初対面の場面は、『訳家必備』のように唐通事と唐人に限定されてはいない。『唐話纂要』の読者層である漢学者をはじめとする知識人同士の初対面である。『唐話便用』も同様である。

182 第二編　岡島冠山と唐話

①-3. 『唐話便用』における「初対面」

　　久聞大名，常自欽仰。今日天假良縁，得拜尊顏，不勝欣躍之至。
　　答。多承錯愛，感謝不盡，但小弟下流之輩，不識禮數，未必能無衝撞。
　　請恕請恕

　　先生才名如雷轟耳。欣慕日久，何幸在此拜識。若蒙不鄙弃願領清誨。請
　　勿推故。
　　答。老夫才識褊淺，何足掛齒。聞道仁兄能文善詩，本地獨步。老夫正欲
　　求訪。安謂今日相逢，近再約會傾心談論。

　『唐話便用』には、上に引用したもののほか４組の対話が載せられており、
いずれも引用したものと同様に、日本人知識人同士の初対面であり、唐通事
テキスト『訳家必備』における初対面でのやりとりとは異なっている。『唐話
纂要』と『唐話便用』では、「先生大名如雷轟耳」「足下名聞四方諸生所共欽
仰」「久聞大名常自欽仰」「先生才名如雷轟耳」など、初対面の相手に敬意を
表する丁寧な常套句がまず用いられ、全体を通して簡潔な文言体であるとい
えるだろう。

② 近況
②-1. 『訳家必備』における「ご機嫌伺い」

　　令尊今日為什麼不進來。今日家父本該帶小弟進館，因為早間王府裡有字
　　兒叫，諒必此刻還在王府裡辦什麼公事。令叔老爹好幾天不進來，諒來也
　　是貴忙。家叔一向病在家裡。有什麼貴恙。前日老王家起身那一天，冒夜
　　到郊外去送行，感冒了風寒。于今好是好，還不曾出門。晚生不曉得令叔
　　老爹尊體違和，不曾寫信拜復，得罪得罪。老爹出去了，相煩替晚生上覆。

　この場面は、初めて唐館を訪れた通事が、滞在中の中国人から唐通事であ

る父親や叔父のことを尋ねられ、それについて答えている。内容のポイント
は、「多忙」と「病気」のために、出かけることができないという設定であ
る。このポイントを踏まえると、『唐話纂要』と『唐話便用』では次に挙げる
会話が、同一の事柄を扱っていると言えるだろう。

②-3. 『唐話纂要』における「ご機嫌伺い─多忙」

你令尊久不來我家，不知有什麼事故麼。你替我多多致意他。
家父每日有事而竟不出門，因此失候。先生若有經我那首，則順便到寒舍
見家父也好。

②-4. 『唐話便用』における「ご機嫌伺い─多忙」

這幾日少會，未知尊體康健。小弟也俗務多，不能常來問候，得罪得罪。
答。豈敢好說。小弟前日特拜尊府，因值兄長他出，與老管家說聲回來。
今日稍得閑暇日，偶然到個裏恰好與兄長會聚且喜。興居平安，大慰積悃。

また、病気で伏せっていたことを伝える設定では、次のような問答である。

②-5. 『唐話纂要』における「お見舞い」

前日從街上走過，不意撞着你的阿兄。遂邀他到一個去處去喫了半日酒，
講了一會話。因聞說你曾患了時病而臥了幾日，至今未嘗全愈。故此今日
特來問你，未知還是怎麼樣。
多謝老爹下顧。晚生雖有小疾亦不足為憂，況且昨今是更覺耐煩些。想必
兩三日內便好了。那時節當躬行拜謝。

②-6.『唐話便用』における「お見舞い」

　　多謝下顧。近日我因有賤恙在家將息，昨今略覺好些。所以久失拜候，休
　　怅休怅。
　　答。久不聞消息，心下不安，特來問候。那知果有貴恙。這兩日天氣更冷，
　　雖然略好也不可見風，只顧用藥。請自保重。

　ここで取り上げた会話は、既知の人物に対する言葉である。『唐話纂要』と
『唐話便用』の会話は、①に挙げた初対面での会話ほど決まりきった常套句が
用いられているわけではなく、個別の状況が具体的に述べられているという
点は『訳家必備』と同様であるが、最近会っていないことを『訳家必備』で
は「好幾天不進來」、『便用』では「這幾日少會」と、『便用』はより簡潔な言
葉が用いられている傾向にあるといえるだろう。
　また、病を指す語として、『訳家必備』では「病」「貴恙」などの語が用い
られているが、『纂要』では「時病」「小疾」、『便用』では「賤恙」「貴恙」が、
病で臥せっていることは『訳家必備』では「一向病在家裡」、『纂要』では「曾
患了時病而臥了幾日」、『便用』では「近日我因有賤恙在家將息」、病がまだ全
快していないことを『訳家必備』では「于今好是好，還不曾出門」、『纂要』
で「至今未嘗全愈」、『便用』で「昨今略覺好些」と表現しているように、両
者は語彙が異なっているだけでなく、冠山資料の語彙はより豊富であり、複
数の言い方が用いられている。

③　現代人に対する意見
　唐通事テキストには、年長者が若者に説いて聞かせるかたちで、唐通事と
して身につけておくべき技能や弁え、姿勢などが語られる場面がある[16]。

――――――――――――
16）木津2000bでは、それぞれのエピソードごとに「今時の若い者をめぐる問答」「ある
　　漳州通事」のようにタイトルが付されている。

③-1.『訳家必備』における「現代人に対する意見─若者の本分を説く」

原來老爹還是讀書。值日老爹回答說道。虧得這一位了不得，用工夫讀書。
據我看來，目今後生家乖巧得狠。到了十四五歲就不學好起來讀書學話這
兩樣事。不但不留心，丟掉了竟不想，一味裡不長俊。只為玩耍要過日子。
不肯尊敬長上，後生家禮貌一點也沒有。這一位不比目今的後生家。會做
詩，又會講話，做文章的道理也略略明白，更兼會寫字。他寫的端楷皆是
字體端正得狠，時常有人求他的字。又是做人極忠厚又聰明，算得一箇才
子。我們在外頭照他一樣的做人是罕得見。這箇最好了。目今青年的時候，
明日大大見功。既然這樣，晚生們也信服了。林老爹有了這樣好令郎，正
是快活。明日做了大老爹的時節，看顧看顧。豈敢說，那裡話。小弟不敢
當了。

　この場面は、初めて唐館を訪れた林家の若い通事に対して、長崎滞在中の
中国人が「まだ勉強中ですね」と声を掛けたのに対し、年長者である当番の
唐通事が答え、若い者は書物を読んで勉強することと唐話を学ぶこととを早々
とやめてしまううえ年長者を敬う気持ちも欠けていると、最近の風潮を嘆い
た後で、それにひきかえ林家の子息は、詩、唐話、文章、書どれをとっても
良く出来た人物であると称賛している。内容のポイントは、「本分」「批判」
「称賛」「勉学」である。このポイントを踏まえると、『唐話纂要』では、次に
挙げる問答が同一の事柄を扱っていると言えるだろう。

③-2.『唐話纂要』における「現代人に対する意見─勉学」（1）

我聽說你近來學業大進，而詩也做得好，文也做得妙。你尚青年，怎恁地
大奇。異日必有法跡。欽羨欽羨。
豈敢好說。我雖為學，爭奈生性愚鹵，至今未有所曉。中心只是不快。安
如長兄所言。真個慚愧了。

③-3. 『唐話纂要』における「現代人に対する意見―勉学」（2）

方今天下學問大作，庶幾聖人之道行矣。日後興頭預先可知焉。
我也曉得。如今人或大或小皆要讀書，因在街上尋曾看來揣書在懷裡走來
走去的。這都是先生屋裡去請教的哩。還有一種那豪富人家子弟們，也掙
得衣飯受用。眼見得与旧日大差懸絕，而況日後興頭自然不比說了。

③-4. 『唐話纂要』における「現代人に対する意見―武士の本分を説く―賞
　　賛と批判」（3）

如今天下武夫皆能勤謹。若伏事主公有餘力，則不管怎的便在空地裡跳出
來，或走馬射弓，或刺鎗使棒，直恁演習武藝，而打熬氣力，比前年大不
相同了。
說得是。而今的武夫真是武家人。前年的武夫便是兒女輩。豈可一例相論。
近來有尋少武夫弓馬熟閑兵法精通者，更兼打拳使脚等事亦都點撥其端
正。而能半拳打死人，一手摸活人。其實非同小可了。但前年的武夫偏愛
吹弾歌舞等沒要緊的事体，而竟忘了自家本等的正事。今後這般之徒必當
抱頭鼠竄的躲避了。我落得滿腔快活起來哩。

③-5. 『唐話纂要』における「現代人に対する意見―若者の本分を説く―賞
　　賛と批判」（4）

而今的後生家果然個個老成，決不似我們後生時節為人。我曾看見目下這
些後生，年紀纔十七八，便能問答官府，像個中老的人一般。不是我們十
七八歲時，正做頑皮，而竟不怕爹娘打罵，或者与人撲交，或者与人相惱，
十分撒潑，因此直恁的做世廢料。東也不是，西也不是，而無地了。如今
的後生既如此老成，前程必有大福，可羨可羨。
先生緣何這般說。小弟的論頭與先生相反。我看目今的後生家，大半為人
狡滑，所以能問答官府，而老人家一般。先生後生時節，天下人比如今還

是安樂，故人人無事，各各放心。那二十來歲的人尚自與小孩兒做一般頑皮，真個放蕩不過。雖則如此，倒得秉性扑實，更不似方今後生直這般巧言令色，而問答於官府。若把今之後生認為老成，而謂前程有大福，則天下人誰不老成，誰無大福。先生原來有見識的，怎見不到這個田地哉。

③-6.『唐話便用』「現代人に対する意見—役人の本分を説く—批判」

　多謝先生枉駕。小人久失拜候，欠情不少。只是同僚道裏病人多，教我們不病的五六個人，或者代他當日，或者換他直宿。這幾日弄得我每晝夜慌忙，雖鐵石身軀也有些難熬。豈不是大悔氣。先生可憐小人則個。
　答。胡說。我曉得當日直宿，或者喫酒，或者下棋，自在遊樂，恰如玩耍去一般。你們有這個職事，錢粮也不少，許多家口安坐飽食。雖整日直宿，有何話說，況且你身上有病，教同僚代你，同僚有病疾，你也該代他。這是一定之理，悔什麼氣，却教我可憐你。怎的你不是見那命不好的，或者精通武藝，或者善為文章，各自負其才，而不能為時用，未始片刻安妥。此等之人真是可憐。你們才力也只是平常，因是命好，補着這個職事，得了這個錢粮。依我看起來，便是天大的造化。你自斟酌，切不可驕矜忘本。人可瞞天不可欺。小心小心。

　③に挙げたように、現代人にとっての大事や現代人に対する批判を述べるとき、唐通事テキストでは唐通事という仕事と生活に深く関わりのある具体的な事柄を挙げているのに対し、岡島冠山のテキストでは日本人知識人の生活と仕事に関わりのある具体的な事柄が挙げられている。つまり、『訳家必備』では何かにつけ触れられる唐話に関する点が、『唐話纂要』と『唐話便用』には一切ないという点に、両者の違いは顕著である。
　また、唐通事が唐通事を目指すべき子弟に説いた教えには、必ずといって金銭的な内容が含まれている。次に一例を挙げよう。

　常言道、有錢可以通神、無錢隔壁聾。這兩句話正真説得體貼了。手裏有

了銅錢、無論大事小事、都做得像意自由自在、沒有什麼罣礙。死得也活得來、活得也死得來。儞把銀子放光的時節、憑儞有權有威力的大官府、得使也是自家的奴才一樣他走。銀子的神通是廣大得緊。[17]

　このように、唐通事のテキストにはお金の価値に重きを置いた記述が見られる。唐通事の子弟教育においては、唐通事として立身出世することと金銭的な豊かさとを直結させて、唐通事の本分である唐話の学習がいかに大切であるかを、子弟達に説くことが常であった。『便用』の「諸般貸借説話」には金銭の貸し借りをテーマとした会話が収録されてはいるが、金儲けを重視した内容ではない。岡島冠山の唐話資料全般を通じて、お金が大事だということを意味する語句は見当たらない。唐通事の唐話では語られていたが、岡島冠山の唐話では語られなくなった内容である。

　同一の事柄やテーマが、唐通事テキストと岡島冠山のテキストでは、それぞれどのように語られているかを、３つの場面を取り上げ羅列し対照した。

　唐通事の唐話テキストは、唐通事の立場から事柄を捉えているのに対し、岡島冠山の唐話テキストには、唐通事の観点であると限定できる記述は一切なく、日本人知識人の立場から事柄を捉えている。それぞれのテキストの使用者の違いが、内容に反映されているといえるだろう。

　また、語彙の種類が統一されており口語資料としての性質をよく反映していると考えられる『訳家必備』に比べ、『纂要』と『便用』は唐通事が日常的によく使用していた語彙とは異なる語彙が用いられ、より文言の使用が多く、語彙が豊富であるという点を確認することができた。使用する語彙の違いは、『訳家必備』の文体と『纂要』『便用』の文体との違いでもある。以下より、語彙や文体が異なることを示すために、本来の意味である唐通事の唐話は唐話、岡島冠山と関係する唐話は「唐話」と表記する。

17）木津 2000b より。引用箇所を含むエピソードは、「銭が有れば神通力」というタイトルが付されている。

3．岡島冠山の「唐話」と荻生徂徠の「華音」「華話」「華語」

　長崎の唐話を熟知していたと考えられる岡島冠山が「唐話」と題した書物の「唐話」は、なぜこのように唐通事の唐話と異なっているのであろうか。
　岡島冠山が初めての「唐話」書である『唐話纂要』を出版した享保元年は、訳社の講師として荻生徂徠らに「唐話」を講じ、蘐園の学者達との繋がりが強い時期であったと考えられる。訳社は、正徳元年（1711）に結成され享保9年（1724）頃まで続いた「唐話」の勉強会である。荻生徂徠の周りには長崎出身で唐話に長けた人物が何人かいたようだが、岡島冠山もその一人であった。荻生徂徠の書き残したものの中に、岡島冠山の姿を垣間見ることができる。

　　　不佞甞與諸善華語者。石鼎菴。鞍蘇山。及所偕岡生相識[18]。
　　　不佞茂卿之於香國禪師。曩者從友人田省吾所。稍稍獲覩其所論著叙記偈頌。及它雑事。心已慕説之也。嗣乃偕崎人岡玉成。一趨品川精舎。實始接其未采[19]。

　徂徠の門人による岡島冠山評には厳しい見方もあるが、唐話に関しては荻生徂徠の信頼を得ていたのだろう、岡島冠山は訳社の「訳士」として「唐話」の教授に当たった。

　　　譯家學。果有當於道邪。古昔王者有事於四夷。四夷以世王於中國。迺有以寄象狄鞮譯。供其識鴻臚之館。輶軒之前者。非士大夫所事事也。果又當於道邪。東音之流傳於今。豈盡盎山氏之遺哉。而士大夫所誦讀以淑已傳人者。壹是皆中國之籍。籍亦無非中國人之言者。是同人所爲務洗其鴆。

18）『徂徠集』巻之二十九「與香國禪師」。
19）『徂徠集』巻之九「香國禪師六十叙」。

190　第二編　岡島冠山と唐話

以求如彼楚人之子處身於荘嶽間者也。茲與井伯明。及舍弟叔達。結社爲會。延崎人岡生爲譯師。會生補國子博士弟子員。就舍其宅中[20]。

　ここで述べられているように、中華の書物を正しく読み解き訳すためには、音読を学ばなくてはならないという考えから、荻生徂徠らは訳社を結成し岡島冠山から定期的に教えを受けた。荻生徂徠が「唐話」を学んだ動機を、もう少し見てみよう。

予嘗爲蒙生定學問之法。先爲崎陽之學。教以俗語誦以華音。譯以此方俚語。絶不作和訓廻環之讀。始以零細者二字三字爲句後使讀成書者。崎陽之學既成乃始得爲中華人而後稍稍讀經子史集四部書勢如破竹。是最上乘也[21]。

　ここで述べているように、荻生徂徠は学問の方法としてまず崎陽の学を習得した。その目的は、「俗語」を知り「華音」で発音し、日本の「俚語」で訳すことによって、「和訓廻環之讀」すなわち和語でもって訓読し書き下し文を作ることを絶対に避けるためであった。また、次のようにも述べている。

此方讀字有音有和訓。和訓又與和歌語俚語不同。而以音讀之大覺高遠艱深。遠於人情。以和訓讀之。迺覺其平易。近於人情。更換以俚語念益平易。所而其殊如此者皆聲響同一字使。不啻此焉。如華人於其語亦皆義由音響而殊也。此方學者誤會聖賢之言皆多此累。予近學華音識彼方俗語而後所見念轉平易。由此推之仁齋所誤亦未免此耳[22]。

　ここでも述べられているように、中国の古代より伝わる書物の数々を正しく読み解くための手段として「華音」を学び「俗語」の知識を身につけるこ

20）『徂徠集』巻之十八「譯社約」。
21）『譯文筌蹄』「題言十則」。
22）『蘐園随筆』巻之二（関西大学図書館長澤文庫所蔵のテキストを参照）。

とに着目し、その点が欠けているために、伊藤仁斎には誤りが多く見られるのだ、と指摘している。荻生徂徠には、中国の書物を理解するには、中国の言葉で読み解くことが不可欠であるという信念があったのだろう。

このように、荻生徂徠は崎陽の学を習得するために、訳社を結成し長崎出身であり唐話を能くした岡島冠山の教授を受けたが、唐通事の唐話に関しては、次のように述べている。

> 蓋余自斅華音。則稍稍聞崎陽有國先生者。其聲藉甚也。乃意獨以是特譯士師耳。夫崎陽夷夏之交海舶之所來集萬貨環奇之湊。而我五法之民廢居射利者萃者焉。爲甲于海内。祗其物産異土。言語異宜。譯士爲政邪。譯士之富又爲甲于崎陽。夫利之所嚮。聲譽從之。夷焉彈舌是習。沸唇是效。何有乎道藝。華焉明審啌嘡。哳喉齒腭亦何有乎道藝。苟足以立乎龍立乎龍斷龍斷之上。辯知乎異方互市嘔啞之音。是謂之業之成。師以此而爲師。弟子以此而爲弟子。若國先生者亦唯以此而豪舉乎一鄉也。是何足尚哉。已又從其門人岡玉成游。則稍稍得聞其爲人也。嶔嵜岑崟。落落穆穆。視利若汚。聞名若驚。自其重丱。足不躡官府者。五十年一日也[23]。

ここで荻生徂徠は、「國思靖」すなわち上野玄貞の高潔な人格を高く評価しているが、同時に徂徠の唐通事に対して抱いている思いや価値観が述べられている。名声とは富のあるところに生じるものであり、富を得るためであれば唐通事は「夷のごとき弾舌これ習い、沸唇これ効う」すなわち「外国人のように舌を弾き唇を震わせ」、「華のごとく啌嘡を明審し、哳喉齒腭」すなわち「中国人のように口の動きをはっきりとさせ」るが、そんなことが道藝と言えるであろうかと述べている。富や名声を恣にせんがため習得された唐通事の唐話を、荻生徂徠はけっして認めてはおらず、習得すべき言葉と見なしてはいなかった。荻生徂徠が「華音」「華語」あるいは「華話」と称し、熱心に学んだ言語と、唐通事の本領とする唐話とは同じものではなかった。古代

---

23)『徂徠集』巻之八「國思靖遺稿序」（正徳四年冬十月）。

192 第二編 岡島冠山と唐話

の書物の読解のために「華音」を学んだ荻生徂徠と、貿易を成功させるために中国人と互角に渡り合うために唐話を学んだ唐通事とでは、習得すべき対象が明らかに異なっていたのである。

　ただし、儒学者の中には、荻生徂徠と同時代を生き、親しい間柄でもあった雨森芳洲のように、唐通事の唐話を学習の対象とした人物もいた。雨森芳洲は、対馬藩の儒学者として、韓国人との比較を通じて中国の書物を読む上での日本人の欠点や学ぶべき点に言及したが、やはり訓読に頼るのではなく、音読が大切であるという考えを持っていた。

　　　書莫善於音讀。否則字義之精粗詞路之逆順何由乎得知。譬如一助語字。
　　　我国人則目記耳。韓人則兼之以口誦音讀。故也較之於我国人大差。
　　　凡欲学音讀者。必先熟通唐話。能知唐話之體如何。国語之體如何。此為
　　　要緊。直言之与反言其體之差也不啻黒白[24]。

　このように雨森芳洲は音読を学ぶ者はまずは唐話を学ばねばならないという考えを述べ、唐話に関しては次のように述べている。

　　　余用心唐話五十餘年。自朝至夕。不必廃歇。一如搏沙。難可把握。七十
　　　歳以上畧覺有些意思。也是罋上之毛了。二三子用工亦當如此。
　　　通詞家或曰。唐音難習。教之當以七八歳為始。殊不知。七八歳則晩矣。
　　　非從襁褓中。則莫之能也[25]。

　50年余り学んでもなお習得できていないと述べたうえで、唐話学習の困難さを説き、発音を習得するには襁褓を外さないうちから学び始めないことにはいけないという唐通事の言葉を引いている。

　また、口頭語と書面語の違いに対する認識を、次の言葉から知ることがで

---

24) いずれの引用も『芳洲先生文集』「音讀要訣抄」（関西大学東西学術研究所資料集刊
　　11-2『芳洲文集　雨森芳洲全書二』所収、1980年）。句点は筆者による。
25) いずれの引用も『橘窓茶話』（同注24）。句点は筆者による。

江戸時代の唐話資料における文体の変容——岡島冠山の唐話テキストを中心に—— 193

きる。

> 或曰。學唐話須讀小説可乎。曰可也。然筆頭者文字口頭者説話。依平家
> 物語以成話人肯聽乎。
> 我東人欲學唐話。除小説無下手處。然小説還是筆頭話。不如傳奇直截平
> 話。
> 傳奇即嘴上話。學唐話者朝夕誦習可也。若要做文字當由小説此亦不可廃
> 也。若大文字不在此例[26]。

　このように、雨森芳洲は口頭語を学ぶには、書面語の文字を追うのではな
く、小説を読むべきであるということ、口頭の言葉で語られる伝奇が恰好の
教材であり、朝晩朗誦すべきであるということを述べており、習得には時間
と労力を費やさなければならないと考えていたと分かる。また、唐通事の唐
話学習を参考にしていた様子を伺うことができる。
　雨森芳洲は荻生徂徠同様に音読の必要性を説いているが、実践の仕方と唐
通事の唐話に対する意識とが、徂徠とは異なっていたと言えるだろう。二人
の違いは、対馬藩儒として朝鮮外交に携わることとなった雨森芳洲が、朝鮮
の人びとと直接取り交わす文書を作成することや、朝鮮通信使との意思の疎
通や応酬という具体的な使命を帯びていたこととも関係しているのだろう。
現に長崎で実用の語として用いられていた唐話という語ではなく、「俗語」「華
音」などの語を用い書物を相手とした荻生徂徠と、人間を相手とした雨森芳
洲との違いであると言えるのではないだろうか。

4. まとめ

　『唐話纂要』をはじめとする岡島冠山の唐話テキストは、訳社のために作ら

26）いずれの引用も『橘窻茶話』（同注24）。句点は筆者による。

194　第二編　岡島冠山と唐話

れたテキストであるとされる[27]。『唐話纂要』が出版された年は、訳社が結成されてから5年目であり、活発に活動していた時期であると考えられる。訳社が終焉を迎えるまで、『唐話纂要』がテキストとして用いられていた可能性は十分にあるといえるだろう。

　ただし、『訳家必備』における唐通事の唐話との比較から得られた相違点に明らかなように、『唐話纂要』は岡島冠山によって長崎の唐話の知識だけをもとに編集されたものではない。『唐話纂要』の完成には、荻生徂徠の言語観の介入の有無を考慮に入れる必要もあるのではないだろうか。

　すでに確認したように、岡島冠山のテキストと唐通事の唐話テキストには話題として取り上げられている内容の面にも、用いられている言語の面にも相違が見られた。唐通事の唐話とは明らかに異なっているにもかかわらず、『唐話纂要』『唐話便用』などのように「唐話」と題されたのは、土台となっている言語が唐話であることを物語っているのであろう。しかし、本来の唐話そのものではなく、日本の知識人向けの「唐話」、さらに言えば、荻生徂徠ら古文辞派向けの「唐話」に作り変えられているのではないだろうか。一般に唐通事の唐話テキストには訓点や日本語訳は付されない[28]。岡島冠山のテキストには、訓点が施され、訳が与えられているが、訓読による書き下し文は与えられていない。このテキストの体裁じたいが、荻生徂徠の「和訓廻環之讀」を回避する姿勢に合致していると言えるが、言語そのものも荻生徂徠が目指した言語に沿って変化しているのではないだろうか。

　荻生徂徠が目指した古文辞は、次のように簡潔に述べられている。

　　學者既到能讀海舶來無和訓者田地。便當讀古書。古書是根本。譬如據上
　　游。登泰山絶頂。眼力自高。胸襟自大。後世百万卷書籍。皆他兒孫都不
　　費力。何則古書語皆簡短。後世文辭皆冗長。簡短者。當加多少言語助字。

27）石崎 1940。
28）貿易業務に関係するテキストや幕府に提出するための公文書の書き方を教示したテキストには、「和解」が付されているものもある。

義始通。冗長者。芟去其多少言語助字。乃成古辭。此其大略[29]

　少ない文字で多くを意味している古文には、適当に語を補い、冗長で無意味な文字も含まれている後世の文からは、適当に語を削ったものが、古文辞であるとする荻生徂徠の考えが、『唐話纂要』や『唐話便用』に何らかの影響を与えたのではないだろうか。

　唐通事の唐話から岡島冠山の唐話への文体の変化を解明するには、荻生徂徠が理想とした言語との関連を明らかにする必要があると言えるだろう。

29）『譯文筌蹄初編』巻首。

『唐話纂要』の「三字話」

1．はじめに

　江戸時代を通じての唐話の様相全体を把握するには、唐通事にとっての実用された唐話と『唐話纂要』を嚆矢とする一連の書物に示された知識としての唐話のいずれをも含めて考える必要がある。

　唐話は、本来は長崎の唐通事が自らが話す中国語を称した呼称であり、唐話は長崎で学ばれ用いられていたと考えられる。岡島冠山によって『唐話纂要』が編纂され出版されたことから、広く世の中に唐話が知られることとなったが、岡島冠山の唐話には、同じ中国語であるとはいうものの、長崎唐通事の唐話とは異なる点が見られ、唐通事が唐話と称したものとは違うものであったようである。

　狭義に解釈すれば唐話は唐通事が実用した唐話だが、広義に解釈すれば江戸時代に唐話であると看做されたものが唐話であったと考えられ、口語体の書面語である白話に対する理解を助け、江戸時代の文芸や学問に影響を及ぼしたものは、狭義、広義を問わず、唐話の知識であった。

　筆者は、岡島冠山の唐話資料は、広義の唐話ではあるが狭義の唐話に近い位置にある中間的な資料として位置づけている。『唐話纂要』『唐音雅俗語類』等の一連の資料は、荻生徂徠らが中心となった訳社での唐話講習を踏まえて出版されたものだと考えられるが、岡島冠山の存在なくしては出版されることはなかっただろう。岡島冠山の唐話資料を特別扱いする必要はないかもしれないが、時代的に見れば、岡島冠山以降唐話の存在が日本人の間に広まり、白話として日本の文芸、学問の世界に吸収されたという見方をしており、岡島冠山編纂の一連の唐話資料は、唐話が唐通事占有の言葉から江戸時代の日本人共有の知識としての言葉となるまでの過程の中間的な存在として位置づけることができるだろう。この考えに基づき、岡島冠山の資料で唐話として取り上げられている言葉やその日本語訳から、江戸時代の日本人が捉えた唐

話の原点を見いだす手がかりを探っていきたい。

　岡島冠山の名前と唐話という呼称を冠せられて出版された資料には、どのような共通点と相違点が見られるだろうか。本論は、岡島冠山の唐話資料における三字話に焦点を当て、『唐話纂要』を中心に三字話がどのような語で構成されているかを整理し、「唐話類纂」及び『唐話便用』との語句の一致状況を調査し、岡島冠山の資料における三字話、また唐話資料における三字話というまとまりの持つ意味を知るための基礎作業を行う。

２．冠山資料に見られる異質性

　岡島冠山編著の唐話資料は『唐話纂要』（享保元年（1716）初版5巻5冊、享保3年（1718）6巻6冊）以降、『唐音雅俗語類』『唐訳便覧』（享保11年（1726））、『唐話便用』（享保20年（1735））等が出版された。岡島冠山は享保3年（1718）に亡くなっており、それ以降に出版された書物は、生前に準備されていたものが死後に出版されたということになる。また、出版されてはいないが、訳社で講義、学習された唐話を記述した資料として「唐話類纂」（写本）がある[1]。「唐話類纂」と『唐話纂要』『唐音雅俗語類』『唐訳便覧』の語句の一致状況を見ると、「唐話類纂」の二字話と『唐話纂要』の二字話、「唐話類纂」の四字話と『唐話纂要』『唐音雅俗語類』の四字話、「唐話類纂」の五字話及び六字話と『唐話纂要』の五字話六字話、「唐話類纂」の五字話と『唐訳便覧』の五字話とに、高い語句の一致状況を確認することができる[2]。

　ところが、高い一致状況から互いの関連がよく現れている二字話、四字話、五字話、六字話に対して、三字話は状況が異なる。『唐話纂要』と「唐話類纂」『唐話便用』の三字話の一致状況を表にすると以下のようになる。

1）太田 1989は「唐話類纂」から訳社での講義風景を捉えた論考である。
2）本書第二編、231-245頁。

198 第二編 岡島冠山と唐話

表1 「三字話一致語」

三字話の収録数が最も少ない『唐話纂要』の三字話で、「唐話類纂」『唐話便用』の三字話にも含まれているものを、『唐話纂要』の羅列順に示した[3]。

唐話纂要（69個）	唐話類纂（35個）	唐話便用（46個）
意思好	／	意思好
那裡去	／	那裡去
好造化	／	好造化
沒体面	／	沒体面
自讚自	自賛自	／
先不先	先不先	／
動不動	動不動	／
看不看	／	看不看
差不尹	差不多	／
不曉得	不曉得	／
不曉事	／	不曉事
果然好	／	果然好
不妥貼	不妥貼	不妥貼
沒奈何	沒奈何	沒奈何
沒搭煞	沒搭煞	／
央摸著	央摸着	／
不在行	不在行	不在行
不濟事	不濟事	不濟事
做什麼	做什麼	／
怎麼處	／	怎麼處
有事情	／	有事情
來不企	／	來不企
扯破了	扯破了	／
一齊去	／	一齊去

3）『唐話纂要』の羅列順に示しているが、『唐話纂要』の三字話は、意味の近い語句や形の似ている語句が連続している箇所もあるが、無表示で語句が羅列されており、その順序になんらかの明確な基準を見いだすことは難しい。

後頭來	／	後頭來
拿烟來	拿煙來	／
拿茶來	拿茶來	／
灑灑茶	□□茶	／
沒相干	沒相干	／
熱得緊	／	熱得緊
冷得緊	／	冷得緊
不要慌	不要慌	不要慌
丟掉了	丟掉了	丟掉了
當不起	／	當不起
定他做	／	定他做
不耐煩	不耐煩	／
不喜歡	不喜歡	／
不敢當	不敢當	／
將就些	將就些	／
不大好	不大好	不大好
用不着	用不着	用不着
打磕捆	／	打磕捆
用不了	／	用不了
錯過了	錯過了	錯過了
但憑你	／	但憑你
名声好	／	名聲好
喫他罵	／	喫他罵
老臉皮	老臉皮	／
想不出	想不出	想不出
寫不來	／	寫不來
巴不得	巴不得	／
有私畜	／	有私蓄
大干係	／	大干係
有手段	有手段	／
難為人	／	難爲人
不容易	／	不容易

肯不肯	肯不肯	／
是不是	是不是	／
幾時來	／	幾時來
不肯降	／	不肯降
沒氣力	沒氣力	／
會騎馬	／	會騎馬
當東西	／	當東西
趕衣飯	／	趕衣飯
夢寐好	／	夢寐好
呆物事	／	呆物事
不肯讓	不肯讓	／
休東西	／	／
貴起來	／	貴起來
賤起來	／	賤起來
查查看	／	查查看
搜出來	搜出來	／

　『唐話纂要』「唐話類纂」『唐話便用』のそれぞれに三字話として収録されている語句の一致状況は、表１に示したとおりである。『唐話纂要』には476個の三字話が収録されており、そのうち「唐話類纂」と一致する語句は35個、『唐話便用』と一致する語は46個（三資料ともに一致する語は10個）である。特に、「唐話類纂」との一致状況に注目すると、「唐話類纂」の二字話及び五字話、六字話の８割以上が『唐話纂要』の二字話及び五字話六字話と一致し、「唐話類纂」の四字話はそれよりやや一致する割合は小さいものの、配列順も含めて高い一致状況が見られるのに比べ、三字話の語句に関しては低い一致状況であると言うべきである。

　さらに、『唐話纂要』と「唐話類纂」で一致する三字話に付された日本語を表に示すと次のようになる。

『唐話纂要』の「三字話」 201

表2 「一致三字話日本語対照」

三字話	「唐話類纂」	『唐話纂要』
自讚(賛)自	なし	自分ニ自分ヲホメル
先不先	ドウデモト云意又ソレハソレデモマヅコウシタ証拠ガアルトイフトキノマヅ也先ヅコラヘノ時ノマヅハ又且字也我先不先那裡去你不必得	先達テ
動不動	ウゴクカ動ヌカ又ヤヤモスレバノ意　今年動不動多雨	ヤヤモスレバ
差不多	ヲヲカタナ是トアレトチガワヌトキ云也	ヲフカタ
不曉得	シラヌ	シラヌ
不妥貼	落ツカヌ　埒アカズ	ラチガアカヌ
沒奈何	セツコトモナイ	シャウコトガナイ
沒搭煞	ラシモナイ又キタナイ	ラチモナヒモノ
央摸着	大体十人ノコト一的人ノヒト	シロフト
不在行	フカウシャ　トクマワシ不調法ナコト	フカウシャ
不濟事	ヤクニタタヌ	ラチノアカヌモノ
做什麼	ナニスルゾ	ナニヲナスカ
扯破了	ヒキヤブル	ヒキヤブッタ
拿煙來	なし	タバコモテコイ
拿茶來	なし	チャモテコイ
灑灑茶4)	茶ツゲ	チャヲツゲ
沒相干	用ニタタヌモノ	ヤクニタタヌ
不要慌	ワルイコトスルナ	アハツルナ
丟掉了	ステルコト5)	ステタ
不耐煩	コラヘラレヌ	心モチガワルイ
不喜歡	スカヌ　ウレシウナイ	スカヌ

---

4)「唐話類纂」の原文は「灑」ではなく「[西麗]」と書かれている。

5)「唐話類纂」の原文ではこの上に「豁掉了ステルコト」とあるのに続けて、「同」とある。

不敢當	時宜ノコトハ何カ　モッタイナイト云様ノコト	イタミ入ルト云意
將就些	大体ナコト　ソレハヨイカト問タ□大体デゴザルト云時云フ差多少ト心少異也	オフカタナ
不大好	アマリヨウナイ	アマリヨクナヒ
用不着	なし	ヨウニタタヌ
錯過了	ユダンシテ居タ	アヤマッタ
老臉皮	ヨイツラノカハ	ツラノカハガアツヒ
想不出	なし	オモヒイダサヌ
巴不得	ドウモナラヌドチラヘドウシテモト云トキドウシテモノ話見	ドフシテモ6)
有手段	テナミガアル	テナミガアル
肯不肯	なし	ガテンカガテンデナヒカ7)
是不是	ソウカソデナイカ	尤カ尤デナヒカ
沒氣力	病後ナド力ノナイコト	力ガナヒ
不肯讓	マケヌコト　買モノナド	マケヌ
搜出來	なし	サガシ出ス

　『唐話纂要』と「唐話類纂」の一致する三字話に付されたそれぞれの日本語による意味や説明は、極端な相違点はないとはいえ、そこに積極的な共通点を見いだすこともできず、両者の関係性を決定づける要素が見当たらない。

　『唐話纂要』と「唐話類纂」、あるいは『唐訳便覧』『唐音雅俗語類』の三字話以外の文字数により分類された語句と比べて、語句の一致状況という点で三字話は他と非常に異なっており、語彙から資料間の関係性が読みとれない。写本である「唐話類纂」の二字話からは、訳社における唐話講義の情景も読みとることが可能だが、それはいっぽうで『唐話纂要』と一致する語が多いことによって「唐話類纂」と訳社との繋がりが保証されているからこそ言え

6）『唐話纂要』の原文ではこの上に「少不得ドフシテモ」とあるのに続けて、「同上」とある。

7）『唐話纂要』の原文ではこの上に「准不准ガテンカガテンデナヒカ」とあるのに続けて、「同上」とある。

ることなのだとも言い得るだろう。したがって、語句の一致が少ないという点は、『唐話纂要』や訳社との関連が弱いことを示す一面として捉えることができ、その点において『唐話纂要』をはじめとする岡島冠山の資料における三字話は異質であると言えるだろう。

3. 『唐話纂要』三字話の組み合わせ

　現代中国語に関し、荒川2015は「動詞と名詞の自由な結びつきを追求していくとどうしても三文字か、それ以上になってしまうのである」と指摘する[8]。また、荒川2015は、現代中国語は三文字のまとまりで学ぶことによって基本的な文法ルールを学ぶことが可能であると述べている[9]。つまり、中国語の基本文法や語の使いかたをひととおり学ぶことのできる最小の単位が三文字のまとまりであるということであるが、同じことは狭義の唐話にも当てはまるということが、『唐韻三字話』によって示されていると言えるだろう[10]。

　それは、広義の唐話にも当てはまることだろうか。ここでは、『唐話纂要』の三字話における文法的な成分の組み合わせという視点から、中心となる語が動詞、形容詞、名詞の場合、それぞれ前後にどのような品詞あるいは文法的成分が組み合わされているかに基づいて分類し、三文字によって組み合わせがどのように広がっているかを確認したい。動詞、形容詞、名詞を中心となる語と見なすことが必ずしも適当ではないと思われる三字話についてはその他として提示し、併せて全体像を見ておきたい。

1．中心となる動詞を含むもの
1-1．動詞（述語）＋名詞（目的語）
1-1-1．様々な一字の動詞
裝体面　破錢鈔　壞体面　取便宜　學唐話　搬房子　租房子　誤大事　偸東西　撰金子

　8）荒川2015、31頁。
　9）荒川2015、32頁。
　10）本書第一編で『唐韻三字話』の初歩的な分類を行った。

受苦難 折本錢 熾炭火 陳好事 説歹話 插雙刀 刺長鎗 使長刀 唱曲兒 送人情
送賄賂 尋門路 生兒子 生女兒 當東西 趕過活 趕衣飯 絆俗務 在貧路 估價錢
還價錢 講價錢 打秋風 打関節
做生活 做主張 做買賣 做戲法 做戲文 做舞戲 做媒人 做氷人 但憑你

1-1-2. 「有」

有事情 有來因 有胆略 有禮數 有私畜 有過活 有破綻 有手段 有忠義 有好音
有善報 有討價

1-1-3. 様々な二字の動詞

看顧我 救濟他 擡舉人 報知我 通知你 氣苦人 唾罵人 安慰人 撫慰人 足奉人
諂事人 恭敬人 齎發他 厭殺人 嚇殺人 愁殺人 違避你 相助你 相幫你 看顧我
幫襯我 幫助你 飯服你 投降你 奸詐人 見怪你

1-2. 名詞（主語）＋動詞（述語）　病兒了 飲食進

1-3. 名詞または代詞（目的語）＋動詞（述語）

這裡坐 別處去 後頭來 那廂坐 這廂坐 個裡來 東廂去 西廂來

1-4. 疑問詞＋動詞

那裡坐 怎麼處 幾時來 緣何來 為其去

1-5. 名詞（主語）＋動詞（述語）＋名詞（目的語）　你裝烟

1-6. 接頭辞＋動詞　打瞌睡 打磕捆

1-7. 助動詞＋動詞

1-7-1. 「會」會說話 會打拳 會騎馬 會弾絃 會打鼓

1-7-2. 「要」要梟首 定要來

1-7-3. 「不要」不要去 休要炒 不要等 不要等 不要慌 不可賴 不要管

1-8. 副詞を伴うもの

1-8-1. 「不」

不采他 不理你 不饒你 不勉強 不容納 不見外 不記得 不過意 不喜歡 不中意
不應答 不脱手 不落手 不動問 不罷休 不消説 不比説 不必講 何必去 不肯降
不肯賒 不肯讓 久不見

1-8-2. 「沒」沒下落 沒着落 沒信行 沒撰錢 沒索價

1-8-3. 「未」未上手

『唐話纂要』の「三字話」　205

1-8-4.「未曾」未曾見　未曾來　未曾去

1-8-5. 形容詞を伴うもの　不好説　不宜講

1-9. 副詞（否定以外）＋動詞

1-9-1. 形容詞が副詞として動詞の前についたもの

好胡説　乱磕頭　大喝彩　大悚動　多虧他　老早去　快快走　慢慢去　白白送　暗暗笑

1-9-2. その他の様々な副詞

肯出力　肯納降　様生有　賭氣喫　一起走　一齊去　重新做　從新寫　倒是好　輪流
讀　胡乱寫　權且賒　暫且賒

1-10. 介詞を伴うもの

動詞を伴うもの　憑他做　由他説　同他來　同你去　替我謀

疑問詞を伴うもの　由他怎

1-11. 補語を伴うもの

1-11-1. 方向補語（目的語を伴わないもの）

丟下去　拾起來　滑起來　亮起來　硬起來　軟起來　摺起來　叫起來　貴起來　賤起來
露出來　推落去　踢下去　脱落來　捜出來　移搬去　收攏來　合攏來　領去了　躱過
了　搶了去

1-11-2. 方向補語（目的語を伴うもの）

拿烟來　拿茶來　担火來　裝火來　丟開手　擡起頭　捜開路　捜住他　抱住他　脱下馬
拔出刀　砍下頭

1-11-3. 様態補語　縛得緊

1-11-4. 可能補語

1-11-4-1. 肯定形　救得活　解得來　猜得着

1-11-4-2. 否定形

救不活　用不勾　用得勾　拿不穩　捨不得　當不起　忍不住　用不着　用不了　穿不了
想不出　讀不出　寫不來　解不出　猜不來　少不得　使不得　使得了　讀不出　買不成
估不着　查不出　捜不出

1-11-5. 結果補語

丟掉了　捏碎了　踏破了　買着了　躱開了　講和了　摽死了　捌殺了

1-12. 助詞を伴うもの

1-12-1. 動詞の直後

隱藏了 躲避了 罷休了 向着火 烘着手 走了風 下了藥 診了脉 斬了首 做了親
娶了妻 買了妾 買了奴 嫁了人 贖了身 圓了夢 倦了些 改了些 讓了些 曾去了
強買了 強賣了 相與過 錯過了

1-12-2. 動詞以外の後　和事了

1-13. 量詞を伴うもの

省用些 □些水　回些錢 合些藥 種些火 湊些錢

1-14. 重ね型

灑灑茶 捆一捆 絆一絆 關一關 開一開 估估看 查查看

1-15. 疑問詞を伴い疑問文として用いることができるもの

沒什麼 做什麼 為什麼 省什麼

1-16. 使役を表す動詞（兼語文）

央他去 顧人去 定他做 托你寫 煩你去 陶他氣 差人去 着人來

1-17. 受身（兼語文ではない）　喫他騙 喫他罵

1-18. 連動文

側耳聽 放声叫 發恨學 當面説 空口説 毒口罵 劈手搶 劈面打

1-19. 名詞以外の目的語を伴うもの

愛讀書 愛作善 惡作惡 善詩文 只推好 推不知 推有事

　　一字あるいは二字の動詞の前後に二字あるいは一字を組み合わせた三字話
は、上記のように分類した。数量的には動詞＋名詞の組み合わせが最も多く、
動詞＋補語、副詞＋動詞の組み合わせも多いが、完了を表す「了」や量詞を
伴うもの、重ね型、連動文の形も含まれており、組み合わせが限られてはい
ない。

2. 中心となる名詞を含むもの

2-1. 量詞が付くもの　賃隻舡

2-2. 副詞（否定）＋名詞

2-2-1.「沒」

沒体面 沒道理 沒天理 沒搭煞 沒東西 沒事故 沒來歷 沒相干 沒臊皮 沒規矩
沒緣由 沒胆量 沒禮貌 沒生計 沒方法 沒本事 沒氣力 沒盤纏 沒門路 沒當頭
沒下梢 沒主顧

2-2-2.「無」無恶報

2-3. 形容詞＋名詞

大成器 大廢料 好生意 老臉皮 厚面皮 現金子 呆物事 怵東西 廢物事

2-4. 疑問詞＋名詞　多少人

　動詞の後に目的語として組み合わされている名詞は、中心となる動詞を含
むものの中に示したとおりである。ここで挙げた副詞（否定）＋名詞は、副
詞「沒」の後の動詞「有」が省略された組み合わせであるが、漢字の組み合
わせの上では動詞がないため、中心となる名詞を含むものとして分類した。
形容詞＋名詞に関しては、単音節形容詞が修飾語として名詞の前につくパタ
ーンである。

3. 中心となる形容詞を含むもの

3-1. 名詞（主語）＋形容詞（述語）

華費多 風俗好 包管好 名声好 病症好 脉色好 盤費大 關係大 意思好 力氣大
世務多 夢寐好 詐計多 價錢貴 價錢賤

3-2. 副詞＋形容詞

3-2-1.「不」

不耐煩 不辨白 不通曉 不相等 不相齊 不大好　老大好 不當好 不大美

3-2-2. 程度を示す副詞を伴うもの

大富貴 大貧窮 大干係 大忠孝 大謙虚 好生熱 好生凉 真正妙 委實好

3-2-3. 様々な副詞

果然好 仍旧好 依旧疼 仍然好 依然好 當真好 只怕遲 恐怕早 恐其早

3-3. 補語を伴うもの

熱得緊 冷得緊 嚴得緊 凉得狠 凉得緊

3-4. 助詞を伴うもの

3-4-1.「了」端正了 尚早了 忒大了

3-4-2.「地」平白地 搶白地

3-4-3. 全体で名詞となるもの

3-4-3-1.「人」正謹人 曉事人 濟事人

3-4-3-2.「的」手緊的 慳懶的 閑張事 緊要事 生硬的

3-4-3-3. その他 實落話 典身錢

　形容詞が副詞的な働きをしているものは、中心となる動詞が含まれるものの中で取り上げた。形容詞が述語として用いられる場合は、すべて一字の形容詞であり、形容詞の前に副詞を伴った形は見られない。形容詞の重ね型は、中心となる動詞が含まれるものの形容詞が副詞として動詞の前についたものとして取り上げた。

4. その他

4-1. 反復疑問 是不是 看不看 准不准 肯不肯

4-2. 近い将来を表す 就要去 就要做

4-3. その他

決不肯 不敢當 不能勾 為人好 難為人 不為你 央摸著 將就些 決不敢 千万你 肯為你 再不可 沒有了 撩天話 自讚自 去了來 巴不得 難信徒 說是好

　上のその他では、構文や三字のまとまりの強いものや、動詞、名詞、形容詞を中心に分類した場合に取り上げにくいものを挙げた。

　上に示したように、三字の組み合わせは、二字では成し得ない組み合わせや表現し得ない意味を示すことが可能である。三字の組み合わせは多くがフレーズであり、独立した文としては不足している部分があるが、独立していないがゆえに、さらに語を組み合わせることが可能であるともいえる。たとえば、『南山俗語考』の六字、九字、十二字の語句は、三字からなるフレーズを組み合わせたものであるが、その切り離された三字フレーズが『唐韻三字

話』に三字話として収録されていることを見れば、三字フレーズが組み合わせのきくひとまとまりとして受け入れられていたと推測できる[11]。

　ただし、『唐話纂要』には三字話が収録されてはいるものの、それらをさらに別の語句と組み合わせてはおらず、三字話の組み合わせがきくという特質が生かされているとは言えないようである。

4．狭義の唐話資料との違い

　『唐韻三字話』は、三字話を集めた資料であり、記述年代や記述者等の詳細は不明だが、薩摩藩第25代藩主島津重豪の命により刊行された『南山俗語考』（文化９年（1812））の三字話との一致や、『南山俗語考』の六字、九字、十二字の語句の一部が、『唐韻三字話』の三字話と一致する語句が組み合わされたものであることなどから、両者には何らかの関連があるのではないかと考えられる[12]。『南山俗語考』が刊行された薩摩は、唐通事養成に熱心であり、長崎に派遣して唐話を学ばせ、独自に唐話書を編纂していた[13]。『南山俗語考』の『唐韻三字話』との語句の一致は、そうした過程で起こり得たものだと考えられるだろう。『唐韻三字話』を狭義の唐話資料と位置づける所以である。

　広義の唐話資料に属する『唐話纂要』三字話と、狭義の唐話資料に属すると見なし得る『唐韻三字話』とには、以下の違いがある。

11）『唐韻三字話』と『南山俗語考』の継承関係は明らかではない点も多いが、一致状況からは無関係であるとはいいがたく、三字フレーズが組み合わせのきくひとまとまりと受け入れていたのは、『唐韻三字話』を記述、使用した人とも『南山俗語考』を編纂した人々とも言える。

12）本書第一編、85-103頁。『唐韻三字話』と『南山俗語考』の語句の一致から何が言えるのか、また両者にはどのような関連があるのかは、さらなる調査が必要であるが、筆者は、『唐韻三字話』が長崎、『南山俗語考』が薩摩という地域性から、語句の一致状況には何らかの理由があるはずだと考えている。

13）武藤 1926。

210 第二編　岡島冠山と唐話

1．数量表現

　『唐韻三字話』では量詞が豊富に用いられているが、『唐話纂要』では「些」と「隻」のみであり、「些」は動詞との組み合わせに限られ、「隻」は「舩」を数える量詞として一例のみ見られる。『唐韻三字話』の量詞の用例は次のとおりである。

一个月　是幾個　這一箇　是幾位　這半張　一把刀　這件藥　一椿貨　好幾項　一両樣
讀一首詩　這一門　摘一枝　一刃頭　一疋馬　両隻雞　一層皮　好幾等　有一坛　二三
錢　五銖錢[14]　多幾分　一百年　好半日　挨両天　笑一場　吃一口　請雙杯　進一步
露一宿　一滴児　一丟児　一塊児　一点児　一些児　一片児　一枝児　一朵児　一件児
一顆児　一把児　一枚児　半个児

2．語気助詞

　『唐韻三字話』では語気助詞が以下のように用いられている。

阿	未必阿　好獣阿　好雨阿　好詩阿　狠的阿　不來阿　多慢阿　失陪阿　力牢阿
	還多阿　拿牢阿
罷	請便罷
了	告別了　不送了　不用了　路干了
哩	又獣哩　就跑哩　話長哩　怎樣哩　完是哩
唎	下雨唎　還未唎　不要唎　歇足唎　遠労唎
囉	正是囉
里呀	來里呀
麼	曉得麼　記得麼　吃乳麼　完了麼　讀得麼　自然麼　不用麼　去了麼　在家麼
	不痒麼　明白麼　走得麼　也好麼
么	也是么
呢[15]	勾了呢

　『唐話纂要』三字話では語気助詞は「了」のみである。中国語は語気助詞を

---

14)「唐話類纂」にも一致する三字話が見られる。

15) 選択疑問を示す語句も収録されている。「多呢少」「熱呢冷」「要寫呢　不要寫」。

添えることによって独立した文として座りが良くなる場合があるが、『唐韻三字話』の語気助詞を伴う三字話は、この三字話だけで自然な中国語として使用できると言える[16]。語気助詞の種類がより豊富であることから、『唐話纂要』三字話より独立した文として使用することのできるパターンが多いと言えるだろう。

3．比較表現

　『唐韻三字話』には複数の比較表現が見られるが、『唐話纂要』では比較表現の形式は見られない。『唐韻三字話』に見られる比較表現は以下のとおりである。

好似他　貴似他[17]

不如你　不如他　不如我

勝過你

　『唐韻三字話』では三字で表現可能な比較の言い方が収録されているが、『唐話纂要』三字話では比較表現はない[18]。教科書という側面では、『唐話纂要』の三字話では比較表現に触れることはできないということになる。

4．兼語文[19]

　『唐韻三字話』にはそれ自体が使役の意味を持つ動詞「請」「叫」「教」「讓」

16）荒川 2015、32-34頁。ただし、三文字はたしかに基本的な単位ではあるが、無理に三文字に収めようとすると少し不自然になる場合もあると指摘している。

17）『唐韻三字話』にはそれぞれに日本語訳が付され、「好似他　彼ガヨウニヨイ」「貴似他　彼ガヨフニタットイ」とあるが、前者は「～のように」という意味になる場合は「好像」と同様に「好似」で「～のように」を表し、「良い」という意味は生じないのではないだろうか。この三字話はどちらも、「形容詞＋似～」の形で、「～より…」という比較の意味を表すのではないだろうか。『唐韻三字話』の三字話と日本語訳が同一人物によって同時に記述されたかどうかは不明であり、三字話を理解するうえで日本語訳をどこまで参考にすべきかの判断は難しい。

18）『唐話纂要』四字話以上では比較表現を確認することができる。

19）兼語文の受身に用いられるものは、『唐韻三字話』『唐話纂要』ともに見られない。受身には共通して「喫（吃）」が用いられている。『唐韻三字話』の用例は「吃了驚」、

212 第二編　岡島冠山と唐話

が用いられているが、『唐話纂要』三字話にはこれらの使役動詞は用いられて
おらず、「央」「顧」「定」「托」「煩」「陶」「差」「着」が用いられている[20]。い
ずれも兼語文の形をとり使役の意味で用いられているが、語彙がまったく異
なっている。

5．介詞の種類

　『唐話纂要』三字話の介詞の種類は少なく、「憑」「由」「同」「替」であり、
『唐韻三字話』は「把我看」「替我考[21]」「同你走」「和他説」「向他説」「由我説」
が用いられ、僅かな差とはいえやや多い[22]。

　『唐話纂要』と『唐韻三字話』の個々の語を比較すると、さらなる語彙の違
いは出て来るものと考えられるが、ここで示した５点は大きな違いであると
言えるだろう[23]。

5．まとめ

　現在の中国語教育でも三文字に注目した学習法が取り入れられているよう
に、中国語を二字話、三字話、四字話のように、文字数で分類する学習方法

　　『唐話纂要』の用例は中心となる動詞を含むものの 1-14 で提示している。
20）太田 1958 では、兼語動詞の使役に用いられるものとして、「叫」「使」「譲」につい
　　て歴史的に論じ、それとは区別してふつうの動詞による兼語句で使役を表す場合の用
　　例を挙げている。『唐話纂要』三字話では太田 1958 で兼語動詞の使役に用いられる「叫」
　　「使」「譲」は見られないが、「着」「央」はじめ使役性の強い動詞が用いられている。
21）これには日本語訳は付されていないが、この他の用例には「替他辞　他ニカハリテ
　　辞退スル」「替他告　他ガカハリニツゲル」「替他憂　アレガウレイニカハル」のよう
　　に「替」を「カハル」と訳している。
22）他に「朝天的」「朝上的」があり、「朝」は介詞ではなく動詞として用いられている
　　が、ここに付記しておく。
23）また、本論では『唐話纂要』に見られる「善詩文」「縁何來」のような三字話には踏
　　み込めていないが、『唐話纂要』には書き言葉的、文言的な語句や表現が含まれ、『唐
　　韻三字話』には含まれないといえる。

は、唐通事の間で実践され、中国語の音節と声調をリズミカルに身につけることができるという効果を当時の人々はすでに身をもって知っていたのだろう。特に、『唐韻三字話』と『南山俗語考』に現れた、複数の三字話の組み合わせからは、国語を習得し唐話として実用するために欠くことのできない学習法だったことも推測できるだろう。

　その形式は、唐話が唐通事の手を離れた後も引き継がれ、岡島冠山の資料では二字話、三字話、四字話、五字話、六字話のように、唐話が分類されている。ただし、四字話が二字話の組み合わせではないように、『唐話纂要』では四字以上の語句の中に三字話に分類された語句が含まれているわけではなく、それぞれに独立した存在である。『唐話纂要』を見るかぎりでは、形式こそ唐通事の学習法を引き継いでいるが、三字話の活用法は引き継がれなかったのではないだろうか。

『唐話纂要』の不均質性

――語彙の多様性についての再試論――

1．はじめに

『唐話纂要』は、長崎で唐話を学び後に荻生徂徠の訳社で講師を務めた岡島冠山（1674-1727）の編輯であり、1716年（享保元年）に5巻5冊で出版され、1718年（享保3年）に6巻6冊として出版された。書名に「唐話」と冠せられて刊行された最初の書物であると考えられ、江戸の人々に「唐話」とは何かを初めて示したといえるだろう。

唐話は、唐通事が長崎で中国人や唐通事を相手に話した中国語であり、本来は長崎以外では用いられる必要のない言葉だったが、『唐話纂要』によって広く日本人の知るところとなったといえるだろう。

ただし、『唐話纂要』の「唐話」には、編者である岡島冠山が長崎で唐話の知識を身につけたことを示す片鱗は残されているが、長崎唐通事の唐話資料の唐話とは、異なっている。異なっている点のひとつは、人称代詞や指示代詞、語気助詞といった基本的な語彙として、決まった語彙が用いられるか、それとも使用される語彙が限定的ではなく数種類に及んでいるか、という違いに起因していると考えることができるだろう。すなわち、『唐話纂要』の語彙の特徴は、多様である、つまり同じ意味を持つ語彙が限定されず複数種類用いられている点であるが、唐通事の唐話資料のうち、唐通事の日常業務が主たる内容である『訳家必備』は、複数の人物の会話で構成されており、使用されている基本語彙がとりわけ限られており、両者を比較すると非常に対照的である。『訳家必備』が唐通事の会話を記したものであり、そこに現れている特徴が会話体の特徴であると考えることが可能であれば、代詞や語気助詞の使用語彙が限定的であることは会話体の特徴の現れであると見なすことができ、『唐話纂要』の語彙の多様性はそれに反するものであるということになる。

『唐話纂要』の不均質性──語彙の多様性についての再試論── 215

　筆者は、奥村 2007 で『唐話纂要』の多様性の一因として、白話と文言のいずれも使用されている点（文白混淆）を挙げたが、全巻にわたって語彙の分布状況を詳細に見ることはせず、いくつかの語彙について巻 6 でのみ使用されていることを示すのみに止まった[1]。本章では、語彙の使用状況を各巻ごとに整理し直し使用状況から、文体の特徴について考えたい。なお、本稿の目的は、内容に左右されることなく使用される可能性の高い語彙の各巻における使用傾向を明らかにすることであるため、『唐話纂要』全巻（巻三の「常言」と動植物や物品等の名称を集めた第五巻を除く）にわたり使用されている代詞と語気助詞を主な対象とする。各巻ごとに、中国語部分のみを挙げ、代詞と疑問詞に関しては付されている日本語を注に示す。巻二以降は、初出の語彙のみ日本語を注に示す。

2．巻一「二字話」「三字話」の語彙

2.1.「二字話」

　人称代詞の単数は第三人称の「カレ」のみであり、複数は第一人称の「ワレラ」は一種類、第二人称の「汝等」は三種類、第三人称の「カレラ」は一種類である。
　　憑他／由他／隨他／我們／你們／你每／你等[2]／他們
　指示代詞は、近称が一種類であり、その他の指示代詞はない。
　　這遭／這次[3]
　疑問詞は、「誰」を意味する語が四種類、「何」が一語、「怎」を用いた語が三語である。

1）奥村 2007、23-62頁。
2）二人称複数はすべて「汝等」という日本語が付されている。
3）「二字話」で「コノタビ」という日本語が付されている語は他に今回／今番／今次／今般がある。

216 第二編　岡島冠山と唐話

阿誰／那個／甚人／何人⁴⁾／如何／怎生／怎麼／怎樣⁵⁾

語気助詞は一種類のみである。

痒了／濕了／晩了

2.2. 巻一「三字話」

人称代詞の単数は第一人称、第二人称、第三人称ともに一種類であり、複数はない。

看顧我／相幇我／看顧我／幇襯我／替我謀⁶⁾

肯爲你／同你去／托你寫／煩你去／不理你／但憑你／千万你／你裝烟／
不爲你／違避你／虧殺你／相助你／幇助你／飯服你／投降你／不饒你／
見怪你⁷⁾

由他怎／憑他做／救濟他／由他說／赶逐他／不由他／同他來／央他去／
定他做／陶他氣／不采他／搜住他／揪住他／喫他［口扁］／喫他罵／搶
白他／齎發他／迎接他／歹虧他⁸⁾

指示代詞の近称は二種類、遠称は一種類であり、いずれも場所を表す語のみである。

這裡坐／這廂坐／個裡來⁹⁾／那裡坐／那廂坐¹⁰⁾

疑問詞は「何」を意味する語が三種類、「どこ」「いくつ」「どのように」「いつ」を意味する語がそれぞれ一種類である。

4）阿誰／那個は「タレカ」、甚人／何人は「何モノカ」。
5）如何／怎生／怎麼／怎樣はいずれも「ナントシタカ」。
6）「ワレ」または「我」。
7）いずれも「汝」という日本語が付されている。
8）「カレ」または「彼」。
9）這裡／個裡は「ココ」、這廂は「コチラ」。
10）那裡は「アソカ」、那廂は「アチラ」。

没什麼／做什麼／省什麼／爲什麼[11]／甚東西／爲甚去[12]／緣何來[13]／那裡去[14]／多少人[15]／怎麼處[16]／幾時來[17]

語気助詞は一種類である。

尚早了／忒大了／沒有了／端正了／講和了／和事了

三字話は、主語の省略された構成が多いが、それだけで会話文として成立するものが大部分を占めているといえる。

3．巻二「四字話」の語彙

人称代詞の単数は第一人称、第二人称、第三人称ともに一種類、複数は第三人称が一種類である。

我要搭舩／我是淺量／和我往還／是我素望／我要出恭／我要解手／我要洗浴／我實不曉／是我年家

敬你一盃／勝似你些

他是海量／謝他一声／趕他不上／憑他去取／好似他多／強如他多／他的所長／他的所短

隱瞞他們[18]

指示代詞は近称が三種類、遠称が二種類である。

這廝大胆／那廝可惡[19]

11）「ナニ」または「何」。
12）甚東西は「ナニモノ」、爲甚去は「ナゼ」。
13）「ナゼ」。
14）「ドコ」。
15）「ナニホド」。
16）「何ト」。
17）「イツ」。
18）「彼等」。
19）這廝は「コイツ」、那廝「アイツ」。

218 第二編　岡島冠山と唐話

過舩到此[20]／除要如此／除非如此／詎知如此[21]／動問其故[22]

　疑問詞は、「誰」を意味する語が一種類、「何」を意味する語が二種類（「什麼」「甚」）、「どこ」を意味する語が二種類（「那裡」「何」）、数量を問う語が二種類、状態を問う語が一種類である。

　　誰人出首／沒什麼忙／什麼名字／省得什麼／沒甚下飯／到那裡去／

　　今日何往[23]／何處投靠／貴郷何處[24]／該銀多少／青春多少／共總多少／

　　銀頭多少[25]／共有幾人[26]／貴庚幾何／通共幾何[27]／意下如何[28]

　語気助詞は一種類である。

　　選不上了。／痒得緊了。

　四字話は三字話同様に主語のない構成が多いが、それだけで会話文として成立するものが多く含まれているといえるだろう。

4．巻三「五字話六字話」の語彙

　人称代詞の単数は第一人称、第二人称、第三人称ともに一種類である。複数は第二人称、第三人称ともに二種類であり、第一人称はない。

　　我要同你去／我多曾看來了／只管要纏擾我／休要來惹我／我竟宛轉不來

　　／不中我的意／我替你做半東／我竟不認得他／我陪不出許夛／我要偏向

　　你／我舩明日開／休要笑話我／我家的經紀人／我要和你着碁／我要打投

　　子／我要和你化拳／我要賭東道／我和你踢氣毬／我肯百依百順／我竟照

　　管不下／備細說知我

---

20)「茲」。

21)「コウ」または「如此」。

22)「其」。

23) 何は「ドコ」という意味で用いられている。

24) 何處は「何レノ処」または「ドコ」。

25)「何ホド」「何程」。

26)「幾ク」。

27)「何ホド」「何程」。

28)「イカン」。

但憑你怎麼樣／中了你的意廑／你認多少錢／你不可唆使人／你舩何日開江／你不可悔恨／你休要懦弱／你去捉他來／你不要打牌／你來和我猜三／請你一席酒

怎生他還不來／奈何他不得／久不聞他動靜／他是懵懂人／你認得他廑／他好生高傲／他愛着象碁哩／凡事要依仗他

你每不可偷懶[29]／你等休要撒撥／他每沒有牽牢／他們都是好漢

指示代詞は近称が三種類であり、遠称はない。

這都是不中用[30]／這事不宜勉強／初始聽見這話[31]／特地到這裡／在個裡頑耍／須臾在個裡等／此間響馬出沒[32]／不得不如此[33]／何必這般生受[34]

疑問詞は、「誰」を意味する語が一種類（「誰」）、「何」を意味する語が二種類（「什麼」「甚」）、「いくつ」を意味する語が一種類（「多少」）、「どのように」を意味する語が一種類（「怎生」）、また、「どこ」を意味する語を不定詞として用いたものが一種類である（「那裡」）。

誰是主告人／誰是被告人廑／誰能親眼見／什麼人併命了[35]／呆頭呆腦做甚／你贏了多少錢／未知怎生措置[36]／不知怎生區處／那裡算得數／那裡說得開[37]

語気助詞は、五語である。

可有新聞廑／打双六耍子否／前不是村落否[38]

定要火併哩／他愛着象碁哩／踢毬頑要罷／四下裡搜遍了／牽扯便宜了

五字話、六字話は文字数が増えたぶん主語が省略されていない構成が多く、

---

29)「汝ガ輩」。
30)「是」。
31) 這事は「此事」、這話は「此コト」。
32)「此ヘン」。
33)「カフ」。
34)「カヤウニ」。
35)「何者」。
36)「イカガ」。
37)「ナントシテ」。
38) 廑／否はいずれも「カ」という日本語に対応しており、疑問を表している。

220 第二編　岡島冠山と唐話

そのまま会話文に用いることができる。この点は、三字話や四字話と同様で
あると言えるが、語彙は相違がある（本章のまとめで一覧表を提示する）。

5．巻四「長短話」の語彙

「長短話」は二十九組の対話で構成されている。それぞれ内容が異なるた
め、各組ごとに語彙をみていく。

対話1

　人称代詞の使用はなく、指示代詞は「此」のみである。語気助詞は三語で
ある。

　　目今光景可謂清平世界也。／且從此以後巖穴之士滄浪之客亦必得其遭際
　　而披雲見天揚眉吐氣者夛矣。／且今大丈夫在世幸値此時寧不勉哉。

対話2

　人称代詞は「我」、指示代詞は「這」「那」である。語気助詞は四語である。

　　庶幾聖人之道行矣。／日後興頭預先可知焉。／我也曉得／這[39] 都是先生
　　屋裡去請教的哩。／那豪富人家子弟們／那[40] 寒酸秀才們／而况日後興頭
　　自然不比說了。

対話3

　人称代詞は「我」、指示代詞は「這」「其」「恁」、疑問詞は「怎的」「多少」、
語気助詞は「了」「哩」である。

　　則不管怎的／直恁[41]／比前年大不相同了。／點撥其端正／其實非同小可
　　了。／今後這般之徒必當抱頭鼠竄的躲避了。／我落得滿腔快活起來哩。

対話4

　人称代詞は「我」、疑問詞「何」、語気助詞「了」「耳」がある。

　　今我僬倖爲識荊／但我襪線之才／正想渇之際何幸今日天假良緣而初接高
　　風意出望外了。／恐不足爲對耳。

---

　39)「此等」。

　40)「彼」。

　41)「如此」。

『唐話纂要』の不均質性――語彙の多様性についての再試論―― 221

対話5

人称代詞と疑問詞の使用はない。指示代詞は「這」「此」、語気助詞は「麼」「了」である。

這一向爲俗事所絆／故此／不知興居平安麼。／不知令郎令愛一向都好麼。／夛夛欠情了。

対話6

人称代詞は「我」「你」、指示代詞は「這」「恁」、疑問詞は「什麼」「幾」、語気助詞は「了」がある。

我曾屢屢到貴府問候／

長兄你[42] 這幾日有什麼緊要事整日出門／你興頭直恁[43] 匆忙／小弟這兩日爲沒要緊事奔走／前幾次[44] 空勞先生費步／少敘閑話便了。

対話7（7-2に当たる返答はなし）

代詞の使用はない。疑問詞は「幾」、語気助詞は「麼」がある。

近來有幾首所詠詩／肯來舍下頑耍麼。

対話8

人称代詞は「我們」「我毎」「你們」、指示代詞は「此」、疑問詞は「什麼」「那」、語気助詞は「則個」がある。

今日我毎[45] 寂寞無聊／與我們[46] 添些高興／你們[47] 面添五分春色／因此／呢呢喃喃說什麼話／那[48] 能有一些臊皮／雖然如此[49] ／同為一般快活則個[50] 。

---

42)「長兄你」には「キサマ」という日本語が当てられている。
43)「直ニカクノゴトク」。
44) 不定詞として「数度ノ」という日本語が当てられている。
45)「我輩」。
46)「我輩」。
47)「汝タチ」。
48) 反語表現の「何ゾ」という日本語が当てられている。
49)「乍併」。
50)「候ヘカシ」。

222 第二編　岡島冠山と唐話

対話9

人称代詞は「我」、指示代詞は「那裡」、語気助詞は「了」がある。疑問詞の使用はない。

> 我也聽見説／兄長肯帶我去時我也情願奉陪／若在那裡[51]飛盃花間求興醉中胡乱做詩耍子／却不是一場大消遣了。

対話10

指示代詞は「我」「儞」、指示代詞は「恁」、疑問詞は「怎」、語気助詞は「了」がある。

> 我聽説／我雖爲學／儞近來學業大進／儞尚青年／怎恁[52]地大奇／真個慚愧了。

対話11

人称代詞は「我」「你」、疑問詞は「什麽」「如何」、語気助詞は「麽」がある。指示代詞の使用はない。

> 我要留你一日喫酒頑耍／我今日可可的有件事／你今日有什麽事故麽。／未知你意下如何

対話12

人称代詞は「我」「你」、指示代詞は「此」、疑問詞は「怎」がある。語気助詞の使用はない。

> 所約的事我十分用心因此光景也好／我也一向有病／我委實記掛你／前日所約的事怎[53]沒有回音

対話13

人称代詞は「你」、指示代詞は「這」「此」、疑問詞は「怎生」、語気助詞は「了」がある。

> 這兩日你怎生久不來／故此[54]不來奉望爲歉多了。

---

51)「彼処」。

52)「如何ンゾ如此」。

53)「何故」。

54) 前の部分を受け、「ユヘ」という日本語が当てられている。

対話14

　人称代詞は「我」「你」、指示代詞は「那」、語気助詞は「了」「則個」である。疑問詞の使用はない。

　　明日我家請三五知心宴飲／你若沒事必須過來替我做半東勸客人多喫兩盃
　　酒則個[55]。／勸倒那些客人便了。

対話15

　人称代詞は「我」、語気助詞は「了」である。指示代詞と疑問詞の使用はない。

　　後日乃我[56]生日／長兄是我竹馬之友／我于心不樂／只要先到貴廚与主人
　　照管廚事便了。

対話16

　人称代詞は「我」「你」「他」指示代詞は「這」「此」「那」、語気助詞は「了」「也」である。疑問詞の使用はない。

　　我的長子既已大了。／我家斜對面便是開生藥舖的李翁家了。／
　　近聞你家斜對面某人的女兒賢惠且絕色／你有所知願聞詳細／因要討一個
　　好媳婦與他完聚／他平生補路修橋拯貧濟困專行善事／令郎若要娶他果然
　　金玉夫妻／這一向各處求覓／因此綽號喚做李老佛／那絕色的就是他家的
　　大姊／可謂近世沒人也。真個好一頭親事了。

対話17

　指示代詞は「此」、語気助詞は「哉」である。人称代詞、疑問詞の使用はない。

　　非才德兼全安能如此哉。／況今流落在此間／豈如足下之言哉。

対話18

　人称代詞は「我」「你」「他」、指示代詞は「那」、疑問詞は「什麼」、語気助詞は「麼」である。

　　你令尊久不來我家不知有什麼事故麼。／你替我多多致意他／先生若有經

---

55)「玉へ」。
56)「某」。

我那首[57]

対話19

人称代詞は「我」「你」、指示代詞は「這」「其」、疑問詞「何」、語気助詞「了」である[58]。

我要托你一件你專門的事情／你若肯受托我便說出來／而況我專門事体／不是我和你同郷同年骨肉一般／休說你請我喜酒我鈔你兩席劳酒也要出力／你如應允出力与我成就了這件事／長兄你何[59] 其太疑／則我特請你一席喜酒便了。

対話20

人称代詞は「我」「你」、指示代詞は「恁」、語気助詞は「了」である。疑問詞の使用はない。

你有丸藥把我喫些個／你只管喫得大醉／所以第二日縮酒不醒而恁地不耐煩／少停使人送來便了。

対話21

人称代詞は「我」「你」、疑問詞は「如何」、語気助詞は「哩」である。指示代詞の使用はない。

你倘有貴假一發同走耍子若何／我想好似在家抱膝而坐哩。

対話22

指示代詞は「此」、疑問詞は「什麼」「怎的」、語気助詞は「了」「哩」である。人称代詞の使用はない。

雖然如此／今冬不知怎的十分大冷／果然天下人的福了。想必向後什麼東西價錢賤下來哩。

対話23

人称代詞は「我」、指示代詞は「這」「此」「之」「是」「那」、疑問詞は「什麼」、語気助詞は「了」である。

---

57)「カノヘン」。

58) 便了の形であり、「ベシ」という日本語が当てられている。

59)「何故」。

前日我主公別庄／我也聽人說道／那[60]一日這場風好不利害／聽說海面上的舩隻或者打壞的或者漂流的也有之[61]／走舩的人原來重利輕命之徒而未必免此般災禍／雖則是個不意遇了暴風／正是前日那場暴風大猛了。我家的屋板都吹散了。什麼事体只可聽命／不可勉強便了。

対話24

人称代詞は「我」「你」、指示代詞は「此」、疑問詞は「焉」、語気助詞は「了」「哉」「耳」である。

我自無嘴臉見人／眼見我的朋友相知各各爭先立身／唯獨我命蹇時拙
先生你是真個當世英雄／我豈如你言／若不是正真大丈夫焉能如此哉。／
一事未成而年先老了。／誠惶愧無地耳

対話25

人称代詞は「我」「你」、指示代詞は「那」「此」、疑問詞は「何」「怎」、語気助詞は「麼」「了」「哩」である。

前日我既已受托／我實替你出力／你原曉事人／前日我托你的那件事／此般輕易事体／我雖愚鹵此般輕易事体難道竟不妥貼不成／何妨也分明告訴／怎捱到如今／莫非竟不妥貼麼。／教我省得虛思空想就是了。／大丈夫一言駟馬難追哩。

対話26

人称代詞は「我」「你」、指示代詞は「這」、語気助詞は「了」「否」である。疑問詞の使用はない。

不然不必特來問我／且喜你我一般無事／我這裡若有事故使人叫你／你高年的人／因為這兩日不敢來問安／正是這幾日一連下了大雨／今日須在這裡喫兩盃耍耍便了。／未審興居無恙否。

対話27

人称代詞は「我」「我們」指示代詞は「這」「此」「那」「恁」、疑問詞は「誰」「何」「怎」、語気助詞は「了」「哉」である。

---

60)「其」。
61)「コレ」。

226 第二編　岡島冠山と唐話

　　我看目今的後生家／我曾看見目下這些後生／決不似我們[62]後生時節為人
　　／不是我們[63]十七八歲時／先生緣何這般說／更不似方今後生直這般巧言
　　令色／因此直恁的做世廢料／如今的後生既如此老成／雖則如此／那二十
　　來歲的人／天下人誰不老成誰無大福／怎見不到這個田地哉。／慚愧無地
　　了。

対話28
　　人称代詞は「你」「他」、指示代詞「那」「此」、疑問詞は「幾」「怎麽樣」、
語気助詞は「了」である。

　　　不意撞着你的阿兄／遂邀他到一個去處去／那時即當躬行拜謝／你曾患了
　　時病而臥了幾日／故此／問你未知還是怎麽樣／想必兩三日內便好了。

対話29
　　人称代詞は「我」「你」、指示代詞は「這」「其」、疑問詞は「何」語気助詞
は「了」「哉」である。

　　　你雖千日不來充會我難道怪你不成／這一向我有事体匆忙／賢弟你既有事
　　匆忙／何消定要學文／何其爲不然哉。你休要只管計較便了。／不然也只
　　是無可奈何了。

　　「長短話」は、『唐話纂要』全6巻の中で唯一対話形式となっており、二人
によるやりとりの言葉であることが明確であるが、会話文として用いること
の可能な三字話、四字話、五字話六字話との語彙の相違は大きい（本章のま
とめで一覧表を提示する）。

6．巻六「和漢奇談」の語彙

　「和漢奇談」は、『唐話纂要』の初版5巻5冊の三年後に出版された6巻6
冊の巻六に収められた「孫八救人得福事」と「徳容行善有報」という2編の

---

62)「我等共」。
63)「我等」。

読みものである[64]。

人称代詞は「我」「吾」「俺[65]」「汝[66]」「彼」「爾等[67]」、指示代詞は「此」「彼」「其」「之」「斯」「是」「焉」、疑問詞は「誰[68]」「孰[69]」「伊[70]」「何」「奚」、語気助詞は「耶」「否」「也」「哉」「耳」「焉」「矣」「乎」「爾」である。

> 我特來煩汝也。／我所祐少年／差恩人來救我無疑／故我親自來問足下討人／我情願送去耳。／我雖然家計頗富／他日若有用我處／遮莫金牌上有我名字／素聞我長崎山水之勝／與我同休者耶。／幾令我失禮於尊翁也。／我是真媽祖娘娘／吾有心腹事／吾有二十餘進房屋／吾已心定意決／吾崎山木清秀／吾子雖以實而言之／吾姓安田／吾有一妹／於俺何預／俺乃長崎人氏／汝可速往救之／況彼容貌不甚醜／足下往彼／但由彼所欲耳。／彼在長崎時濟人貧困成人婚姻／宜其室家之道爾。／爾等無用恐懼／視此少年／今流落此間／而止留此一個孩兒／此其佳會／自此龜松與孫八情意投合／若此者三五扁／此金先人／此所以躊躇者也。／惡乎藏此鎧甲鎗弓／此等兵器／自誓世世報此大恩／惟留此一隻沙舩／不許翻此舩／此舩上有善人李德容者在焉。／因此風神龍王已都退矣。／徑直其前／衆光捆不當其鋒／遂與其僕雙雙下拜／凡事隨其性以自在之／遂令龜松契之／治平聞之／今欲賣之而無人要之／是年德容生理大利／是日共有三隻舩／是三隻舩既臨大洋或後或前／我都依從焉。／思一遊焉。／厥後無復至焉／以報其前恩焉。／嗟乎。／此舩上有善人李德容者在焉／誰家子弟／尊寓伊處／未知尊意若何／何不移搬我家與小兒完聚／是奚難乎。／無乃足下

---

64) 関連先行研究に、王振忠 2000「契兄、契弟、契友、契父、契子――《孫八救人得福》的歴史民族背景解読」(『漢学研究』第18巻第 1 期163-185頁、民国89年 6 月)、唐権 2001「「遊興都市」長崎へ――江戸時代における中国人の日本旅行に関する研究一六八四～一八三〇」(国際日本文化研究センター紀要『日本研究』第23号77-103頁。)がある。

65)「孫八救人得福」の孫八のセリフでのみ用いられている。

66) 孫八の夢の中で孫八に対してお告げをする「一官人」の孫八に対するセリフでのみ用いられている。

67)「徳容行善有報」の媽祖娘娘のセリフで一か所のみ用いられている。

68)「孫八救人得福」の孫八のセリフに一例のみ。

69)「徳容行善有報」の徳容のセリフに一例のみ。

70)「孫八救人得福」の孫八のセリフに一例のみ。

228　第二編　岡島冠山と唐話

否。／而托夢者哉。／亦於我何干哉。／敢施犬馬之勞矣。／則絶義矣。／李公將不信矣。／惟若斯而已矣。／備且全矣。／因此風神龍王已都退矣。／寧由其有之乎。／不亦惜乎。／況市上處女乎。／眾聞奇之於是乎。

「和漢奇談」の語彙は巻一から巻四までとは異質なものだが、これは読みものの言葉と対話や会話の言葉とを明確に区別していることの現れであるといえるだろう。

7. まとめ

『唐話纂要』の各巻ごとの人称代詞、指示代詞、疑問詞、語気助詞は下の表のようにまとめることができる。

	二字話	三字話	四字話	五六字話	長短話	和漢奇談
人称代詞	他 我們 你們 你每 你等 他們	我 你 他	我 你 他 他們	我 你 他 你每 你等 他們 他每	我 你・儞 他 我們 我每 你們	我 吾 俺 汝 彼 爾等
指示代詞	這遭 這次	這裡 這廂 那裡 個裡（1）	這厮 那厮 如此 其	這 這裡 這般 個裡（2） 此間	這　那裡 那裡 此　之 其　恁	此　之 其　彼 斯　是 焉
疑問詞	阿誰 那個 甚人 何人 怎生 怎麼 怎樣	什麼 甚 何 那裡 多少 幾時 怎麼	誰人 什麼 甚 何 那裡 何 多少 幾人 幾何	誰 什麼 甚 那裡 多少 怎生	誰 什麼 何 那 多少 幾 怎 怎生 怎的 怎麼樣 焉	誰 孰 何 伊處 奚

語気助詞	了	了	了	麼哩否　了罷	麼哩否矣焉則個　了也哉耳	耶也哉耳爾　否矣乎焉爾

　上の表から、『唐話纂要』の語彙の多様性は、代詞、疑問詞、語気助詞に関しては、巻四（長短話）や巻六（和漢奇談）の語彙によるところが大きいと言える。長短話は対話形式、「和漢奇談」は短編の読みものであり、語彙が多様であるという点では一致しているが、多様性をもたらしている要因は、長短話の場合は文言（此／之／何／焉／否／也／矣／哉／焉／耳など）と文言ではない語とが混在していることにあり、「和漢奇談」の場合は文言語彙が多いという点にあり、それぞれ異なっていると言えるだろう。

　巻一（二字話、三字話）、巻二（四字話）、巻三（五字話六字話）は、長短話と「和漢奇談」に比べて語彙の多様性に乏しいと言えるが、二字話の人称代詞に関しては、長崎唐通事や朝鮮の訳官の会話体の資料に見られる語彙の均一性とは対照的に複数形が統一されておらず、その点に関しては三字話、四字話はより均質的であり、唐通事や訳官の会話体の資料に近いと言えるだろう[71]。

　『唐話纂要』の編者である岡島冠山は長崎の出身であり、仮に通事経験があったとしても、中国出身の唐通事の家系ではなかったため、唐通事の子弟教育などは受けなかった可能性が高いと思われる。高島1991が岡島冠山について、冠山が訳した『太平記演義』について「芯は文言であって、それを白話でくるんだような白話文」と指摘したうえで「唐話を習う前に、文言の文章を綴る訓練をかなりやって、そのうえで唐話を習った人だ、とわたしには思える」という見解を示しておられるが、長短話に見られる文言と文言ではな

---

71) 18世紀頃の唐通事の会話資料であると考えられる『訳家必備』や朝鮮で作られた『老乞大』や『朴通事』などは、代詞や語気助詞などの基礎的な語は限られた語が使用されている場合が多い。

230 第二編　岡島冠山と唐話

い語の混用や「則個」という語の使用は、唐通事の会話体資料にはないことであり、「和漢奇談」に見られる文言語彙の多用は、唐通事向けの読みもの形式の資料には見られないものである、という点を考え合わせると、長短話と「和漢奇談」は文言が基礎にあり、文言を話し言葉に近づけ白話文のように書こうとしたものだと思えるのである[72]。

　このように考えると、岡島冠山の唐話すなわち長崎の唐話もしくは長崎唐通事の話す中国語の知識は、三字話、四字話に顕著に現れており、五字話六字話は唐話を基礎にしてはいるが実際の唐話では使用されなかった語彙が含まれており、長短話と「和漢奇談」は文言をもとに作られた会話文であり白話文であるとういことになる。

　『唐話纂要』は土台とする中国語がひとつではなかったことが、語彙の多様性をもたらした要因であったと言えるだろう。

72）高島 1991、55-57頁。

「唐話類纂」考

1. はじめに

　江戸時代において中国語学習が組織的に行われた例としては、荻生徂徠を中心に結成された訳社での唐話学習が代表的なものであると言えるだろう。訳社の講師を務めた岡島冠山は、出身地でもある長崎で培った唐話の知識を基に、『唐話纂要』『唐音雅俗語類』『唐訳便覧』『唐話便用』などの書物を世に送り出したことによって、訳社における唐話学習に貢献しただけでなく、唐話が長崎を遠く離れた江戸や京坂の人々の目に触れる機会を与える役割を果たした[1]。

　本論で取り上げる「唐話類纂」は、唐話を書き写した資料であり、出版はされてはいないが、岡島冠山と訳社に関係のある資料であるということを、巻一の巻頭に列記された次に挙げる12人の氏名から知ることができる[2]。

長崎	冠山岡嶋援之玉成
肥州	釋　大潮
但州	釋　天産
肥州	釋　惠通
三河	徂来荻生茂卿　名宗右衛門
東都	東野安藤煥圖東壁　仁右衛門
信陽	春臺太宰純　德夫　彌右衛門
東都	東海篠崎維章子文　三悦後改金吾

1）『唐話纂要』は享保元年に5巻5冊で刊行された後、享保3年に「和漢奇談」1巻を加え6巻6冊として刊行された。『唐音雅俗語類』5巻5冊と『唐訳便覧』5巻5冊は享保11年に、『唐話便用』6巻6冊は享保20年に刊行された。『唐話纂要』6巻と『唐音雅俗語類』五巻は汲古書院『唐話辞書類集』第6集所収、『唐訳便覧』5巻と『唐話便用』6巻は同第7集所収。

2）「唐話類纂」は、関西大学図書館所蔵。『唐話辞書類集』第1集所収。

232　第二編　岡島冠山と唐話

　　信陽　　　曽原天野景胤　　文右衛門
　　東都　　　翠柳山田正朝麟嶼　宗見後改大助
　　東都　　　東華度會常芬　三周後改修理久志本氏
　　東都　　　東洲馬嶋孝元　　友庵
また、末尾には次のように記されている[3]。
　　一巻跋
　　享保十年乙巳孟春校于尚古堂東海平維章
　　一巻跋
　　右華言一巻山田正朝所自輯也
　　享保十年乙巳八月十七日　東海平維章

　岡島冠山を筆頭に12人の人物と「唐話類纂」とに関しては、石崎又造氏に
よる論考があるが、後に、太田辰夫氏によって、石崎氏の見解に訂正が加え
られた[4]。
　石崎氏は、岡島冠山（1674-1728）、釈大潮（1676-1768）、釈天産（生没年
不詳。大潮の同門であり、1720年に『声音対』を刊行した。）、釈恵通（生年
不詳-1746）、荻生徂徠（1666-1728）、安藤東野（1683-1719）、太宰春臺（1680
-1747）、篠崎東海（1687-1740）、天野曽原（1678-1748）、山田翠柳（1712-
1735）、そして生没年不詳の度会東華と馬島東洲の全員が、訳社の同人であっ
たと認めたうえで、「唐話類纂」は、筆者のひとりである山田翠柳が護門に出
入りし始めた享保9年かたら10年ごろにおける訳社での講義であると推定し
た。訳社は正徳元年（1711）に始まり、岡島冠山と釈大潮がともに講師を務
めたのは、享保元年（1716）までであったため、正徳2年生まれで享保元年

　3）ここに挙げたふたつの跋の後、さらに「元文五年庚申春二月中二卒業于鶴菴　金陵
　　田友秀子蘭」および「寛保三年癸亥冬十一月下九以金陵先生蔵書亀柳居南窓下臨写
　　河品祥孤村」という記述がある。「唐話類纂」中の「龐云」「龐按」「品祥云」「品祥補」
　　などは、この両者による書き足しであろうと思われる。河品祥孤村が書写したという
　　亀柳居は山田正朝の書斎の名でもある。
　4）石崎1940。太田1989。

当時5歳に過ぎなかった、筆者のひとりでもある山田翠柳を含む12人全員が一同に会して唐話を学んだとは考えがたい[5]。太田氏はこの点を踏まえ、山田翠柳は訳社の同人ではなく、後から訳社の講義記録を入手したと考えるべきであろうと主張している。太田氏はまた、享保11年に出版された『唐音雅俗語類』や『唐訳便覧』の注音が官音であるのに対し、「唐話類纂」の注音は俗音に拠っている点を挙げ、俗語を多く取り入れた『唐話纂要』と同時期の記録であると見なすべきであり、「唐話類纂」は冠山初期の講義を受講者がノートしたものであろうとしている。

「唐話類纂」の資料的な価値に関しては、石崎氏は「牛門譯社講義に關する最も貴重な資料である」と位置づけているが、唐話そのものに関する論考はなされていない。太田氏は、訳社の実態を知ることのできる資料であるとし、内容の一部を挙げながら、訳社における講義風景を再現している。

最も新しい研究成果に、岡田袈裟男氏の論考がある[6]。岡田氏は、「『唐話纂要』と同工異曲の書物である。」とし、蘐園と岡島冠山の関係を知るには有用な資料であると、石崎氏の見解を引き継いだ評価をしている。また、収録語数に対して日本語訳や解釈が加えられていない語が占める割合が3割以上に上ることから、その不完全さを指摘している。

本論は、先行研究を踏まえたうえで、収録されている語句と訳社に関係する他資料の語句との関係を調べ、「唐話類纂」という資料の性格と江戸時代における唐話資料としての位置づけを試みたいと思う。

5）石崎氏も、その点が引っ掛かっていたため、「按ずるに、本書は大潮が見えるから、少なくとも享保二年以前、翠柳入會前既に其の形體を備へてゐたものでなくてはならぬことになる。此の譯社會は正徳元年十月から、享保九年末頃迄、其の間九年の長年月に亙ることであるから、相當會員の新舊異同もあり、講本も一二に止まらなかったのは勿論であろう。北溪・井伯明の見えないのは、此の間の消息を語るものであらうと察せられる。而して本書は冠山辭去の後東海・翠柳二人が各自のノートを適宜に合編校訂したものと思ふ。隨って東海のノートには舊人の顔の見えるのも差支ない。」と解釈している。

6）岡田袈裟男『江戸異言語接触　蘭語・唐話と近代日本語』（笠間書院、2008年）231頁から234頁。

234　第二編　岡島冠山と唐話

2.「唐話類纂」巻一について

　「唐話類纂」巻一は、二字または一字の語が、七種類に分類されている。記述に割いた葉数（頁数）および収録語彙数は、次のようになっている[7]。

　　二字話并附一字話
　　　　熊藝（23頁）11葉半　　　　　　804語
　　　　宮室（1頁）半葉　　　　　　　　18語
　　　　乾坤（1頁）半葉　　　　　　　　5語
　　　　時候（2頁）1葉　　　　　　　　55語
　　　　氣形人倫（6頁）3葉　　　　　 192語
　　　　支體（2頁）1葉　　　　　　　　52語
　　　　生植（2頁）1葉　　　　　　　　39語
　　　　器財食服（9頁）4葉半　　　　 301語

　　ここでは、巻之一の二字話を取り上げ、『唐話纂要』巻一「二字話三字話」に収められている語との異同を見ていきたい。

　　表1は、「唐話類纂」巻一と『唐話纂要』とに共通して見られる語、「唐話類纂」にのみ見られ、『唐話纂要』巻一には見られない語、『唐話纂要』巻一にのみ見られ、「唐話類纂」巻一には見られない語を表している。「唐話類纂」、『唐話纂要』の語はともに、収録されている順番にしたがって挙げ、『唐話纂要』の該当頁（葉数）を示し、『唐話纂要』の頁に沿って、「唐話類纂」の語を改行している。また、「唐話類纂」には見られず、『唐話纂要』にのみ見られる語については、＊印で示し、同じ番号を付けて対応させている。

　7）見出し語を単純に数えた数字である。見出し語に付された例文や語を含むと、情報量はさらに増える。

「唐話類纂」考　235

表1　「唐話類纂」と『唐話纂要』の異同

「唐話類纂」の語で『唐話纂要』と一致しているもの	『唐話類纂』にのみ見られる語	『唐話纂要』巻之一にのみ見られる語
様式　様子　點査　審問　盤問 盤詰　考問　牴頼　供出　招出 將息　將養　養息　保養　染病 患病　貴恙　賤恙　貴庚　賤庚 ＊1　無恙　庚健　活動　多福 多祉　平安 借債　討帳　記帳　完帳　兌帳 討債　放債　＊2　暴富　發跡 立身　出頭　出身　靠頼　許願 還願　＊3　拔還　＊4 ＊5　漫大　漫長　忒短　太軟 綿軟　漆黒　血紅　飛軽　鼎重 飛走　飛跑　雪白　烏黒　明亮 黒暗　朦朧　黒夜　亮夜　月亮 悲傷　＊6　凄惨　慌忙 下次　下回　＊7　這遭　這次 ＊8　平生　平常　尋常　異常 非常　＊9 下雨　落雨　下雪　天晴　天陰 天亮　天明　天晩　晩了　夕陽8) 悪心　發嘔　打嚔　心疼　頭痛 發熱　包腫　収口　腫了　生瘡 疼痛　痒了　難禁　難熬　晒乾 未燥　濕透　濕了　＊10 何消　否則　不然　不則　寧可 寧素9)　索心　索然　遮莫　任 他　憑他　由他　随他　方便 出力　挿口　誇口　多口　多嘴 封口　誇奬　＊11　報仇　利害 利口　舌辨　口喫　打噯 大総　零砕　盡数　剩下　剰些 不剰　不勾　不足　勾用　凑巧 盡行　一半　大半　過半　＊12 支吾　准備　完備　完了　写完 読完　未完　快些　早些　＊13 不消　不必　干係　険然　険々 暗算　筭計　計謀　良計　上著 奸計　詐謀　稀罕　＊14 相托　借重　＊15 ＊16失落　失信　便當　愛恤 愛憐　憐憫　晦教　教導　教化 教訓　玄教　像教　帶累　連累		13葉裏 ＊1　尊名　貴號　尊姓　賤姓 13葉表 ＊2　財主　窮鬼 ＊3　還債 ＊4　還完　旧債　不好　上好 上等　中等　下等　記號　上號 爲様　様子 12葉表 ＊5　歇忙　雙日　單日　吉日 良辰　堅固　硬磨 ＊6　憂愁 11葉裏 ＊7　今回　今番　今次 ＊8　今般　翌日　次日　明年 下年　下日　舊年　客歳　去歳 前年　昔在　昔日　往年　往常 當初　當年 ＊9　値日　當日 11葉表 ＊10　下遭 10葉裏 ＊11　稱讚　稱誦　報恩 10葉表 ＊12　杜撰 ＊13　幾乎 9葉裏 ＊14　尚未　還未 ＊15　千万　一般　一様　各様 各別　個個　各各　大家　衆皆 你們　你等　他們　我們　阿誰 那個　甚人　何人 9葉表 ＊16　應承　約定　爽約　負約 失約　准信　躊躇　沈吟　思想 ＊17　遭難　懊悔　後悔　悔恨

---

8)『唐話纂要』では、「下雨」から「夕陽」までが、「悪心」から「濕了」の後に続く。

9)『唐話纂要』には「寧索」とある。

236 第二編 岡島冠山と唐話

*17				
貪圖	怎生	怎麼	怎樣	如何
欽羨	惋惜	可惜	可恨	可愛
好咲	可咲	可憐	怨恨	埋怨
報信	回音	回話	回復	回請
辞却	推辞	苦辞	苦留	糊塗
不肯	不准	不允	應允	
高声	低声	泄漏	走風	作色
変色	含怒	含涙	含情	冷咲
怕羞	害羞	害怕	羞慚	慚愧
惶愧	*18	懼怕	恐懼	*19
喫恐	喫打	喫罵	喫嚂	喫苦
忌諱	忌憚	中計	無奈10)	
寛鬆	狹窄	寛肆	分付	叮嘱
叮嚀	嘱付	假令	假使	
*20	把柄	*21	忤逆	兜搭
使氣	發惱	発作	惱怒	煩惱
*22	撒潑	*23		
*24	選上	赶上	追赶	逃走
走脱	逃難	脱難	叫喚	則声
做声	忍耐	按納	耐久	*25
牢絷	没干	没用	無益	不妨
不礙	妨礙	関礙	掛礙	拘束
拘礼	嚴緊			
信耗	行走	歩行	取路	上路
旱路	水路	*26	街上	街坊
奔走	疲倦	歇息	軌閣	宿歇
憩留	借宿	投宿	遷延	延捱
*27				
本分	老実	朴実	顈悟	伶俐
聡明	温柔	温存	*28	小心
高傲	傲慢	執強	執拗	拗拗
大様	托大	致意	拝上	寄信
寄書	没信	有信	消息	音耗
音信				
大妙	大好	*29	仔細	*30
分説	分派	分割	派開	均平
平分	均分	公道	私下	當官
*31	謊説	扯謊	假話	真話
*32	渾章	乖巧	*33	
冷静	冷淡	*34	嚷閙	聒噪
喧嚷	乾淨	醃臢	醒鯢	清楚
清緻	文雅	斯文	*35	風流
*36	消拆	扯直	討本	反本
来往	往還	往回	相投	相善
相好	*37	生疑	猜疑	*38

信奉　崇信　遊豫　語讖

計較　科派　圏套

8葉表
*18 羞耻　羞辱
*19 驚恐
7葉裏
*20 縦然　譬如　譬喩　譬方　憑據
*21 證據　正謹　長進　孝順
*22 耐煩
*23 睜眼　喊叫
7葉表
*24 毎日　終日　終夜　徹夜
*25 經用
6葉裏
*26 道路　街衢
*27 寛日　擇日　揀日　卜日　定期　限日　定日　整夜　整日
6葉表
*28 勤謹　驕奢　奢侈　遜讓　懃懃
5葉裏
*29 不好　不便
*30 謹慎
*31 苟且
*32 狡猾　光捆
*33 呆子　癡呆　愚魯　愚蠢　大体
5葉表
*34 寂寞　寂寥
*35 風雅
*36 噴碎　囉唬　衝撞　唐突　撩撥　凑巧　便宜　喫虧　拆本
4葉裏

---

10) 『唐話纂要』は、「無奈」という表記を用いている。

懐疑　＊39
＊40　前頭　後頭　後首　外首
外頭　裏首　裏頭　中間　中央
當中　側首　傍邊　右側11)　右
側　上頭　下頭　間壁　隔壁
對面　太近　大遠
看破　看軽　看重　小覷　尊敬
敬重　争口　争論　＊41　主意
主張　隄防　隄調　停當　停妥
妥帖　明白　因該　少停　停回
起先　先前　＊42
作謝　撹擾　多擾　打擾　＊43
＊44　中用　安當　安穏　安泰
穏當　安樂　＊45　喫飯　喫烟
請飯　用茶　喫酒　把盞　請酒
灑酒　盪酒　温酒　泡茶　煎茶
＊46　吉兆　吉祥　吉瑞　吉凶

草包　飯包　死卵　死囚　假晴
半晴　小器　黒心　鐵心　寡情
响嘴　鬼話　閑話12)　胡説　乱説
莫講　休提　吐血　嚼咀　守孝
煮飯　過酒　荒唐　獅吼　破蒸
羽王　高王　呉楚　上旗　下旗
垢累　魊黒　熬　穀張　紹
燦　跋　呑　囡　搜搜　牢曹
顏齷　齷齪　垃圾　健俭　魠毻
嘈囋　罩　撩水　打　付　對
練　交　健的

＊37　和睦　和順　親戚　生疎
疎逺　記掛　掛念
＊38　疑心
＊39　疑惑　焦心　費心　用心
費力　留心　留意　力行　省力
空夫　空閑　冗忙　閙熱
4 葉表
＊40　明日　後日　夜間　晩頭
黄昏　日中　早晨　早上　清早
3 葉裏
＊41　商議　商量　酌量　斟酌
照管　料理
＊42　前日　昨日　今日
3 葉表
＊43　盛款　忝慢　豸品　厚款　款待
生受　怠慢　豸慢　再坐　敬盃
領盃　爛醉　作東　半東　東道
取咲　戲弄　調戲　兒戲　咲落
侮慢　欺負　嘲咲　誹謗　讚嘆
吹嘘　説破
1 葉裏
＊44　利市　發射　造加　高興
爽利　如志　如意　歡喜　中意
＊45　頑要　要子　游頑
1 葉表
＊46　太平　享福　快樂　快活
爽快　興趣　有趣　娯樂　興旺
興頭　興昌

幾乎
還完　旧債　不好　上好　上等
中等　下等　記号　上号　為樣
樣子
＊47　緩寛　火急　性急　急忙
擂掇　唆使　遭際　臟皮　＊48
掃興　掃塵　打掃　打水　打點　打来
打張　収拾　＊49　挑来　担去
収去　攬去　取来　筭還　不受
交還　少債　交割　欠債
堅固　硬磣

12葉裏
＊47　周章
＊48　宛轉
＊49　拿來　擔來

---

11) この語には日本語で「左ノワキ」という意味が付されており、「左側」の誤りである
　　と考えられる。
12) 「閑話」は、『唐話纂要』巻一2葉表にもあるが、前後の語がまったく違っており、
　　ここで言う「一致」とは厳密には異なるので、このように分類した。

238 第二編　岡島冠山と唐話

　表1からは、「唐話類纂」巻一は、単に『唐話纂要』巻一の語と同じような語で構成されているだけでなく、頁が逆に進んではいるが、『唐話纂要』の語の並びにしたがって記されていることがわかるだろう。＊4、＊5の「堅固　硬磶」、＊13の語も、表の最後にあるように「唐話類纂」に含まれている。単純に計算すると、表に挙げた「唐話類纂」の語で『唐話纂要』と一致している語句は、巻之一の539語めまでの語のうち476語ある。「唐話類纂」にしか見られない語は62語である。

　また、『唐話纂要』では「二字話」に収められている語が、「唐話類纂」では項目によって分類されている場合がある。＊5「歇日　吉日　良辰」、＊7「今回　今番　今次」、＊8「今般　翌日　次日　明年　下年　下日　舊年（旧年）　客歳　去歳　前年　昔在　昔日　往年　往常　當初　當年」、＊9「値日　當日」、＊24「毎日　終日　終夜　徹夜」、＊27「寛日　擇日　揀日　卜日　定期　限日　定日　整夜　整日」が「時候」の項に、＊1「尊名　貴號　尊姓　賤姓」、＊2「財主　窮鬼」、＊33「呆子　癡呆　愚鹵　愚蠢　大体」、＊43「半東　東道」が「氣形人倫」の項に分類されている。

　さらに、「氣形人倫」の項には『唐話纂要』巻五「親族」「畜獸」、「生植」には「果蓏」「樹竹」、「器財」には「器用」「舩具」の語が含まれている。

　このように、「唐話類纂」巻一は、『唐話纂要』とまったく同じ語を中心として構成されているといえるだろう。しかも、語の並び方から見て、『唐話纂要』から抜き出したものであると判断できるだろう。一致しない語、つまり『唐話纂要』にはなく「唐話類纂」にのみ見られる語は、そのほとんどがたとえば罵り言葉であったり、男女の肉体関係を表す言葉であったりするのだが、日本語訳が付き、語によっては詳細な解説が加えられている。『唐話纂要』と一致する語の多くには日本語訳が付されていないこととは対照的である。殊更に日本語訳を書き記さなかった理由は、すでに日本語訳が明記されている『唐話纂要』から抜き出した語であったため、必要性がなかったからではないだろうか。

3. 「唐話類纂」巻二について

巻二は文字数ごとに分類されており、収録に割かれた葉数（頁数）と収録語句数は、それぞれ次のようになっている。

        三字話（35頁）17葉半   878個[13]

        四字話（53頁）26葉半   936個

        五字話（12頁）6 葉   201個

        六字話（12頁）6 葉   204個

        七字話（5 頁）2 葉半   38個

        八字話并九字話（2 頁）1 葉   16個[14]

        十字話（10頁）5 葉   82個[15]

        十字已上話（4 頁）2 葉   19個

        ＊項目名を立てずに擬音語収録、「華言裏多用的字」（一字）、文房具名（各1頁）

ここでは、四字話、五字話、六字話の語句についての調査結果を紹介したい。

3.1. 四字話について

「唐話類纂」四字話には『唐音雅俗語類』巻三「四字話」の語句との一致が見られる。一致状況の一例として、「唐話類纂」四字話の4頁めから6頁めにかけての語句とを挙げてみよう。表の葉数は、『唐音雅俗語類』巻三「俗語類」の四字話が収録されている葉数である。

---

13) 三字話には、「送／把　将来」や「扯　不／得　過」のように、二語をひとつにまとめた記述が多く見られるが、一語として計算している。

14) 11字の語句と品祥によって補われた語句を含む。

15) 「清朝戯臺看板」を除く。

240　第二編　岡島冠山と唐話

表2　『唐音雅俗語類』巻三「四字話」と一致する語句

「唐話類纂」四字話4～6頁の語句（収録順）					
休太文謅	家尊不在				20裏
寝食不安	日做雑工	斯了肉吃	頭先来的	半個更次	20表
搬排盤饌	把舌頭呯				
罔知所措	不能陪奉	難以推問	写呈口詞	瞧了八分	19裏
衆皆恓惶	把酒澆奠				
負屈銜冤	身心恍惚	神思不安	没人礙眼	声張起来	19表
中毒身死	凡事遮蓋				
休嫌軽微	病勢沈重	點随身燈	腸胃迸断	用心整理	18裏
偕老同歓	剜出眼睛				
不肯干你	挑撥他打				18表

　一例として表2に示したが、「唐話類纂」の四字話には、『唐音雅俗語類』
巻三の四字話のほとんどが収められている。
　また、巻一ほど顕著ではないが、語句の一致は、「唐話類纂」巻二「四字
話」と『唐話纂要』巻二「四字話」にも見られる。表2に挙げた『唐音雅俗
語類』と一致する語句に続き、『唐話纂要』の語句との一致が見られる。表3
は、「唐話類纂」四字話の6頁めから7頁めにかけて、『唐話纂要』巻二1葉
表から2葉表までに見られる語句との異同を示している。表の葉数は、『唐話
纂要』の葉数である。

表3　『唐話纂要』巻二の四字話との異同

「唐話類纂」の四字話（収録順）				『唐話纂要』のみ		
休要偸懶	在心留意	須要留心[16]	不要忘記	改日再來		1表
須要牢記	休要等候					
不必生受	休要客套	多謝厚款	家常些罷	何必太拘	怠慢莫怪	1裏
有趣的緊	没有興趣[17]	没什麼事	有何貴幹	興趣夛端	有些空閑	
没點賤幹	有些事故	没有事情	匆忙得緊			
没什麼忙	没些空夫					
半三不三[18]	半三不四	雜七六八	東走西蕩	千思万想	左計右謀	2表
東闖西蕩	走下走上[19]	走来走去		半斤八両	張三李四	

表3に示したように、「唐話類纂」の四字話には『唐音雅俗語類』と『唐話纂要』の語句が含まれていることを確認した。

　四字話の一致語句には、『唐音雅俗語類』および『唐話纂要』とほぼ同一の日本語訳が付されており、「唐話類纂」にのみ見られる解説や例文の付け足しはない。

3.3.　五字話および六字話について

　「唐話類纂」巻二「五字話」および「六字話」と『唐話纂要』巻三「五字話」「六字話」も一致している。表には、「唐話類纂」の「五字話」と「六字話」の冒頭をそれぞれ挙げ、『唐話纂要』巻三の該当部分を示している。一致しない語句については、（　）で示した。わかりやすくするために、『唐話纂要』は、各葉最後の語句から遡って表示しているが、本来は、表とは逆の順番に並んでいる。なお、『唐話纂要』は、上段に五字話、下段に六字話が収められている。

　「唐話類纂」の「五字話」「六字話」には、『唐話纂要』巻三「五字話六字話」に収められたそれぞれ118語句のうち、表4の（　）で括った語句および「且不要著氣」「牽來多少重」「牽扯便宜了」「休要打郷談」「擡起頭來看」「山寨裡有賊」を除く全てが、逆順に収められている。

　また、「唐話類纂」の五字話は、『唐話纂要』と一致する語句に続き、『唐訳便覧』と一致する語句が並んでいる。

16）『唐話纂要』は、「須要留心　必須用心」の順である。
17）『唐話纂要』は、「没甚興趣」である。
18）『唐話纂要』は、「半二不三」である。
19）『唐話纂要』は、「走上走下」である。

242　第二編　岡島冠山と唐話

表4　「五字話」「六字話」に見られる『唐話纂要』との一致語句

「唐話類纂」		『唐話纂要』巻三「五字話六字話」		
「五字話」2頁1行目まで		(且不要著氣)　肯來也没憑據		10裏
須要講官話　面和意不和		(牽來多少重)　無處控告哀情		
摸不著性格　必當親自去		(牽扯便宜了)　不可過信傳言		
備細説知我　那裡説得開		須要講官話　凡事要依仗他		
大槩妥貼了　仔細査一査		(休要打郷談)　四下裡搜遍了		
赶不上宿頭　看〻天晚了		面和意不和　各人都要報名		
纔次回去了　屯兵数十万				
有個人把門　踢毬頑要罷		摸不著性格　初始聽見這話		10表
請你一席酒　我要賭東道		必當親自去　今日暴始相見		
你不要打牌		備細説知我　心下躊躇不決		
「六字話」2頁め3行目まで		那裡説得開　我竟照管不下		
(張簿上不記名)　(舊年収過的物)		大槩妥貼了　従來没有口角		
(慣〻的在那裡)　肯来也没憑據		仔細査一査　我肯百依百順		
無処控告哀情　不可過信傳言				
凡事要依仗他　四下裡搜遍了		赶不上宿頭　前不是村落否		9裏
各人都要報名　初始聽見這話		看〻天晚了　隱隱有鶏犬声		
今日暴始相見　心下躊躇不決		纔次回去了　隱隱記得這事		
我竟照管不下　従来没有口角		屯兵数十万　(勇兵守城四門)		
我肯百依百順　前不是村落否		有個人把門　(土兵小心防守)		
陰〻有鶏犬声　陰〻記得這事		踢毬頑要罷　打双六耍子否		
打双六耍子否　我和你踢氣毬				
你來和我猜三　我要和你化拳		請你一席酒　我和你踢氣毬		9表
		我要賭東道　你來和我猜三		
		你不要打牌　我要和你化拳		

「唐話類纂」考　243

表5　「五字話」と『唐訳便覧』の一致語句

「唐話類纂」の五字話（収録順）				『唐訳便覧』
没有看过了	推做不看見	做完了不曾	放在原所了	巻四
常〻来頑耍	從縫裡闖見	透亮了好看	有意開豁他	
可惜得狠了	差不多完了	約長三五丈	特地来奉候	巻二
盤墻而走了	折毀了墻壁	你須幇助我	俖他做什麼	
換一換便了	有限看得見	硬礣咬不碎	休要遮掩他	
好〻説一聲	晩間来閑話	專門的事体	不是好信了	
有件好事了	幼少兒女多	即今快些去	有多少折銀	
騒動起来了	有出首的人	総計有多少	疎逖起来了	
不要打磕捆	曾睡了没有			
除要親筆寫	不要拿做了			巻一
全然不知道	碎了用不着	倒是不好了	封皮上有印	巻三
便宜的東西	哥〻那裡去	下起雨来了	放心不下了	
十二分顔色				

　『唐訳便覧』五巻は、唐話すべてに日本語訳が付され、原則的に日本語訳の1文字目のイロハによって分類されており、文字数による分類ではない。『唐訳便覧』と一致する語句に付された日本語訳は、『唐訳便覧』の日本語訳とほぼ一致している点や、同じ巻の語句はまとまって並んでいる点から、表に挙げた一致語句は、『唐訳便覧』から五字の語句を書き出したものであると推測できる。

4．まとめ

　「唐話類纂」に収められた二字話、四字話、五字話、六字話と、『唐話纂要』『唐音雅俗語類』『唐訳便覧』との一致を示した表からは、偶然の一致ではないことを見てとることができるだろう。

　一連の流れを整理すると、次のようになる。

　正徳元年（1711）　訳社が創設される。

244　第二編　岡島冠山と唐話

正徳 2 年（1712）	山田正朝が誕生する。
享保元年（1716）	『唐話纂要』 5 巻が刊行される。
享保 3 年（1718）	岡島冠山が死去する。
享保 3 年（1718）	『唐話纂要』 6 巻が刊行される。
享保10年（1725）	春、「唐話類纂」の巻一を、篠崎東海が山田正朝の書斎（尚古堂）で校訂。8 月、山田正朝が編輯した「唐話類纂」巻一に篠崎東海が跋を寄せる。
享保11年（1726）	正月　『唐音雅俗語類』 5 巻、『唐訳便覧』五巻が刊行される。
享保20年（1735）	正月　『唐話便用』 6 巻が刊行される。山田正朝が死去する。

　「唐話類纂」に跋が記された享保10年には、『唐音雅俗語類』と『唐訳便覧』は刊行されてはいなかったが、「唐話類纂」巻之二には『唐音雅俗語類』の四字話と『唐訳便覧』の五字話が含まれている。特に、五字話に関して言えば、『唐話纂要』と一致している語句には日本語訳がほとんど付されていないのに対し、『唐訳便覧』と一致する語句は、二三の例外を除き、すべてに『唐訳便覧』の日本語とほぼ同じ日本語訳が付されている[20]。活字となって刊行されてこそいなかったが、『唐音雅俗語類』と『唐訳便覧』の基となる学習が行われていたことを示していると考えられる。江戸時代における唐話学習のひとつ

　20）異なる日本語訳の一例は以下のとおり。『唐訳便覧』→「唐話類纂」の順に挙げる。「没有看過了　ミタコトハナイ」→「ミタコトガナイ」、「可惜得狠了　オシキコトカナ」→「ヲシイコトジャ」、「約長三五丈　オヨソ長サ三五丈バカリ」→「ヲヨソ長サ三五寸バカリ」、「有多少紙數　カミカズハ何ホドアルカ」→「カミカズハ何ホドアルゾ」（また、紙の発音が、『便覧』では「チイ」、類纂は、右に「ツウ」、付け足しとして左に「チイ」と書かれている。）「便宜的東西　テヤウハフナルモノ」→「チヤウホウナモノ」、「哥々那裡去　アニキドコヘ往キ候フゾ」→「アニキドコヘゴザル」、「下起雨来了　雨ガフリテキタ」→「雨ガフッテキタ」。このほかにも、程度の甚だしさを表す日本語として、『唐話纂要』では「イコフ」が用いられているのに対し、「唐話類纂」では「キツウ」が用いられているという違いもある。このような日本語訳に見られる異なりをはじめ、内容についての検討は今後の課題としたい。

の実態を反映している資料であると言えるのではないだろうか。

　また、語彙の面においても、出版された岡島冠山編纂の資料には見られない、罵り言葉や男女関係を表す語が収められているという点は、岡島冠山の唐話に新たな一面を加え得ると言えるだろう[21]。

　出版された資料が表向きのよそゆきの顔をしているとすれば、「唐話類纂」は素顔の唐話学習の場面を見せてくれる資料であると言えるのではないだろうか。

---

21) 前掲の太田氏の論文では、こうした語句のやりとりをめぐって、訳社での講義風景が描かれている。

『唐話便用』の会話文における語彙と語法
―― 疑問、命令、依頼の表現を中心に ――

1．はじめに

　『唐話便用』は、岡島冠山（1674-1728）の編著書である。享保20年（1735）に出版されたものが多いが、拙蔵の『唐話便用』は、弘化３年（1846）に出版されたものである。明治時代には藤懸永治編、外題『雅俗清韓通語集』として、中身にまったく手を加えず、『唐話便用』をそのものの内容で出版されている。出版年は享保から明治に至るまで出版を重ねているが、付されている序文はすべて次に挙げる釈大潮による享保10年の序文である。

　　崎陽學一華音足矣學興冠山子唐話纂要出而學者好之不啻玄酒梁肉也後有
　　唐譯便覧及唐音雅俗語類學者謂天實生才哉即取道崎陽以爲標幟矣於是冠
　　山子諄諄誨之猶姆師之教兒女輩夫學者稍稍就姆師請焉則東西趨之無不承
　　其教頃者嗣有唐語便用凡六巻蓋中華所談日用言語具在視諸前之三部此其
　　傑然者然要皆備之質訪而便于日用及茲書出四部成功譬猶四時成歳不可闕
　　一焉且此所載而彼脱彼所遺而此備也則互其有無未始繁重耳乃茲書以盡唐
　　語而唐語盡而盡之乎則吾知其日用之無盡矣是作唐語便用序

　序文に述べられているように、『唐話便用』（『唐語便用』）は岡島冠山による第４冊目の唐話を記述した書物である。『唐話便用』は、外題には「唐語」とあるが、巻三を除き各巻の最初には「唐話便用」と記されている[1]。唐話とは、そもそもは長崎の唐通事が自らの中国語を呼びあらわすために用いた名称であり、長崎における中国貿易には欠かせない言語であった。岡島冠山は、唐話という名称を冠した書物を、唐通事ではなく江戸や京阪など長崎を遠く離れた土地に住む日本人知識人を読者として想定して初めて出版した人物で

1）『唐話辞書類集』の編纂者であり解題著者の長澤規矩也氏も『唐話便用』という呼称を用いている。

ある。荻生徂徠らが結成した訳社で講師を務めた人物でもあるが、それは唐話の才能を買われてのことであった。

　岡島冠山は長崎の生まれであるとされるが長崎での冠山については不明な点が多く、唐通事として唐話を話す機会があったのかは定かではない[2]。ただ、当時の長崎の状況を鑑みれば、唐通事ではなかったとしても唐話の知識を得る機会は十分にあったと考えられる。

　長崎には唐人屋敷という来航中国人が唯一滞在を許可された場所があった。唐人屋敷の敷地内には中国人が居住するための家屋や祠堂があり、広場では日用品や土産物を売る露店が出された。中国人は特別な行事がないかぎり、唐人屋敷を出ることは禁じられていた。一般の日本人の出入りは禁じられていたため、中国文化が凝集していた空間であったと言えるだろう。唐人屋敷が出来てからは、長崎の一般人にとっては中国人との接触はほとんどなくなり、中国語を聞いたり話したりする機会もなくなってしまうが、それ以前は、長崎市中にごく普通に中国人がおり、長崎は日本人と中国人とが共存している土地であった[3]。唐話に長けた日本人は内通事と称された私的な通訳を請け負うことも可能であった。岡島冠山は、中国人を祖先とする唐通事の家系の生まれではなかったため、唐通事としての足跡を辿ることは不可能かもしれないが、内通事であった可能性は否定できず、通事ではなかったとしても、唐通事や中国人が話す唐話あるいは中国語を生で聞いていた可能性がある。

2．巻一から巻三における疑問、反語、命令、依頼の表現

　『唐話便用』には、漢字の右にカタカナで唐音が表記され、漢字には返り点と送り仮名が付され、唐話に続いてカタカナ交じり文で日本語訳が示されている。唐音、返り点と送り仮名、日本語という３点セットは、岡島冠山の唐話シリーズすべてに共通している。唐通事が唐通事のために編纂したテキス

2）『唐通事会所日録』（『大日本近世史料』所収）元禄13年（1700）３月７日の記録の「岡島長左衛門」が冠山であるという確証はない。
3）唐人屋敷は元禄２年（1689）に完成し運営が始まる。冠山15、６歳の頃である。

248　第二編　岡島冠山と唐話

トは、唐話の部分のみであり、発音や日本語訳は付されないものが多いようである。岡島冠山の唐話シリーズは、一般の日本人を読者として編纂されたために、すべてを表示することに意味があり、歓迎されたのだろう。

『唐話便用』６巻６冊の構成は、次に示すとおりである。

　　巻一　　２字ならびに４字の言葉

　　巻二　　３字ならびに５字の言葉

　　巻三　　３字と７字のつながりを持つ言葉

　　巻四　　場面に応じた会話（字数の制限はなし）

　　巻五　　場面に応じた会話（字数の制限はなし）

　　巻六　　場面に応じた会話（字数の制限はなし）、長短雑話（字数制限なし）、器用

　巻一から巻三までは文字数による分類である。文字数による分類は、岡島冠山の唐話シリーズの第１冊目である『唐話纂要』や『唐音雅俗語類』の一部でも用いられている。２字の言葉から始まって、３字、４字……と徐々に文字数つまり音節数を増やしながら、言葉を身に付けていく学習法は、唐通事が実践した方法であった[4]。

　巻一から巻三の語はただ羅列されており、巻三を除いては相互のつながりが定かではなく、会話体として収められていると限定しがたい面がある。

　本論は、岡島冠山の唐話と唐通事の唐話との関係を見ることを目的としているため、唐話という語は本来唐通事の話し言葉を指す名称であることをよく踏まえていると見なし得る、話し相手が存在することを前提とした疑問や命令、依頼、勧誘など、会話で用いられるべき表現を取り上げ、その語彙と語法を鳥瞰したいと思う。

　『唐話便用』を資料として正確に引用するならば、唐話とともに記されている返り点や送り仮名、日本語訳もすべて挙げるべきであるが、ここでは便宜的に唐話のみを挙げることにする。なお、該当するものがあれば、それぞれ文字数ごとに各１文ずつ例文を挙げることを原則とする。巻三からの引用は

4）武藤 1926。

つながりのある６字と７字をコンマで繋げて挙げる。

２-Ａ．疑問

（１）疑問詞を用いる表現

① 疑問の対象が「物」

「何」　　有何事　有何公事

「甚」　　有甚忙

「甚麼」　等甚麼　你每做甚麼

② 疑問の対象が「人」

「誰」　　誰能保無事

③ 疑問の対象が「数」

「多少」　多少錢賣　有多少里數

「幾」　　有幾多路程

「幾時」　幾時去　你舩幾時開

「幾何」　你尊庚幾何　種些善根也好，你老了能活幾何

④ 疑問の対象が「場所」

「那裡」　今日那裡去

「何處」　何處去　這舩何處發　尊府在何處住，想必離此間不遠

⑤ 疑問の対象が「理由」

「怎」　　你怎只管疑　你怎不告訴我，我若早知有論頭

「怎麼」　你怎麼來遲

「何」　　緣何久不來　這乃一定之理，緣何你還自執迷

⑥ 疑問の対象が「方法、様子」

「怎麼」　怎麼處

「怎生」　怎生處

（２）語気助詞を用いる表現

「麼」　　近來有新奇事，列位也曾聽了麼

「否」　　連日不拜尊顏，未審興居如意否

（３）「麼」や「否」を伴わないもの

「未知」　未知興居好　以後多日不會，未知你怎生賞春

「不知」 不知貴恙好 他們迄今未到，不知有甚麼障礙
（4）反復疑問 要不要 去不去 來不來 看不看

2-B. 反語
「那」 近來有所煩惱，那想還出去頑耍
「焉」 焉能說 焉能出我的氣
「豈」 豈不大惋惜 他們一路的人，豈可聽信他的話
「豈敢」 豈敢違負
「怎敢」 怎敢辭
「安」 你既受人之托，安得不為他出力
「安敢」 安敢做 你不要錯怪我，我安敢說破老哥
「何必」 何必太生受 這般大冷天氣，何必你冒風遠來
「如何」 我每都經紀人，如何能作詩為文
「何～哉」 功不成名不遂，有何面目處世哉
「難道」 今日雨霽天晴，你難道不去頑耍

2-C. 命令・依頼
（1）動詞あるいは助動詞
「請」 請閑話 請你用便飯 請到樓閣上去，納一黃昏涼也好
「要」 都要走開去 除要你親自去，不然難以說服他
「須要」 須要勉力 須要用心些 須要省些用渡，金銀不是容易有
「煩」 煩你教誨他 我今初到此間，一切事煩你指教
（2）副詞
「可」 今夜已有三更，你可在這裡宿歇
「必須」 必須遵法度 我在這裡等你，你必須立刻就來
「須」 須學正謹事 這些人做甚鬧，你須趕他們出去
「千萬」 千萬靠賴你 起先所說的事，千萬你替我體悉
（3）否定詞を伴うもの
「不要」 不要慌 不要索價 不要寫得歪 你不要錯怪我，我安敢說破老哥

『唐話便用』の会話文における語彙と語法──疑問、命令、依頼の表現を中心に── 251

「休要」 休要惱　休要放心于人，恐被他背後所箅

「不可」 不可造次　不可看得輕　不可花費錢鈔，而今與往年不同

「不必」 不必說　不必多講　不必多講了

「不許」 夜裡不許出

「不消」 不消來

「不須」 不須問　不須你吩咐

「未可」 未可舉事

「休」　　休多言　我去意已決了，你休如此再三留

「莫」　　莫教我等久

「勿」　　勿忤我意

（4）文末に助詞を置いたもの

「些」　　留心些　只好家常些　何必只管生受，只好家常些便了

「看」　　想想看　查查看　比比看　打聽看

「着」　　且耐心等着

「罷」　　一起回去罷　今回若做不成，這事寧撒開手罷

「便了」 今日天氣和暖，我與你遊行便了　此去路程較遠，索然早回去便了

「好了」 今日着實多興，大家做詩也好了

「則個」 請斟酌則個　所扥的那件事，千萬你體悉則個

　また、文末に「如何」を置くことによって勧誘を表しているものもある。

「如何」 晚上到我舍下，喫一杯閒話如何

　また、前置詞を用いて依頼を表しているものもある。

「替」　　逐個個都要見，你替我請他們來

「為」　　謝不盡他的恩，你為我好好說聲

「與」　　你與我致意他，說我後日要望他

　このように、巻一から巻三までには、疑問、反語、命令、依頼を表す語が数多く収められている[5]。このことからは、会話を意識していると言えるだろ

5）また、ここでは特に取り上げないが、唐話だけを見ると相手に向かって話す言葉として収められているかどうかは定かではなくても、下に記された日本語に命令あるいは依頼の用法であることがはっきりと示されているものもある。ほんの一例を挙げる

252　第二編　岡島冠山と唐話

う。また、その語彙は、文言と口語あるいは白話のいずれもが用いられている。

3．巻四から巻六の会話における疑問、反語、命令、依頼

　他の「唐話辞書」と称されるものの中には意味で分類したものもあるが、岡島冠山の唐話シリーズは意味による分類ではなく、文字数による分類が基本であるといえるが、『唐話便用』に関しては、巻四から巻六にわたり、具体的な場面に分類したうえで「〜説話」という形で表示し、2人の人物による一問一答の会話が収録されているという点が特徴である。すべて、片方の発言の後日本語訳を挿んで、もう片方の発言が「答〜」で示される。
　巻四から巻六の構成と内容を次に示す。最初に『唐話便用』に掲げられた場面名を、次に各場面の会話として収められている各やりとりに筆者が番号を付し、その内容に関するキーワードを中国語で挙げている。

1．初相見説話　　①久問大名②才名如雷③久慕高風④幸接尊顔⑤初蒙枉駕⑥天賜其便
2．平日相會説話　①問候②問候③托事④賞花⑤玩耍⑥問候⑦問候⑧可憐
3．諸般謝人説話　①宴會②宴會③訪問④幫忙⑤禮物⑥禮物⑦訪問⑧得職⑨昇進⑩昇進⑪幫忙
4．望人看顧説話　①謝恩②謝恩③求幫忙
5．諸般借貸説話　①借錢②借錢③借錢④借書⑤借景
6．諸般賀人説話　①生日②結婚③結婚④結婚⑤生男孩兒⑥生男孩兒⑦生女兒⑧昇進⑨搬家
7．諸般諫勸人説話①勸喫藥②不要賭博③不要玩兒青樓④不要做壞事⑤不要求利⑥要信道術⑦不要信道術⑧不要不善⑨勸積善⑩

と、たとえば次のような語句がある。
這裡來　ココニキヨ
再坐坐頑要　マットイテアソビ候へ
你且走將進去，看裡首有甚人在　汝ハ先ススミ入リテ内ニタレガイルカミヨ

勸積善

8．諸般贊嘆人說話　①學才②富貴③高潔④孝心⑤清貧⑥富貴⑦人品⑧學才
　　　　　　　　　　⑨君子風格⑩老師之教⑪人品⑫有本事
9．書生相會說話　　①問候②看文章③目今的書生④借書⑤惜才⑥武家就文
　　　　　　　　　　⑦稱讚學問
10．與僧家相會說話　①問候②問候③問候④願做佛⑤說職掌

　次に、巻四から巻六に設けられたそれぞれの会話場面での疑問、反語、命令、依頼がどのような語彙で表されているかを見てみよう。

　なお、唐話の後の日本語は原文に付されている日本語である。返り点、送り仮名は省略している。

1．「初相見説話」
　初対面での会話6組が収められている。
疑問
「何」　　何果如此厚款　何ユヘ此ノ如クコチソウナナレ候ヤ
反語
「何」　　何足掛齒　何ンゾ云ニ足ンヤ
　　　　　何當過譽　何ンゾ譽玉フニ當ニヤ
「豈」　　豈敢違命　何ンゾ敢テ命ニ違ニヤ
　　　　　豈意今日有緣　今日因縁アラントハ思ヒヨラズ
　　　　　我等豈能企及　我等何ンゾ企及ンヤ
「安」　　安謂今日相逢　今日逢候ハントハ思ヒヨラズ候フ
命令・依頼
「請勿」　請勿見弃　オステナサルベカラズ
　　　　　請勿見厭　御アキナサルヘカラス
「願」　　願領清誨請勿推故　願クハ教エヲ受ケ候ハン御辞退ナサレルナ
　　　　　但願自今以後互相訪問永結不變之好
　　　　　　願ハクハ今ヨリ以來ハ互ニオミマヒ申シテ永ク変セサルノ好ヲ結
　　　　　候ハン

あらたまった場面である初対面での挨拶は、どれも同じような限定的かつ固定的な内容であり、語彙にも同様の傾向が見られる。

2.「平日相會說話」

顔を合わした際の日常的な会話8組が収められている。

疑問

「怎」　　老爺帶我去看花怎推故
　　　　　　ダンナノ花ヲミニオツレナサル何ンゾヨクゴジタイ申サンヤ

「怎的」　却教我可憐你怎的　我汝ヲアハレント思フテ何カセン

「豈」　　你豈不來問我一聲　汝ハ一声モ我ヲ問ハヌ

「未知」　這幾日少會未知尊體康健　御康健ニ候フヤ

　　　　　未知尊體如意　イカガコユウケンニ候フヤ

「不知」　敢問那件所托之事不知怎生
　　　　　　彼ノタノミタル一ツノコトハナントシタゾ

反語

「那」　　那知果有貴恙　果シテゴビヤウキナリ

「什麼」　這是一定之理悔什麼氣　是ハ定リタル道理ナリ

「何」　　雖整日直宿有何話說　毎日泊番致シ候フトモ何ノ云ブンカアラン

「豈」　　豈敢好說　コレハコレハカカルギヲ仰セラル

　　　　　小弟豈不知兄長愛恤　某何ンゾ貴公ノアハレミ玉フヲ知ラザランヤ

　　　　　豈不是大悔氣　イマイマシキコトニ候ハズヤ

命令・依頼

「請」　　只顧用藥請自保重
　　　　　　ヒタスラ御薬ヲオモチイアリテ自ラゴタイセツニナサルベシ

　　　　　請恕請恕　御ユルシクタサルヘシ

「不可」　這兩日天氣更冷雖然略好也不可見風
　　　　　　コノコロハ天氣モ殊外ヒエ候フ少シ御快ク候フトモ風ニフカレ玉
　　　　　フベカラズ

　　　　　你自斟酌切不可驕矜忘本

　　　　　汝自ラリヤウケンシテオゴリタカブリテ本ヲ忘ルベカラズ
「休」　　休恠休恠　御恨ナサルマジ
「休要」　我曉得你原來懶走休要又將推故　又ジタイイダサルベカラズ
「須」　　你須同我去看一看　汝モ我ト同ク往テ見候へ
「便了」　仁兄再三勉強我着便了
　　　　　貴公再三打候フヤウニ御シイナサレテ打シメ玉へ
「則個」　先生可憐小人則個　先生某ヲアハレトオボシメサルベシ
「千萬」　千萬你越與我計較　汝ヲタノムイヨイヨ我タメニケイリヤクセヨ
「願」　　願足下與老夫拜覆令尊容近日必當躬行奉謝
　　　　　願ハクハ貴公某ガ為ニ御シンブサマニ近日ノ内自ラ伺候仕テ御礼
　　　　　申上ベキ由コデンゴン御申クダサルベシ

　日常的な出会いの場でのやりとりは、尋ねたり何らかの考えを述べたり命
令することじたいが多いため、用例も多数にのぼる。また、内容も多岐にわ
たっており、語彙は文言的な語彙もあれば白話的な語彙も含まれている。語
彙、内容ともに多様であるなかでも、「則個」を特徴的な語彙として挙げるこ
とができる。なぜなら、唐通事の唐話テキストに見られない語彙だからであ
る。『朱子語類』には用いられており、口語体の語彙であると考えられるが、
『唐話便用』が出版された18世紀の口語を反映したものではすでになく、むし
ろ口語体を模した白話語彙が会話で用いられていると考えたほうが良いだろ
う。「則個」が用いられている会話は次のとおりである。日本語訳は省略す
る。

　　　多謝先生枉駕。小人久失拜候。欠情不少。只是同僚道裏病人多。教我們
　　　不病的五六個人。或者代他當日或者換他直宿。這幾日弄得我每晝夜慌忙。
　　　雖鐵石身軀也有些難熬。豈不是大悔氣。先生可憐小人則個。　答。胡
　　　說。我曉得當日直宿。或者喫酒或者下棋。自在遊樂。恰如玩耍去一般。
　　　你們有這個職事。錢粮也不少。許多家口安坐飽食。雖整日直宿。有何話
　　　說。況且你身上有病。教同僚代你。同僚有病疾。你也該代他。這是一定
　　　之理。悔什麼氣。却教我可憐你。怎的你不是見那命不好的。或者精通武
　　　藝或者善為文章。各自負其才。而不能為時用。未始片刻安妥。此等之人

256 第二編　岡島冠山と唐話

真是可憐。你們才力也只是平常。因是命好。補着這個職事。得了這個錢
粮。依我看起來。便是天大的造化。你自斟酌。切不可驕矜忘本。人可瞞
天不可欺。小心小心。

　上の引用は、仕事の愚痴とそれに対する戒めの会話である。通り一遍の挨
拶ではなく、個別的で具体的な内容が記されており、愚痴を言う方も戒める
方も、ずけずけとものを言っている。「則個」という語も、会話で用いられる
語としてはありきたりではなく、どのような場面でも用いることの可能な語
ではなかった。『唐話便用』で個々の場面で限定的に用いられていることは、
「則個」を用いる場を選んでいることの現われであると考えられるのではない
だろうか。

　３．「諸般謝人說話」
　　感謝を述べる会話11組が収められている。
反語
「何」　　先生大才何須我用言　先生ノ大才何ンゾ某トリナシニ及ビ候ハンヤ
　　　　　何勝感佩　感心ノ至リニタエズ
　　　　　何預為之　何ノ預ルコトアラン
「何必」　何必如此致謝　何ンゾ此ノ如ク御礼仰セラレ候ヤ
「豈」　　豈無奉疑之心　何ンゾゴチサウ申ノ心ナカランヤ
　　　　　豈不惶愧　ハヅカシキ御事ニ候フ
　　　　　豈不羞殺人甚自不當　ハヅカシキコトニテイタミ入リ候フ
「安」　　小兒雖蠢安不思重報
　　　　　　倅愚ナリト云ヘドモ何ンゾ重ク報ハンコトヲ思ハザランヤ
命令・依頼
「不可」　切不可如此拘禮　カヤウニゴキウクツニハナザルマジ
　　感謝を述べる場面においても、初対面の会話と同じくあらたまった言葉遣
いによる会話である。程度の甚だしさを強調するために、反語の表現が多く
用いられていると考えられる。疑問や命令は用いられていない。

4.「望人看顧説話」

便宜や世話を要求する会話3組が収められている。

疑問

「甚」有甚難處　何ノカタキコト候ハンヤ

反語

「豈」　若知天命豈以富貴貧賤介意哉

　　　　天命ヲ知ル者ハ何ンゾ富貴貧賤ヲ以テ心ニカケンヤ

「難道～不成」難道教你喫虧不成　ナント老兄ニメイハク致サシメンヤ

命令、依頼

「請」　請休推故　ゴジタイナサルベカラズ

　　　　且請安心

「不可」決不可煩悩　必ス御ナヤミアルベカラズ

「望」　専望老爹垂青分些餘光

　　　　専ラ貴公ノ御目ヲカケクタサレテ餘光ヲ分ケ玉フヲ望ム

　　　　萬望為我做出一條安身立命之計

　　　　何トゾ我タメニ身ヲ安ンジ命ヲ立ルノ計コトヲナシ玉へ

収められている会話が少ないため用例も少ないが、便宜や世話を依頼する場合の表現には「望」が用いられている。

5.「諸般借貸説話」

貸し借りに関する会話5組が収められている。

疑問

「甚麼」這是甚麼話　何ノ言ゾ

反語

「那」　目今這時候那家有這閑銀子借你使

　　　　今時此時分誰家ニ閑ノ銀ガアリテ汝ニ借シテ使ハシメンヤ

「豈」　豈敢推托　何ンゾ辞ジ候ハンヤ

「不是」卻不是悔氣　イマイマシキコトニアラズヤ

命令・依頼

258　第二編　岡島冠山と唐話

「請」　　請免請免　御免御免

「休」　　且休憂愁　先御ウレヒナサルベカラズ

「不可」　我不敢久留來月初頭便有得還你你不可不爽利
　　　　　　　我久シクハ留オカジ来月ノ初ニハ返スコトアランイサギヨクセヨ

「要」　　只要你來月初頭不失信便了　只来月ノ初メニブサタシ玉フナ

「可」　　我想你家還是有這頭銀子你可拿出來借我用
　　　　　　　我思フニ汝ノ方ニハマダ此シキノ銀子アルベシ取出シテ我ニ借セ

「千萬」　千萬千萬　万タノミ上候フ

　ここでは、口語語彙の使用が目立っている。上に挙げた「甚麼」「那」「不是」「不可」「要」「可」は、次に挙げる会話に用いられている。

　　我今忽有不得已之事。急要三十兩銀子。這早晚各處去借。走遍了相與人家。只是半文也借不出。卻不是悔氣。我想你家還是有這頭銀子。你可拿出來借我用。我不敢久留。來月初頭便有得還你。你不可不爽利。　答。你也好說。目今這時候那家有這閑銀子借你使。莫說三十兩三分也不是容易借得的。況且你借銀子。就如皇帝老爺借銀子一般。你可拿出來借我用。不可不爽利。這是甚麼話。我和你是弟兄一般。便是這般說也不礙。若對別人家也說這樣大支支的話兒。不要想銀子借。卻先惹人叱罵。你豈不自省。你既料我家有特地問你借。我也不宜說沒有。落得拿出來借你用。見得些我的爽利也好。只要你來月初頭不失信便了。

　上に挙げた引用は、金銭の貸し借りをめぐる会話である。借りる方の言い分を、貸す方が詰る内容は、非常に具体的であり個別的であると言えるだろう。

6.「諸般賀人說話」

　お祝いを述べる会話9組が収められている。

反語

「何」　　何足言賀　何ンゾ賀スルニ足ンヤ

　　　　　何足當賀　何ンゾ賀ニ當ルニ足リ候ハンヤ

　　　　　何足掛齒　何ンゾ云ニ足ンヤ

　　　　　何特為之枉駕多勞多勞
　　　　　　　　何ンゾコレガ為ニ御出アルヤゴクラウヲカケ候フ
「豈」　　豈望過分　　何ンゾ分ニ過タルコトヲ望候ハンヤ
命令、依頼
「請」　　請恕請恕　　オンユルシクタサルベシ
「如何」　今日既蒙枉顧獻杯村酒如何
　　　　　今日已ニ御出ヲ蒙リシカバ一盃ノ村酒ヲ進ラセタク候イカガアラ
　　　　　ンヤ

　お祝いを述べる会話のうち、8組までは子の誕生や昇進という普遍的な内
容であるが、9組目の引越しを祝う会話には具体的で個別的な内容が盛り込
まれている。

　　　聽道足下移居此處。今日特來奉賀。果然這個所在景致非凡。前河後山。
　　　夏涼冬暖。更兼園中花卉皆奇皆異。假山已古就如真的一般。正是市中儒
　　　界。欽羨欽羨。答。小弟初搬。還未修造。依舊蕪穢。今且勉強居住。只
　　　是前面的河與後面的山。真乃現成景致。可以觀賞。餘外這些花卉假山自
　　　是兒戲。今日既蒙枉顧。獻杯村酒如何

7.「諸般諌勸人說話」
　諌め正しい道へと誘導する会話10組が収められている。
疑問
「何」　　這是何謂　　此ハ何トイタシタルコトニテ候ヤ
「不知」　不知有這般禍　　何トシテ此禍ハアリタルニヤト存ジテ
反語
「誰」　　誰知倒也利市起來　　反テエトガヨクナリ
「什麽」　他曉得什麽道術　　彼何の道術ヲカ知ラン
「那」　　那料仁兄恰好來見教
　　　　　思ヒ居ケル処ニ仁兄來リ玉ヒテ御教訓ヲナサル
　　　　　那料被仁兄見責　　思ヒヨラズシテ仁兄ニシカラレタリ
「豈」　　豈自輕覷　　何ンゾ自ラ軽ク看玉フヤ

豈不是可很　　何ンゾクチオシキコトニアラズヤ

「怎」　既有良醫怎敢不服藥　既ニ良医アラハ何ンゾ薬ヲ用イザランヤ

　　　你怎直如此愚了　　汝何ユヘ此如ク愚ニナリソウロフヤ

「不是」　這不是天教我改失　是ハ天ヨリ我ニ過チヲ改メサセ玉フ者ナリ

「難道」　難道迷到這個田地　何ンゾ迷テ此場ニ至ルヤ

命令・依頼

「請」　　請早邀良醫求藥療治

　　　　　早ク名医ヲムカヘテ薬ヲ求メ御治療ナサルベシ

　　　　請免請免　御免シ御免シ

「莫」　　莫怪莫怪　必スウラムコトナカレ

「不可」　決不可遷延自誤　延引シテ自ラアヤマリ玉フベカラス

　　　　下次再不可去　重テハバクチニ出マジ

　　　　你須今日為始竟自割斷再不可去走那條路

　　　　　汝今日ヲ始メトシテフット思ヒキリ再彼筋ニ往クヘカラズ

　　　　切不可怨天尤人　天ヲモ人ヲモ怨候コトナカレ

「不要」　從此以後只要擇友相交不要聽那幫閑們呆話

　　　　　今ヨリ以後ハ友ヲ擇ラ交ハリタイコモチ等カ云フタハコトヲキク
　　　　　ベカラズ

「要」　　花言巧語只顧奉承要我賞他

　　　　　言ヲ花カニシ語ヲ巧ニシテヒタスラニウヤマウテ我花ヲクレルコ
　　　　　トヲ求ム

「須」　　你須趁早悔心改過自新

　　　　　汝早ク心ヲ悔テ過チヲ改メテ自ラ新タニナレ

「必須」　你也必須學古人的法兒　汝モ古人ノ法ヲマナベ

「便了」　明日必當請他來療治便了　明日必ス良医ヲ請シテ療治致スベシ

　　　　　除非行仁慈　ゼヒゼヒ仁慈ヲ行ハルベシ

　　　　　你自斟酌　汝自ラリヤウケンヲ致サルベシ

　ここでの会話の内容は変化に富んでいる。たとえば、上に挙げた「那」「不
可」「不要」「要」は遊郭通い、「誰」「那」は賭け事、「什麼」「那」は道術に

ついての会話であり、さまざまな内容に関して、個別的かつ具体的なやりとりが展開している。

8.「諸般讃嘆人説話」
賞賛の会話12組が収められている。

疑問

「怎」　怎有如此高手段　何トシテ此ノ如キ高手段アリヤ

「怎生」　這是怎生　是ハ何トシタルコトゾ

　　　　如何有此般好心腸　何トシテサヤウノヨキハラハタハ持候ヤ

反語

「何」　何足掛齒　何ンゾ云ニ足ンヤ

　　　　何足齒及　何ンゾ云ニ足ンヤ

　　　　老夫有何德

「怎」　怎能閒是非何況別人的搬得起

　　　　　況ヤ他人ノ是非ヲ何ンゾ能ク搬スコトヲ得候ハンヤ

「豈」　豈當仁兄過譽　何ンゾ仁兄ノ過キテ譽玉フニ當ンヤ

「安」　安敢自大　何ンゾ敢テ自ラ大ナリ

「焉」　焉能如此　何ンゾ能ク此ノ如クナランヤ

命令・依頼

「請」　足下請察　足下之ヲ察セ

　　　　請教請教　御示シ御示シ

「不可」　功名之事再不可題倒得羞殺我了

　　　　功名ノコトハ再ヒ仰セキケラルマジ反テ我ヲハヅカシムルナリ

ここでは、文言的な語彙の使用が目立つと言えるだろう。

9.「書生相會説話」
書生同士の会話7組が収められている。

疑問

「何」　仁兄你這幾日有何貴忙詩會也不來

　　　　　仁兄コノコロハ何ノオイソガシキコトアリテ詩會ニモ出玉ハヌヤ
　　　　何故太拘束　何ユヘ餘リキウクツニ致サンヤ
「不知〜怎様」　不知你意下如何　汝ノ心ハ如何
　　　　　　　　我等不知怎様　我等ハ何トシタルコトニヤ

反語
「甚」　　有甚嘴臉再見故人　何ノ面目アリテ再ヒ故人ニ見ヘンヤ
「何消」　何消定要禁　何ンゾ定テ禁セント欲スルニ及ハンヤ
「怎」　　怎敢不愛護　何ンゾ大切ニセザランヤ
「豈」　　豈可令他弃武　何ゾ武ヲ棄サシメ候ハンヤ
　　　　豈宜懈慢
「安」　　安敢不謹學　何ゾ敢テ学ヲ勤メザランヤ
「不是」　不是多少好何ホドカ宜キコトニアラズヤ
「難道」　武士難道不學文　ナント武士ハ文ヲ学ヒザルハズニテ候フヤ
　　　　難道自負此般大才碌碌守貧不成
　　　　　何ゾ自ラ此ノ如キ大才ヲ負テ碌碌トシテ貧ヲ守リ候ハンヤ

命令・依頼
「不可」　仁兄你不可自誤　自ラ誤リ玉フコトナカレ
「要」　　還要請教仁兄　仁兄ニモ教ヲ請ハント存候フ
「須」　　你須斟酌　汝リヤウケンヲ致サルベシ
「必須」　必須到江都去必ス江都ニ往テイトナミヲナシ
「些」　　我和你都是一般讀書中人必當正謹些
　　　　　我汝ト都テ是讀書中ノ人必ス正ンカルベキコトナリ

　文言的な語彙も口語も共に用いられている。ここでの会話にも、通り一遍
の挨拶ではなく、話し手が武士であったり志を抱いて故郷を離れて来た者で
あったり、個別的な内容が見受けられる。

10.「與僧家相會說話」
　僧侶との会話5組が収められている。

疑問

「甚」　　又要願做甚佛　又何ノ佛ニナラント願ヒ候フヤ

　　　　餘外還有管甚的職事　此外ニ何事ヲ管ル役人アリヤ

「麼」　　師父少會令師堂頭老和尚康健麼

　　　　　師父オメニカカラズ候フコシシャウ堂頭老和尚ニハゴユウケンニ

　　　　コサナサレ候フヤ

「未知～麼」　這幾日有事久不來奉拜未知法軆如意麼

　　　　　　コノコロハ用事アリテ久シクオミマヒ申上ズゴユウケンニゴ

　　　　　　ザナサレ候フヤ

「不知～怎生」　不知怎生修行方能做得佛

　　　　　　　如何ヤウノ修行ニテ能ク佛ニナリ候フヤ

反語

「那」　　老僧做堂頭整整五年今已七旬之上那能管得起這許多事

　　　　　老僧堂頭ニナリテチヤウド五年ナニナリ候フ今已ニ七十ニ餘リ何

　　　　トシテ此若干ノコトヲ掌リ候ハンヤ

命令・依頼

「請」　　請恕請恕　御ユルシ御ユルシ

「望」　　望師父與我致意老和尚說聲近日必當奉候

　　　　　師父我タメニオコトツテヲ仰上ラレ近日オミマヒ申上ベシト御申

　　　　シクダサルベク候フ

　　　　望大和尚指教　望ラクハ大和尚コレヲ教ヘ玉ヘ

　ここでは、口語を用いている傾向にある。「那」の例を始めとして、具体的
かつ個別的な内容が含まれている。

4．まとめ

　『唐話便用』の会話における疑問、反語、命令、依頼の表現は、語彙の面に
おいては、一回の会話の中にも、文言と口語あるいは白話の混合が見られた
が、初対面や感謝の挨拶では文言や定型句が多く用いられているのに対し、

より個人の事情に即した個別的かつ具体的な内容の会話には、口語あるいは白話が多く使用されていることを確認できた。

　また、巻一から巻二に関しては場面の設定や前後の文脈が示されておらず、具体的にどのように使われるのかわかりにくい面がある。たとえば、巻二の「請用杯村酒」とお酒を勧めるセリフは前後の文脈がないが、「諸般賀人說話」ではお祝いに駆けつけた人へのお礼の言葉として「今日既蒙枉顧。獻杯村酒如何」と用いられており、読む者に対してより生き生き伝わってくることだろう。巻三に関しては、六字と七字を結びつけることによって、どのように用いられるかある程度の推測が可能であると言えるが、巻四から巻六で10の場面に分類して明示したことによって、一般の日本人にとって唐話がより実用的な言葉として提示されたといえるだろう。

附論　江戸時代の「唐話世界」

── 唐通事の唐話と岡島冠山の「唐話」──

1．岡島冠山資料の語彙

　冠山資料に共通する特徴をひとつ挙げるとすれば、語彙の多様性あるいは不均質を挙げることができるだろう。たとえば、顕著な例として『唐音雅俗語類』を挙げることができる。『唐音雅俗語類』は雅語類と俗語類に分類し、いずれをも収録することにより、同じ意味を持つ語句が複数用いられている。このように、同じ意味を持つ語彙が複数含まれ、またその複数の語彙の用いられる地域や時代が異なっているという点を、多様性、あるいは不均質という特徴であると捉えることができる。日常語彙である代名詞と語気助詞の状況を次に示そう。

ⅰ．人称代名詞
① 一人称単数：（1）我　（2）吾　（3）吾子　（4）俺　（5）僕
② 二人称単数：（1）你　（2）儞
③ 三人称単数：（1）他　（2）彼
④ 複　数　形：（1）〜們　（2）〜毎　（3）〜等

ⅱ．語気助詞
（1）了　（2）哩　（3）罷　（4）罷了　（5）便了　（6）則個[1]　（7）着

　1）『唐話纂要』や『太平記演義』には「則個」の用例が二、三ある。唐通事資料には「則個」という語彙は確認できず、唐通事の日常的な語彙ではなかったことが分かる。岡島冠山の資料に見られる「則個」は唐通事の唐話を反映しているとは言えないかもしれないが、読者である日本人に向けた工夫であると考えることが可能ではないだろうか。江戸時代の日本人が抱いていた白話に対する興味が、反映されているのではないだろうか。白話に対する興味が語彙に反映されているという点は、岡島冠山の唐話の特徴であるといえるだろう。

266　第二編　岡島冠山と唐話

（8）哉　（9）也　（10）矣　（11）耳　（12）而已　（13）而已矣
（14）乎　（15）耶　（16）就是了　（17）不成

　前章で取り上げた『唐話便用』の会話は、あいさつのように普遍的で抽象
的な内容と、個別で具体的な内容の、対照的な2種類に分類できると考えら
れる。表1に一例を示そう。

表1　〔『唐話便用』会話場面内容による分類〕

A普遍・抽象	①久慕高風無由一拜。今日因縁自熟不期相會，大慰平生之懷。但願自今以後互相訪問，永結不變之好，請勿見棄。 　　答　兄長高名，小弟素仰。只因無人為薦，相見晚了。但小弟是小家窮人，兄長乃名門富郎，有所不相當。然雖如此，既蒙愛恤，豈敢違命。若有用小弟處，只顧分付，水火不敢辭了。（初相見說話）
	②昨日豐筵盛款，水陸俱備，絲竹兼全。小弟飽德無涯，得興有餘，更酩酊異常，帶月而歸，一路蹌跟，天下上地，就如登仙一般。因愈加感佩，即來奉謝。 　　答　昨日辱蒙賁臨，感激不盡，第愧貧賤洞主，只有簡慢，不有款待，罪當深譴，反承又為勞駕，且其歸路之興，公自所取，何必如此致謝，不當不當。（諸般謝人說話）
	③聽道足下新娶夫人，共享洞房嘉祥，同成人倫大事，不久子孫綿綿，彌震家風，令人羨慕，恭喜恭喜。 　　答　小弟承父命，倉卒娶室，不及成禮，甚自羞慚，不當不當。（諸般賀人說話）
B個別・具体	④這幾日有些閑空，今夜你在這裡玩耍。只怕你的大哥我的妹夫也要來。起先我曾差人去請，都有回話。你的大哥道有些事，略來得遲。我的妹夫是要早來。你在這裡多喫三杯，憑你著棋也使得，唱曲也使得，任意消遣，卻不是好。 　　答　多謝厚意。小弟今夜恰好無事，敢來陪席。聽道令妹夫棋最高，小弟試著一盤也好。爭奈家兄不喜歡著棋，小弟假意不敢著。仁兄再三勉強我著便了。如此可以好著。（平日相會說話）
	⑤我今忽有不得已之事，急要三十兩銀子。這早晚各處去借，走遍了相與人家。只是半文也借不出，卻不是悔氣。我想你家還是有這頭銀子，你可拿出來借我用。我不敢久留，來月初頭便有得還你。你不可不爽利。 　　答　你也好說。目今這時候，那家有這閑銀子，借你使。莫說三十兩，三分也不是容易借得的。況且你借銀子，就如皇帝老爺借銀子一般。你可拿出來借我用，不可不爽利。這是甚麼話。我和你是弟兄一般，便是這般說也不礙。

若對別人家也說這樣大支支的話兒，不要想銀子借，卻先惹人叱罵你，豈不自省。你既料我家有，特地問我借，我也不宜說沒有，落得拿出來借你用，見得些我的爽利也好。只要你來月初頭不失信便了。（諸般借貸說話）
⑥仁兄，你這幾日有何貴忙，詩會也不來。 　答：小弟前日借了一部珍書，如今晝夜在家抄。這部書共有六本的，纔抄了三本。所以好幾次詩會也不去，可惜可惜。（書生相會說話）

　表1のＡ（①②③）は、その大部分が四字句で構成されており、固定的な定型の語句や言い回しが多い。誰にでも、そのままの形で利用して使用することが可能であるといえるだろう。

　Ｂ（④⑤⑥）はＡとは正反対である。非常に個別的であり、個人の具体的な情況を描写している。

　Ａ、Ｂの共通点として見なすことが可能である点は、語気助詞である。Ａ、Ｂともに多用されてはいない。この点は、唐通事資料における会話文とも共通している。岡島冠山の資料には、白話小説の語彙として見なされている「則個」という語気助詞が用いられる会話文があるが、『唐話便用』の会話場面では見られない[2]。特殊な語気助詞が用いられていないという点には、Ａ、Ｂともに会話文としての配慮があったと考えられ、また、内容に関わらず、口頭で発せられる会話文として相応しい形式だといえるだろう。

　Ａ、Ｂでそれぞれ用いられている言葉には何らかの差異があるだろうか。上に挙げた例に見られる動詞、代詞、副詞、量詞、助詞の違いを表2に挙げよう。

　2）『唐話纂要』や『太平記演義』には「則個」の用例が二、三ある。唐通事資料には「則個」という語彙は確認できず、唐通事の日常的な語彙ではなかったことが分かる。岡島冠山の資料に見られる「則個」は唐通事の唐話を反映しているとは言えないかもしれないが、読者である日本人に向けた工夫であると考えることが可能ではないだろうか。江戸時代の日本人が抱いていた白話に対する興味が、反映されているのではないだろうか。白話に対する興味が語彙に反映されているという点は、岡島冠山の唐話の特徴であるといえるだろう。

268 第二編　岡島冠山と唐話

表2　〔『唐話便用』会話内容による語彙の異同〕

	A	B
動詞	是　＊乃	是
代詞	此　＊兄長・小弟・足下	我　你　這　這様　此
副詞	只顧	也　都　在　還是　共　纔
量詞		三杯　一盤　一部珍書　三本　好幾次
助詞	兄長乃名門富郎　歸路之興	你的大哥　這様大支支的話兒

　A、Bには上の表に挙げたような違いが見られる。それぞれの項目については、次のように考えることができるだろう。

　現代語の「是」と同じ動詞はA、Bいずれにも用いられているが、Aには「乃」という文言が用いられているのに対し、Bには「是」に代わる文言は用いられていない。

　代名詞の使用は、Aでは僅かしか見られず、特に人物を表す場合には「兄長」「小弟」「足下」などの名詞を用いている。Bでは人称代名詞、指示代名詞ともに用いられている。

　副詞は、Aでは僅かしか見られないが、Bでは豊富に用いられている。

　量詞の使用状況において、A、Bの違いが特に顕著である。

　体言を接続する助詞はAでは「之」が、Bでは「的」が用いられている。

　以上のように、動詞、代詞、副詞、量詞、助詞は、話される内容によって異なるということがわかった。その差異は、より具体的かつ個別的な内容であれば口語語彙が用いられ、より抽象的かつ普遍的な内容であれば文語語彙が用いられるという形で現れているといえるだろう。ただ、会話場面を離れて、語彙や語句として収録されたとしたら、雑多に寄せ集められただけの羅列にしか見えないだろう。会話場面の内容に則して考えると、口語と文言の両方が用いられていることは、不思議なことではないだろう。岡島冠山の資料における唐話とは、口語でなければならないわけではなく、必要に応じて文言も用いられたことばであった。

　このように、異なる場面や内容に対応するために、代名詞や語気助詞など

附論　江戸時代の「唐話世界」──唐通事の唐話と岡島冠山の「唐話」──　269

の種類が豊富になった。この点を特徴であると指摘することのできる根拠は、唐通事資料との比較に基づいている。すでに確認したように、設定されている会話の場面や登場人物は、唐通事という特殊な職業の人々ではなく、江戸時代を生きるさまざまな日本人であった。次に、唐通事資料の語彙について見ていく。

2．唐通事資料の語彙

　日本で日本人として生きていた唐通事にとって、唐話とはどのような言葉だったのだろうか。『唐通事心得』には、唐話に対する次のような記述がある。

　　　大凡做一個通事，不是輕易做得來，一則講唐話，二則學文，這兩樣要緊。
　　　一人前の通事となることは容易なことではない。一に唐話を話すこと、
　　　二に文を学ぶこと、どちらも大切である。

　ここで述べられているように、唐通事にとって最も大切なことは唐話を話すことであり、文を学ぶことも同様に重要だという。唐話を話すことを最重要視した唐通事の唐話とは、いかなるものだったのだろうか。冠山資料との比較という視点から見てみよう。

　ここで取り上げる資料は、『訳家必備』と『唐通事心得』を主とする[3]。なお、具体的な用例文は付録に挙げた。

ⅰ．人称代名詞
① 一人称単数：我
② 二人称単数：（1）你　（2）儞　（3）汝　（4）爾
③ 三人称単数：（1）他　（2）彼
④ 複数形：（1）〜們　（2）〜等

---

　3)『訳家必備』は『唐話辞書類集』第20集、『唐通事心得』は木津2000bに基づいた。

270 第二編 岡島冠山と唐話

ⅱ．語気助詞
（1）了 （2）哩 （3）罷 （4）呀 （5）呵 （6）阿 （7）呢

　上に示したとおり、唐通事資料の人称代名詞と語気助詞は多様ではなく、均質であるとはいい得るのではないだろうか。ここでは、人称代名詞と語気助詞のみを取り上げたが、『訳家必備』『唐通事心得』ともに、そこで用いられている唐話全般を通して均質であるといえる。相手に伝わる外国語を学びたい者にとっては、使用される時代や地域の限られた語彙や、実際の会話に使用されることの少ない書面語としての性格が強い語彙を数多く学ぶより、通じる語彙を吸収したいと考える。唐通事資料の語彙が均質であることは、現代の外国語学習の要求に共通する唐話学習の要求、しかも海外留学することのできない彼らにとって、より切実な要求を満たす特徴であると考えられるだろう。

　唐通事にとっては実際に役立つ唐話を学ぶことが最重要な課題であったことは、唐通事自身の言葉によって明確に語られている。唐通事の唐話に対する認識を知るための重要な資料であると考えられるので、少し長くなるが挙げておきたい。

　　大凡學了福州話的人，舌頭會得掉轉，不論什麼話都會講。官話也講得來，漳州話也打得來。壁如先學了官話，要你講漳州話，口裡軟頭軟腦，不象ヶ下南人的口氣。先學了漳州話，要儞説官話，舌頭硬板々，咬釘嚼鉄，像個韃子説話一樣的不中聼。這个正真奇得狠。唐人是生成的，自然如此，連日本人也是這樣了。若是外江人遇着下南人，或者見了福建人，講官話自然相通。原來官話是通天下，中華十三省都通得了。童生秀才們要做官的，不論什麼地方的人，都學講官話，北京朝廷裏頭的文武百官都講官話。所以曉得官話，要東就東，要西就西，到什麼地方去再沒有不通的了。豈不是便當些。但是各處各有郷談土語，蘇州是蘇州的土語，杭州是杭州的郷談，打起郷談來竟不通，只好面々相覰，耳聾一般的了。

　　　　　　　　　　　　　　　　　　　　　　　　　　　『唐通事心得』
ここに挙げた『唐通事心得』には、官話学習の勧めとその重要性が強く説

かれている。たとえば、蘇州には蘇州の言葉、杭州には杭州の言葉という具合に、それぞれの地方はその地方の言葉を持っているが、官話は土地を選ばぬ、最も通じる言葉であるという。唐通事にとっての唐話を学ぶ意義は、「通じる」という点にあり、それを満たすことが可能であるのは、地方地方によって異なる言葉ではなく、官話であった。官話の有用性が唐通事には理解され、習得を目指すべき対象として見なされていた。唐通事資料における、語彙の種類が限られ均質であるという特徴は、広く通じる官話の特徴でもあるのではないだろうか。

　いっぽう、冠山資料にもそれぞれ一度ずつ「唐話」「官話」「郷談」の語が、次に挙げる語句に登場する。

① 學唐話　タウワヲナラフ　『唐話纂要』巻一「三字話」

② 休要打郷談　イナカコトバヲ云フベカラズ　『唐話纂要』巻三「五字話」

　　須要講官話　ミヤココトバヲ云フベシ　『唐話纂要』巻三「五字話」

②に挙げた二句は隣り合って配置されており、ひとつのまとまりある言い回しであったと考えられる。

　冠山資料には「唐話」「官話」「郷談」に関して、これ以上の言及はない。岡島冠山の資料は、読者としての日本人知識人を想定した工夫が見られ、読者の興味や関心あるいは必要性を考慮して編纂されたと考えられる。唐通事資料に見られる「唐話」や「官話」に関する見解、また両者を習得することへの説得が、冠山資料には見られないということは、冠山資料の読者には唐話や官話について説明する必要がなかったということを意味しているのではないだろうか。おそらく冠山資料の読者にとっては関心のない事柄であったために、説明の必要がなかったのではないだろうか。日本人知識層の唐話に対する関心は高かったが、中国人相手に通じるということに対する現実感は抱けなかったのではないだろうか。その結果として、唐通事の唐話をベースとしているにもかかわらず、通じる「官話」習得が反映された唐通事資料とは逆の特徴、すなわち語彙が多様であり、均質でないという特徴をもつようになったと考えることができるだろう。さらに、生身の中国人相手に通じることを具体的な目標とし、唐話を学ぶとは官話を学ぶことでなくてはならな

いと認識することのできた唐通事と、中国人との接触を日常的な現実として捉えることができず、「話されている」より「書かれている」中国語が現実問題として重要であった日本人とは、唐話に対する意識は自ずと違っていたはずだろう。

　江戸時代における唐話に対する認識は一定ではなく、どんな立場にあり何を目的としていたかによって、唐話のあるべき姿は異なっていたのである。

第三編　唐話と白話

『太平記演義』のことば
──『太平記』翻訳に現れた白話観──

1．はじめに

　中国の文学が日本人の文学活動に与えた影響は大きく、またその歴史は長い。江戸時代には特に、口語体で書かれた小説が翻訳され、日本にはそれまでになかったおもしろさを持つ読み物として大いなる支持を得た。また、翻案されたことによって日本文学に直接な影響をもたらし、読本という新たな文学形態の成立を促した。

　口語体で書かれた小説、つまり端的に言うと白話小説の中でも、日本人にもっとも大きな影響を与えた作品のひとつは、水滸伝であり、青木正児、石崎又造による研究をはじめとして、与えた影響および受容に関する先行研究は数多い。水滸伝が絶大な影響を与えたことは確かだが、またいっぽうで、読本個々の作品には水滸伝以外の白話小説を題材にしたものも多くあり、白話小説の中で最初に日本語に翻訳された作品も水滸伝ではなかった。水滸伝との関わりは代表的ではあるが、江戸時代を通じての白話小説と日本文学との関わり全体の一部だった。

　水滸伝に訓点が施され『忠義水滸伝』として出版される以前は、三国演義の翻訳である『通俗三国志』（50巻首1巻51冊）が元禄5年（1692年）に出版されたのを皮切りに、講史小説を翻訳した「通俗軍談」が江戸時代の翻訳文学の主役だった。「通俗軍談」とは、中国の各時代の治乱興亡を和漢混淆文で描いた読み物である[1]。講史小説の特徴的は、俗語の使用が少なく文言の使用

1）徳田武1987『日本近世小説と中国小説』（青裳堂書店）13頁によると、「中国の読物を翻訳したことを示す「通俗」の二字が書名の最初に冠せられ、末尾には「軍談」が付せられるのが普通である」ことから、「通俗軍談」と称される。

が多い白話小説だと言う点にある。文言を学問の対象としていた日本では、白話小説の読者としては初心者であっても、文言の多い小説を読む知識を持つ人物は多くいたのだろう。また、日本の文学史の流れを見ても、軍記物は好まれたのだろう。『通俗三国志』につづき、『通俗漢楚軍談』（元禄8年、1695年）、『通俗五代軍談』（宝永2年、1705年）、『通俗両国志』（享保6年、1721年）など、多数の和訳が出版された。文言色の強い「三国演義」をはじめとする小説群の翻訳が盛んに行われた時代を経て、俗語色の強い「水滸伝」や「三言二拍」翻訳時代を迎えることとなったのは、翻訳に必要な原文に対する知識の有無が反映された自然な流れであったと言えるだろう。

　白話小説の翻訳が実現したのは、日本における唐話学習の発展に拠るところが大きいと言える。唐話は長崎の唐通事が話す中国語に対する呼称として用いられたと考えられるが、後に唐通事以外の日本人にも紹介され、学ばれるようになり、白話小説の解読に繋がって行ったと考えられる。唐話を唐通事の世界から唐通事以外の日本人世界へともたらしたのは、長崎出身の岡島冠山（1674-1728）だった。岡島冠山は、「水滸伝」を訳したということが岡島冠山を語るうえで欠くことのできない一大業績として評価されており、それが日本文学にもたらした影響は確かに非常に大きいのであるが、「水滸伝」に訓点を施した『忠義水滸伝』や和訳の『通俗忠義水滸伝』を出版する以前に、『通俗元明軍談』（『通俗皇明英烈伝』、宝永2年、1705年）が出版されており、「通俗軍談」の担い手でもあった。

　中国文学と江戸時代の日本人との関わりは、白話小説の翻訳に代表される。その翻訳は、当初従来の知識で読み解くことのできた文言色の強い小説が対象であり、後に俗語色の強い小説が対象となった。これらの翻訳作品は、江戸時代の翻訳観や、白話の文体がどのように捉えられていたかを示す貴重な資料であると言えるだろう。

　いっぽう、江戸時代の中国文学をめぐる日本人の営為は、白話小説を和訳したり、和語で解釈するという形でのみ行われたのではなかった。量は多くはないものの、日本の文学作品を白話語彙を用いて訳そうとしたり、白話で作文するという形でも行われていた。『太平記演義』は、日本文学の白話訳を

『太平記演義』のことば——『太平記』翻訳に現れた白話観——　275

一個の作品として、恐らくはもっとも早い時期に出版されたものである。

2.『太平記演義』について

　『太平記演義』（5巻5冊）は、享保4年（1719）に出版された。編集、翻訳したのは、その前年に『唐話纂要』（6巻6冊）を出した岡島冠山である。『国書総目録』によると、分類は軍記物語で、版本の所蔵先には内閣文庫、東京大学、中山久四郎氏が挙がっているが、長澤規矩也旧蔵書の一部が関西大学に加えられたことにより、長澤旧蔵『太平記演義』が関西大学総合図書館長澤文庫の蔵書となった。長澤文庫本は、他所の蔵書と同じ版本であり、書き込み等は特に見当たらないようである。本章は、長澤文庫本をテキストとして用いる。

　『太平記演義』は、書名が示すように、『太平記』を演義小説として白話に訳した「演義」部分と、白話訳をさらに和語に訳し直した「通俗」部分から構成されており、上段に「演義」第1回から第30回までを、下段に「通俗」第1段から第30段までを配した二段組の書物である。『太平記演義』の章立ては、『太平記』とは一致しておらず、第30回までで『太平記』巻之九の途中までを訳している。表紙に印刷された「先梓三十回以獻之餘回必當不久而續梓焉」という文句を見るかぎり、当初の予定では『太平記』全40巻の訳を完成させる予定だったのだろう。しかし、第31回以降はついに出版されることはなかったようである。管見のかぎりでは、草稿等が見つかっておらず、訳されさえしなかった可能性もある。

　次に、『太平記演義』に関する紹介、先行論文の主要なものを年代順に挙げる。

1．青木正児「岡島冠山と支那白話小説」大正10年。
2．石崎又造「冠山及び徂徠の薫園を中心とする支那語學（四、完）」昭和9年。
3．亀田純一郎「太平記・増鏡研究史」昭和10年。
4．上田美江子「岡嶋冠山と太平記—近世文学交流の先駆—」昭和24年。

5．潟沼誠二「『太平記演義』の位相」昭和47年、「通俗書と岡嶋冠山」昭
　和51年。

6．中村幸彦「日本人白話文の解説」昭和59年。

　この6つのうち、1と3は紹介を主な内容としている。青木正児は、岡島
冠山の著述目録に本書を挙げ、『唐話纂要』の序文にある「南木」は本書を指
すらしいとしている[2]。亀田純一郎は、『太平記』研究史上の異色の存在として
紹介した。

　『太平記演義』に対する評価や、歴史的な位置づけが試みられているのは、
2、4、5、6である。『太平記演義』が手本とした白話小説をどの作品であ
ると論じているのかという点に絞って、これらの論考を整理したい。石崎又
造は、『太平記演義』序文に基づき、「三国演義」と「水滸伝」に倣って『太
平記』を支那風の白話小説に改作したものだとしている。また、その訳しぶ
りはあたかも「水滸伝」の一節を読むようだと高く評価し、国史の演義化は
白話小説の翻訳と並んで、岡島冠山が理想とし目指したことであり、冠山が
その鼻祖となったと位置づけた。上田美江子は、『太平記演義』を全面的に論
じており、ここに挙げた中ではもっとも詳細な論考である。上田の論考と石
崎との違いは、俗語の使用量が少なく、文語調の勝った文体であることから、
「水滸伝」よりも「三国演義」に近い、とする点であるが、この指摘は正しい
と言えるだろう。潟沼誠二は序文に基づき。羅貫中の演義小説を意識してい
たと述べている。中村幸彦の論考は結論的には上田と同様であり、史書であ
る「太平記」を材としている以上、「三国演義」に範をとったのは当然である
とし、その第一の根拠として史書の翻訳であるという点を挙げ、白話の使用
量が少ないのはそのためである、としている。

　上述のように、上田は『太平記演義』の倣った白話小説について新たな見
方を示しており、『太平記演義』に対する研究は上田によって深まったと言え
るだろう。上田より後に論考を発表した中村、潟沼が、上田の論考にまった

2）『唐話纂要』の序に「所著南木太閤等書與水滸西游相頡頑使見者愛翫不已」とあり、
　序文によると冠山には「南木」という著作があったという。

く触れていないのは非常に残念なことであると思えるため、ここで上田の論
考についてもう少し詳しく紹介し、貴重な先行研究の成果として提示したい。

2.1. 底本について

　岡島冠山がどの本に拠って「太平記」を翻訳したのか。この問題は、『太平
記演義』を翻訳文学として扱う場合には避けることのできない問題である。
先行研究では上田のみがこの問題を取り上げ結論を導き出している。その他
の先行研究では、上田以降の論考も含めて、底本については問題にもされて
いない。

　上田は、『太平記演義』の第一の特徴として、一般に慣れ親しまれている流
布本にはない割注の存在を挙げている。『太平記演義』の割注には「別本」「天
正本」などとあるが、岡島冠山がこれらの諸本にいちいち当たって異同を考
察したとするよりも、割注のある底本を用い底本の割注に従ったものである
とまずは考えるべきである。第二の特徴としては、「太平記」には非常に多く
含まれている中国故事がないという点を挙げている。上田は、調査の結果、
これら二つの特徴に合致する本が『参考太平記』であることを突き止め、『太
平記演義』の底本は『参考太平記』であったという結論に達している[3]。

　上田が手がかりとした二つの特徴をもとに、『参考太平記』の注を『太平記
演義』の本文中に割り入れた部分を挙げ、上田説を確認、補強しておきたい。
『参考太平記』（『参考』と略す）の本文と割注、『太平記演義』（『演義』と略
す）の該当部分に下線を施し以下に挙げる。

　　　『参考』（本文）理世安民ノ器ニ相當リ給ヘル貴族ヲ一人鎌倉ヘ申下シ奉
　　　　　　　　　リテ、征夷将軍ト仰テ、武臣皆拝趨ノ禮ヲ事トス
　　　　　（割注）按東鑑、保暦間記、左大臣藤道家公男頼經、承久元年入
　　　　　　　　　鎌倉、時年二歳、依頼朝後室平政子請也、嘉禄二年、任

3）『太平記』は異本が多く、どれを正統と見なすべきか困難であった。水戸光圀が儒臣
　今井弘済、内藤貞顕らに命じ、異本を蒐集、対照して整理したものが『参考太平記』
　である。元禄3年に成立、翌2月に刊行された。

征夷将軍、（以下省略）

『演義』又且請左大臣藤道家公之子頼經到鎌倉以襲頼朝之遺業而復爲征
夷將軍

『参考太平記』で引かれている別本や割注のすべてを訳に取り入れているの
ではないが、『太平記演義』の底本は『参考太平記』であったと断定して良い
だろう。

2.2. 評価について

　次に、上田と中村は、「三国演義」を手本としたとする点は一致している
が、『太平記演義』の中国語訳に関する評価はまったく異なることを見ていき
たい。『太平記演義』は「次回も乞うご期待」と予告宣伝をしたにも関わらず
続刊されなかった。その根拠をどこに求めるかに、上田と中村の評価の違い
が浮き彫りにされている。それぞれの見解は以下に見ていく。まずは中村の
見解は次のとおりである。

　　彼のその後の多忙を、その大きな原因と推察してよいであろうが、或い
　　は案外の不評判も、一原因かも知れない。というのは、この一種の訳本
　　は、「太平記」の面白さをつたえることに成功していないのが一つ、二つ
　　には「水滸伝」などを既に読んでいた人々の多い白話通から見て、白話
　　の活用が十分で内容に思われた点に存する。　　　　（前掲先行論文６）

また、「この出来は誰が見てもよくない」とも述べ、続いて次のように酷評
している。

　　彼の語学の力量を示すには、一応面白い思いつきであったけれど、これ
　　を中国人に示すのではなく、「太平記」の名文をよく知っていた人々に見
　　せた処に、計画の齟齬があったように思う。また通事出身の彼の漢文が、
　　雅文、殊に古文辞風などが、蘐園から流行し始めた当時の漢文壇に合わ
　　なかったのではないかとも考えられる。（同）

中村は冠山の白話訳の不出来が原因で、第31回以降の出版を取りやめるこ
とになったのだろうと推測している。

いっぽう、上田の見解は以下のとおりである。

しかしまた、こういう物は「文化交流」のまだ唱えられなかった當時と
しては一種の道樂本であったから、需要の點から見ても恐らく續刊はむ
ずかしかったであろう、現存の刊本にしても、もと南葵文庫所藏のもの
一部と、そのほか民間に一部と、僅か二部しか、わたくしは知らない。

（前掲先行論文４）

また、『太平記演義』の文体に関しては、次のように述べる。

冠山は中國の歴史や小説に通じていただけあつて、いかなる内容にはい
かなる文體が適當であるかをよく知つていた。さればこそ彼は、みずか
ら『水滸傳』に訓點を施し且つこれを飜譯するほどの關心をもちなが
も、『太平記』の華譯に際しては範を『水滸』に取らないで却つて『三國
志演義』に求めたのであろう。（省略）もしも現代人の立場から、一國の
文學を他國語に譯す場合の理想論に立脚して彼れ此れ言うならば、たと
えば「もう少し口語化してほしかった」とか「せめて對話の部分は口語
體にしてほしかった」などとも言えるであろうが、かりに冠山がそのと
おりに實行していたとして、作品全體から受ける印象が元來の『太平記』
のそれに近くなり得たかどうかはむしろ疑問であろう。まことに一概に
斷じ得ないのは文體の問題であり、殊にその混合の度合いである。それ
はともかく、冠山の譯したこの『太平記演義』は、現代の華語學の立場
から見ても相當の水準のものであり、中國の學者に読ませても、無下に
けなされることのない、しっかりしたものであると聞いている。（同）

上田と中村とは、文言が多いということや、『三国演義』に範を求めたこと
など、同じ点を指摘しているのではあるが、正反対の結論に達している。と
ころで、次に引用する朱眉叔1985は、中国人による『太平記演義』の評価と
して、上田の見解を補強するものとなるだろう。

其语句滚而出，迥非一些汉学家从韵府，辞书中掊搙而出的，没有頡屈聱
牙的文辞，行文平易畅达

上田の「殊にその一貫した韻律美は、いつしか人を惹きつけてしまう、不
思議な力をもっている。この種の文體としては先ず成功と言つても過言では

ないであろう」という、前向きかつ積極的な評価は、無視することのできない研究成果であると言えるのではないだろうか。

3.『太平記演義』の言葉

　前節では『太平記演義』の先行研究を紹介したが、本節では、演義部分の中国語の全体像を鳥瞰し、唐話資料としてこの資料をどのように位置づけできるかを検討したい。翻訳者である岡島冠山は、唐通事ではなかったかもしれないが、長崎出身であり唐話に親しんだ人物であったという点を重視すれば、『太平記演義』が唐話資料としての側面を持っている可能性を排除すべきではないだろう。

　ここで唐話について整理しておきたい。長崎で唐通事が話す中国語を唐話と称したが、江戸時代を通じて見ると、唐通事だけのものだったわけではない。唐通事以外の日本人が唐話がどのような言葉であるかを文字で具体的に示したのは岡島冠山であった。職業のことばでもあり先祖のことばでもあった中国語は唐通事によって話され、岡島冠山によって『唐話纂要』として編集され江戸で出版された。唐通事が実用のことばとして用いた唐話は、書物を通じて江戸の人々に唐話として認識され、さらには白話小説の読解や白話の受容へと連なっていく。このように考えると、唐話は3種類に分けて考えることが可能であるようである。

　『唐話纂要』をはじめとする岡島冠山の一連の書物は、唐話を初めておおやけにし、長崎の唐通事の世界の外へ広くもたらしたものだといえるだろう。唐通事以外の日本人は唐話に興味を持ってはいたが、唐通事が職業上にも自らのアイデンティティのためにも必要とし、中国人と話すためのことばとして身に付けようとしたのとは異なり、彼らにとっては中国文化を身につけることが目的であった。また、唐通事が貿易船で来日した中国人と会話したのに対し、そうした機会のなかった日本人は、もっぱら日本人知識人同士による会話の唐話を『唐話纂要』を通じて知ったのである。そのため、岡島冠山のによって紹介された唐話は、長崎唐通事の唐話を基礎としていながらも、

すでに唐通事の唐話そのものではなく、唐通事以外の日本人向きに手を加えられていただろうと考えられる。

　さらに、唐話に興味を抱いた日本人知識人は漢学者の他には文人や作家がいた。彼らは白話小説を読み、白話の知識を身につけ創作活動に生かす手がかりを得るために唐話に興味を抱いた。そうした作品が多くの読者を得たことからは、知識人に限らず広い層の日本人が、言語の面でも物語の面でも中国的な雰囲気を持つ読み物を歓迎したことがわかる。彼らもまた間接的に唐話の恩恵に浴していたといえるだろう。このような風潮の中で、唐話を学ぶ行為が白話小説の語句を解釈することにますます重点が置かれるようになる。唐話をめぐる３種類の人々、つまり唐通事、唐通事以外の日本人、さらには岡島冠山に代表されるその中間に立つ媒介者が存在し、それぞれに対応した形で、大きく３種類の唐話があったと考えられるのではないだろうか。

　唐話を３種類に分けて考えた場合、『太平記演義』は、日本の軍記物である「太平記」を「三国演義」に倣って翻訳したものであるが、中間に存在していた岡島冠山による翻訳であるならば、中間の唐話資料としての側面を有しているだろうか。唐話じたいが中国語でありながら「唐通事が話す中国語の呼称」を出発点としているため、中国人の話す中国語との違いが、話者の言語面にも心理面にもあっただろうと考えられる。本論では、その違いの究明に少しでも近づくために、『太平記演義』のことばの全体像を鳥瞰するとともに『唐話纂要』の語彙と比較する。使用されている語彙は【　】で提示し、『太平記演義』における用例は「」で提示する。なお、『太平記演義』のことばの分類の一部は、太田辰夫 1958 を参考にした。『唐話纂要』は『唐話辞書類集』第６集を用いる。『唐話纂要』（以下『纂要』と略す）の語彙の下線部を施したものは、巻六にのみ見られる語彙である。

（１）名詞
　接頭辞は【阿】が用いられ、「阿兄」「阿弟」の用例が見られる。『纂要』にも「阿誰」「阿兄」が用いられ、親族呼称を集めた項目では「阿弟」「阿妹」などども収められている。

282　第三編　唐話と白話

接尾辞は、【子 頭 家 上 下 裡 裏 首 廂 邉 面 來】がある。

（2）代詞

人称代詞の使用状況は以下のとおりである。

	『演義』	『纂要』
一人称単数	我 吾 吾輩 僕	我 吾 俺
二人称単数	你 汝 爾	你 儞 汝
三人称単数	他 彼	他 彼
一人称複数	我們 我等 我每 吾等	我們 你我
二人称複数	汝等 汝黨 爾等	你們 你每 你等 爾等
三人称複数	他們 彼等	他們 他每

指示代詞の使用状況は以下のとおりである。

	『演義』	『纂要』
人・物	這 這廝 那 此 此等 彼此 之 其 是 是個 焉	這 這些 這廝 那 那些 那斯 此 此等 此般 是 是個 其 之 焉 斯
場　所	這裡 個裡 此 此間 此處 是 那 邉	這裡 這廂 個裡 此 此間 那裡 那廂 那首 彼 焉
指　示	此般 恁 恁版 恁麼	

（3）量詞

概数を表す語には、【餘 左側 許 多 來】がある。

序数は【第】で表している。

（4）形容詞

重ね型はAA型（「火勢烈烈」）とAABB型（「緊緊密密」）とが用いられている。

（5）動詞および動詞に付随する語

接頭辞は【打】「打開」、接尾辞【乎】「在乎」が見られる。

重ね型はABAB型（「謹慎謹慎」）が用いられている。

① 同動詞

一致【是 是乃 當 乃 為】

特に【乃】が多用されている。また、【者】を用いて主語を明確にし、動詞を省略している場合もある。

類似【如 若 似 宛若】

② 助動詞

可能【能 可以 得】

不可能【不能 不可】

当然【當 必當 該 可】

禁止【不可】

必要【須 必須 要 務要】

意欲・願望【肯 要 欲 願 情願】

拒否・消極【不敢 未敢 不肯】

難易・適否【難 不宜 易 宜】

未来【待 待要 將】

③ 方向補語

【來 起 起來 出 出來 出去 上 上去 下 下來 進來 進去 回去 過 過來 過去】がひととおり用いられ、使用量も多い。また動詞と方向補語の間に【將】を伴う形も多い。

④ 動態補語

【了】「時綱取了賴貞首級，貫之刀尖，回六波羅去矣」（第三回）

【着】「四面放起烽火，舉着喊聲，以欺敵師」（第十回）

⑤ 様態補語

多数用いられている。一例を挙げる。

「假民夫等在城中左沖右突，誘正成入城號得城中人皆魂散魄飛，不戰自潰」（第二十四回）

⑥ 動量補語

【一回 半晌 半日】など

⑦ 結果補語

終了を示す結果補語として【完 罷 畢 訖】等の複数の言い方が用いられている。

また、以下のような介詞としても用いられる語が動詞の後に置かれている例も多く見られる。

【到 至 在 于 於 與 把】

⑧ 使役

【教 令 命 請 差 使 遣】

⑨ 受身

【被 見】

（6）介詞

介詞の使用状況は以下のとおりである。

意味	『演義』	『纂要』
所在	在 于 於 就	在 于 於
起点	從 自 自從 由 向	從 自
方向	望 朝 向	望 向
到達	待 容 趁 乘 至 及 投	到 乘
経由	從	從
原因	為	為
目的	為 與	為 與 与 替 把
代償	替	替
材料・手段	將 以 用	以 將
処置	把 將 以	把 以
依拠	依 信	憑 任 由 隨 信
共同	與	和 同 與 与 及
包括・強調	連	連〜也

（7）副詞

副詞の接尾辞は、【然 來 是 且 乎 生 個 者 自 爾 地】がある。

確認できた副詞は以下のとおりである。

種類	『演義』における副詞
程度	極 甚 甚是 甚自 太 忒太 大 十分 頗 最 多 好生 異常 切 稍 略 纔 聊 越 愈 愈加 弥 漸
時間	已 已曾 已經 曾 既 嘗 素 方 纔 纔 近 頃 本 預 預先 當先 先 向 向者 早 已 適 起先 原 原來 前者 頃者 尔來 固 見 早晚 近 近來 不日 少頃 常 忽 忽然 突然 半晌 權且 權 一時 毎 須臾 一溜 連忙 急忙 急 倏忽 還 還是 還自 仍 仍然 依舊 依然 尚 尚且 猶 又 又是 復 亦 再 再三 重 重新 一連 頻 屢
範囲	唯 惟 惟獨 獨 獨自 只是 只顧 專 別 各 互相 遞相 都 悉 共 皆 與一 齊 齊 一同 一發 一例 一處 一併 盡皆 衆皆 畢 盡行 俱 具皆 逐一 一一 各各 個個
情態	必 必然 實 委實 其實 決 正 方 真個 信 果 果然 遂 畢竟 自 自然 索然 只顧 只管 專 一迷地 一味 特 特地 特特 恰 恰好 幸 幸希 卻 遍 幾乎 恐 萬一
否定	不 不曾 不有 無 無不 非 莫 莫非 莫不 未 未嘗 未敢 未幾 還未 息 勿 勿有 不必 不比 休 末 弗
疑問	如何 未幾 何必 怎 怎生
指示	恁地 如斯

（8）連詞

　確認できた連詞は以下のとおりである。

種類	『演義』の連詞
並列	與 及 并 又～又 一則～二則 一頭 一頭～一頭 一面 一面～一面
累加	況且 而況 尚且 又且 更兼 況 且
選択	或～或 或者～或者 若～若 不則
承接	即 乃 以 然後 便
反転	然 然而
比較	寧 寧可
因果	所以 因此 因茲 因 故 以故 因為
讓歩	雖然 雖
推論	既然 既
仮定	儻 倘 若 若果 設 如果 如
縦予	縦 便是
限定	除非 除要
不限定	不論

286　第三編　唐話と白話

（9）助詞

　　等類　【等 等項 輩】

　　類似　【一般 也似】

　　仮定　【時 時節】

　　副詞的接続　【地 的 而】

　　形容詞的接続　【的 之】

　語気助詞の使用は以下のとおりである。

『演義』	『纂要』
了 則個 哉 也 矣 乎 耶 焉 耳 而已	了 哩 罷 罷了 便了 就是了 則個 着 哉 也 矣 耳 而已 而已矣 乎 耶 不成

（10）疑問文

　疑問の表現形式として確認できたものは、是非疑問文、疑問詞疑問文、反復疑問文である。

種類	『演義』	『纂要』
是非	否 未知～否 不曾～乎	麼 疑問視＋麼 否 未審～否
疑問詞	誰 誰人 甚人 何人 孰 何 甚 幾時 緣何 怎 怎生 怎樣 怎的 安 如何 若何	誰 阿誰 誰人 誰家 孰 那個 甚人 何人 什麼 什麼人 什麼 甚 何 那裡 何處 伊處 幾時 何日 怎麼 怎樣 怎麼樣 如何 若何 奈何 怎 怎生 怎恁地 怎的 緣何 為何 為什麼 多少 幾 幾何 幾多
反復	～與～	～不～

（11）反語文

　反語表現は豊富であり、【豈料 豈不 豈能 豈可 卻不 那裡 何 何消 何必 如何 曷 安 安能 安敢 詎 庸 奚 不是 哉 焉 乎】を確認することができる。

（12）比較文

　　比較表現　【比 與 勝似 莫若】

漸増表現　【愈〜愈　越　漸漸】

　以上のような形で『太平記演義』のことばを鳥瞰し、『太平記演義』は文言
も白話も用いられていることを確認した。
　また、比較対象として部分的に取り上げた『唐話纂要』にも、文言が含ま
れていることを同時に確認した。『唐話纂要』の文言は、下線を施した語彙が
示すように、巻六でしか用いられていない文言が比較的多く見られる。巻六
は、「和漢奇談」と称して「孫八救人得福」「德容行善有報」という短い読み
物が収められており、作者が明記されていないため編著者の岡島冠山の作で
ある可能性がある。『唐話纂要』の巻六は、巻一から巻五までとは異なってお
り、『唐話纂要』に見られる文言はほとんど巻六に集中している。たとえば、
一人称単数は、巻三や巻四の会話部分では「我」が用いられているのに対し、
巻六では主に「吾」が用いられ、「我」は用いられていない。また、語気助詞
も「也・矣・耳・而已・而已矣・乎・耶」などの文言に限られている。
　先述したように、先行研究では、『太平記演義』の中国語に関して、会話能
力に長けた岡島冠山の訳にしては甚だ硬い感じのものであり、地の文のみな
らず、会話の部分までもが甚だ白話性に乏しい硬いものになっている、と指
摘されている。また、その文体は「三国演義」に範をとったと見なされてお
り、口語色の強い「水滸伝」を翻訳した岡島冠山が。あえて「三国演義」に
則ったという点が特に注目されたことも、前節ですでに確認したとおりであ
る。
　歴史に題材をとった「太平記」を演義に作りかえるのであれば、史書であ
る「三国志」が演義化された「三国演義」に似せて訳すほうがふさわしいと
いう意識が働いた可能性を否定することはできない。しかし、『太平記演義』
の語彙と『唐話纂要』巻六「和漢奇談」の語彙との、文言が多く用いられて
いるという共通点は、講史小説というジャンルの一致から「三国演義」を手
本としたとする見方とは、また別の角度から捉えることができるだろう。「和
漢奇談」の唐話は、『唐話纂要』の中では一際浮いており、その他の部分、特
に会話形式で記述された巻三や巻四の唐話に比べて格段に文言色が強いが、

その理由を講史小説であることに求めることはできない。それにも関わらず、「和漢奇談」は会話形式で記述された唐話とは明らかに異なる語彙で書かれているのである[4]。

つまり、『唐話纂要』の会話形式による記述と、読み物である「和漢奇談」および『太平記演義』とは、異なる語彙で書かれることによって区別されていたといえるのではないだろうか。たとえ、「水滸伝」を訳した岡島冠山にとって、「水滸伝」のように書くことは困難だったとしても、会話形式の言葉と読まれる言葉との異なりを認識していたことは確かだろう。さらに言えば、内容に合った適切な語彙が選ばれたことも、決して偶然ではなく、「水滸伝」を訳した岡島冠山にとっては『太平記演義』の言葉が「水滸伝」とは異なるとの自覚は十分にあったろう。

4．まとめ

江戸時代を通じて、中国の小説が日本語に翻訳され、「通俗」という言葉を冠して多数出版された。これは、江戸時代の人々の中国小説に対する関心の高さの現れであることはもちろんのこと、日本の小説にない面白さに対する欲求の現れでもあった。そうした背景を考慮しても、「太平記」をいったん演義小説として訳した上で、さらにそれを和訳して完成された『太平記演義』は特異な存在であると言えるかもしれない。演義小説としての翻訳に関していえば、白話小説の語彙はけっして一様ではないという岡島冠山の見識の現れた資料であるといえるだろう。

4）『唐話纂要』は我が国で初めて書名に「唐話」という呼称を冠して出版された書物であり、この出版によって唐話が初めて唐通事以外の日本人に紹介された。享保元年に5巻5冊で出版されたのが最初だが、3年後、『太平記演義』出版の前年に、「和漢奇談」を加えた6巻6冊として新たに出版される。6巻6冊の『唐話纂要』は、唐話を記述した決定的な存在であり、多くの読者を得て、明治時代に入ってなお用いられたという。「和漢奇談」は、一度出版された書物に新たに付け加えられたものである。このことも、『唐話纂要』が広く長く受け入れられる一因であったと考えられる。

亀田鵬斎と『海外奇談』
——白話小説風「忠臣蔵」の成立をめぐって——

1.『海外奇談』について

　『海外奇談』は、『仮名手本忠臣蔵』を中国語に訳した翻訳作品である。『仮名手本忠臣蔵』は、竹田出雲、三好松洛、並木千柳が合作した浄瑠璃であり、いわゆる赤穂義士の仇討ち事件を題材としている[1]。

　元禄14年（1701）3月14日に江戸城内で起きた浅野内匠頭の高家筆頭吉良上野介に対する刃傷事件は、翌年の元禄15年12月14日に赤穂義士によって主君の仇が討たれ、元禄16年2月4日に義士が切腹を命じられ、幕を閉じた。この赤穂義士の仇討ちを題材とした芝居は、現在にいたるまで数多く創作、上演されているが、義士切腹の12日目にはすでに江戸堺町の中村座で、「曽我の夜討」に託した歌舞伎が演じられたということから、当時の人々の大きな関心を呼んだ事件であったことがわかる。

　『仮名手本忠臣蔵』（以下『忠臣蔵』と記す）は、舞台を「太平記」の世界に仮託し、歌舞伎あるいは浄瑠璃で演じられた多くの先行作品から見せ場や趣向、着想を得て完成した作品であり、「義士劇の集大成」と見なされている。寛延元年（1748）8月14日に浄瑠璃で初演され大当たりして以来、しばしば上演される人気演目である。

　『海外奇談』は、はじめ鴻濛陳人重訳海外奇譚『忠臣庫』と題して、文化12年（1815）に出版された[2]。それには、以下のような「忠臣庫題辞」が付され

1）本ページの第一、第二、第三段落の『忠臣蔵』に関する記述は、日本古典文学大系51『浄瑠璃集』上巻（岩波書店）「解題」による。

2）東京都立中央図書館所蔵。本書には、「懶所先生訓点」と記されている。亀田鵬斎の序文は付されていない。『海外奇談』は、時には書名を変更しつつ、明治時代に至るまで何度か出版されている。

　　文化12年（1815）5月　鴻濛陳人重訳海外奇譚『忠臣庫』（東京都立中央図書館所蔵）
　　　　　　　　　　　　　観成堂　出版者名の記載はなし。

ている[3]。

> 鴻濛子嘗閱市獲奇書。題曰忠臣庫。披之則稗史之筆蹟。而録海外報讎之
> 事。謂好事家譯異域之俳優戲書也。惜哉其文鄙俚錯誤有不可讀者。是以
> 追卓老水滸之跡。潤色訂補。以備遊宴之譚柄焉耳。

> 乾隆五十九年正月上元

> 　鴻濛陳人　誌

　この題辞によると、鴻濛陳人という人物は、以前町中で「忠臣庫」という
タイトルの珍しい本を手に入れた。これをひもといて見ると、稗史の文体で
海外の報復事件のことが記されており、好事家が異域の演戯本を訳したもの
だという。残念なことに、その文は拙く誤りが多く読むに堪えなかったため、
李卓吾の水滸伝をお手本に潤色し、誤りは正し、補うべきところは補った。
遊宴での話しの種にでもなれば幸いである、と異国の人である鴻濛陳人が、
赤穂義士の仇討ちの物語を書き上げた経緯が説明されている。

　鴻濛陳人が町中で見たという「忠臣庫」は、『忠臣蔵』そのものではなく、
好事家によって、「稗史之筆蹟」で中国語に翻訳されたものであった。それ
に、鴻濛陳人がさらに手を加えたものが、『忠臣庫』すなわち『海外奇談』で
ある。題辞の日付は、乾隆59年とあり、寛政6年（1794）に当たる。文化12
年が、日本における初版であるとすれば、約10年後に日本に逆輸入されたと

　　文化12年の刊記を持つ後印本『忠臣庫』東都書林　山田佐助　湖東與兵衛（内閣文
　庫所蔵）
　　文政3年（1820）　清鴻濛陳人重訳『海外奇談』京都書肆　出雲寺文治郎　大坂書肆
　　　　　　　　　　松村九兵衛　東都書肆　山田佐助　前川六左衛門
　　文政8年（1825）　清鴻濛陳人重訳『日本忠臣庫』玉山堂　山城屋佐兵衛
　　明治時代　　　　清鴻濛陳人重訳『日本忠臣庫』大坂心斎橋通西久太郎町　柳原喜
　　　　　　　　　　兵衛　尾張名古屋本町八丁目　片野東四郎　東京日本橋通一丁
　　　　　　　　　　目　北畠茂兵衛　など
　3）題辞の書き下し文は次のとおりである。
　　「鴻濛子は嘗て市を閲して奇書を獲たり。題して忠臣庫と曰う。之を披けば則ち稗史
　の筆蹟にして海外の報讎の事を録す。好事家異域の俳優の戯書を譯すなりと謂う。惜
　しいかな、其の文鄙俚錯誤讀むべからざるもの有り。是を以て卓老水滸の跡を追い、
　潤色訂補す。以て遊宴の譚柄に備うるのみ。」

亀田鵬斎と『海外奇談』——白話小説風「忠臣蔵」の成立をめぐって——　291

いうことになる。また、見返りには、次のように記されている[4]。

　　此書清人譯我邦俗院本者。近海舶載來。不亦珍異乎。是以請一先生傍附
　　國訓。以命梓公世。冀備君子閑燕之覧采云爾。

　この記述によると、この書は清の人が我が国の脚本を訳したものであり、
最近舶載された。非常に貴重なものであるため、ある先生にお願いして訓点
を施してもらい、出版して世の中に出すこととなった。閑燕の慰みとなれば
幸いである、と題辞の内容を踏まえた宣伝文句である[5]。新たに書き加えられ
ている点は、日本人読者の便宜を考え、訓を付したという点である。

　このように、題辞や見返りで説明された出版にいたるまでの経緯と、「清鴻
濛陳人」という翻訳者名が明記されたことによって、『海外奇談』は中国人の
翻訳によって完成した作品として登場した。

　しかし、『海外奇談』が本当に中国人の翻訳による作品なのかという疑義
は、石崎1940によって早くから指摘されている[6]。

　　「日本忠臣蔵」（文化十二年）は又「海外奇談」とも題するもので、譯者
　　鴻濛陳人の乾隆五十九年の題辭がある。その云ふ所によれば「忠臣蔵」
　　の支那譯を市中に得て潤色訂補したやうであるが、臆測を許すならば、
　　當時江戸の洒落本的風潮と「佛説摩訶酒佛妙藥經」（文政六年）の著者龜
　　田鵬齋の序を冠する事等から考へて。清人重譯の事は俄かに信じられな
　　いことである。或は鵬老人其人の洒落ではないかと思ふ。

　石崎1940が挙げた亀田鵬斎（1752-1826）の序は文化12年版の『忠臣庫』に
はなく、書名を『海外奇談』と改めて出版した文政3年（1820）以降に、鴻
濛陳人の題辞の前に付されるようになった。

4）この記述は、文化12年版のみではなく、文政3年以降に出版された『海外奇談』に
　も付されているもののようである。
5）「新たに日本人読者の便宜を考え訓を付した」とは、文化12年版の「懶所先生訓点」
　であろうか。「懶所先生」の名は、以後の刊本には記載されていないので、定かではない。
6）『近世日本に於ける支那俗語文學史』（1940年、清水弘文堂書房）p.380。
　引用の「日本忠臣蔵」は、書名として正確を期すならば、「日本忠臣庫」と記述すべ
　きであろう。

292　第三編　唐話と白話

　本当の翻訳者は亀田鵬斎であるとする説は、香坂 1963 も主張している[7]。香坂 1963 は、中国語学の立場から、題辞を含めた『海外奇談』を分析し、全篇を通じて見られる「白話文としての誤り」を指摘し、翻訳者は日本人であるとした上で、次のように結論を導いている。

　　以上、この本の訳語中にみられる語彙の誤用、語法上のあやまり、さらに用語の古さ（時間を超越している面）などを指摘したのであるが、この訳文がこういう致命的な欠陥をもっている以上、この本の訳者が中国人である、あるいは、この本の訳業に中国人がなんらかの形で加わっていると考えることはまったくできなくなる。この本の訳文には、すでに指摘したところからもうかがうことができるように、日本語的な発想が混入しているところから、訳者は日本人であると考えざるをえない。日本人ならばだれであろうか。わたくしは、やはり序文を書いている亀田鵬斎その人であったと思う。重訳者として仮託され題辞を書いている鴻濛陳人も、所詮は、鵬斎の分身でしかない。分身と認める根拠は、鵬斎の名・字を調べることによって求められる。鵬斎ははじめ名を翼、字を図南と称した。これらの文字は、すべて《荘子》からとったものである。

　石崎 1940 と香坂 1963 が共に本当の翻訳者であると見なしている亀田鵬斎の「海外奇談序」は以下のとおりである。

　　赤穂義士四十七人。其精忠義烈。輝映史册。撐持宇宙矣。雜劇家演以為十一齣。其盡力捐躬。報君復讐之義心忠烈。使觀者激昂握腕唏嘘吞聲。其關風教者又大矣。某學生嘗假稗史言。再翻譯之。傚水滸女仙二史之例。改齣為解。事則全據我傳奇以托之足利而逞其奇焉西方海舶之客。獲之大喜。載歸傳國。鴻濛陳人者。自加筆削芟繁蕪而改正其辭。命曰海外奇談。

　7）香坂 1963 所収。本論文で指摘されている白話文として問題のある語句については、奥村 2007 所収「『忠臣蔵演義』と『海外奇談』」で取り挙げた。

亀田鵬斎と『海外奇談』──白話小説風「忠臣蔵」の成立をめぐって── 293

若夫俾彼優孟寫生肖容而施于絲竹溢于罷　則彼将曰海外之人義烈之風。
使人感激懲創者。何出於我方岳武穆馬文毅之精忠下乎。如是則使吾四十
七人霊光浩氣普現乎大千者。不亦偉哉。吾行訪之海舶云。

鵬齋老人興識

　ここに記されている事柄じたいは、杉村1979の指摘にもあるように、題辞
の範囲を超えるものではない。序文を見るかぎりにおいては、文化12年に売
り出された、文人、画家の見立て評判「都下名流品題」で東の大関に選ばれ
た亀田鵬斎の名を借りることによって付加価値を期待したのだろうと考えら
れる。
　亀田鵬斎を翻訳者とする根拠を、石崎1940は当時の「洒落本的風潮」に求
め、香坂1963は亀田鵬斎が荘子の影響を強く受け、「鵬」をはじめ名や字を
荘子に依拠したことを挙げ、「鴻濛」も荘子に見られることから、荘子との関
係に求めている。杉村1979は、石崎1940、香坂1963の説を挙げ、「鵬斎訳に
はなお一考の余地があると思う」と論考の最後を締めくくっている。
　『海外奇談』と亀田鵬斎とは、何らかの関係があることは確かであると考え
られるが、『海外奇談』が「洒落本的風潮」の中で出版されたことと、亀田鵬
斎が翻訳者であるとする結論にはやや飛躍があるだろう。同様に、鴻濛陳人
という名前の由来と亀田鵬斎の名や字の由来との一致から、実際に翻訳に携
わった人物であるとすることは早急な結論であろう。翻訳者は亀田鵬斎であ
ると断定するには、十分な根拠が示されたとは言えないのではないだろうか。
　書物といえば、中国から日本への流入が主であり、中国語から日本語に訳
されることはあっても、日本語から中国語に訳されることはほとんどなかっ
た時代に、『海外奇談』のような書物がどのような経緯で出版されるに至った
かは、きわめて興味深い問題である。翻訳者が誰であったかという問題は、
出版の背景を考察する上で欠かせない点であると言えるだろう。

294 第三編 唐話と白話

2.『忠臣蔵演義』と『海外奇談』

　『忠臣蔵演義』は、唐通事周文次右衛門による「仮名手本忠臣蔵」の翻訳で
あり、現在確認することができるのは、早稲田大学所蔵の写本資料のみであ
る。『忠臣蔵演義』の中国語は、唐通事の唐話テキストである『訳家必備』の
ような中国語であり、唐通事が日常に用いた唐話を反映していると考えられ
る[8]。

　筆者は先に、『忠臣蔵演義』と『海外奇談』（以下、『演義』『奇談』と記す）
の語彙の異同を調査した[9]。どちらも『忠臣蔵』第八段の道行きを除いた十段
分を訳したものであり、『忠臣蔵』原文にはない箇所の付け足しの一致や、「と
なせ」「かほよ」などの女性の名前の漢字表記の一致（「托納設」、「甲活欲」）
などから、まったくの干渉なく別個に存在した翻訳ではなく、『奇談』は『演
義』に白話小説の体裁に倣って語彙の変更や白話の肉付けを施した作品であ
り、その多くは寛政3年（1791）に出版された『小説字彙』に収録された語
彙を用いている、との調査結果を得た[10]。たとえば、『奇談』の第七回の語句
を見てみよう。

　　　放心不下。心裡像漆穿鴈嘴鉤搭魚腮一班。

　これは、『忠臣蔵』の「心もとなし」を訳した部分である[11]。『演義』には

───────────

　8）『訳家必備』は18世紀中ごろの唐通事による写本資料である。
　9）『忠臣蔵演義』と『海外奇談』の語彙の異同および『海外奇談』の語句と『小説字
　　彙』との一致状況については、奥村『江戸時代の唐話に関する基礎研究』（関西大学出
　　版部、東西学術研究所研究叢刊28、2007）所収「『忠臣蔵演義』と『海外奇談』で取り
　　上げている。
　10）『小説字彙』と一致する『奇談』の語句は、日本人読者のために左横に付された日本
　　語訳が一致しているものもあり、この点からも『奇談』の翻訳者が『小説字彙』を参
　　考にしたと考えられる。
　11）『忠臣蔵』の原文はすべて、『浄瑠璃集』上巻（日本古典文学大系51、岩波書店）による。

亀田鵬斎と『海外奇談』——白話小説風「忠臣蔵」の成立をめぐって——　295

「放心不下」という一言であっさりと訳されているが、『奇談』では上に引用
したように、気がかりであることを表す慣用句を付け加えている。「漆穿鳫嘴
鉤搭魚腮」は、本来は「箭穿鳫嘴鉤搭魚腮」であり、江戸時代に大流行した
「水滸伝」にも「箭穿鳫嘴鉤搭魚腮」は用いられている。ただし、『小説字彙』
は「箭」を「漆」としており、『奇談』はそれを模したのだとする根拠となる
だろう。

　また、次のように、『演義』では普通の言い方を用いているが、『奇談』で
は書き換えている部分がある。

　　默默不題一聲兒。

　この語句は、『演義』では「默默無言」と訳されている。『奇談』では、四
字のまとまりを持つ表現として、このままの形で踏襲することなく、『小説字
彙』に収録されている「不題一聲兒」に改められている。また、次のように、
『演義』の訳をより『忠臣蔵』原文の意味するところに近づけたと考えられる
修正箇所にも、『小説字彙』の語が用いられている。

　　丈夫教奴去不知。是全靠你的主張。（第六回）
　　你惑突的。教奴去不去。全靠你的主張。（第六回）
　　こちの人そはそはせずと。やる物かやらぬ物か。分別して下さんせ。

　　　　　　　　　　　　　　　　　　　　　　　　　　（第六段 p.330）

　原文の「こちの人」とは妻の夫に対する呼称である。『演義』は「丈夫」と
いう語で正しく訳しているが「そはそはせずと」は訳していない。『奇談』は
「そはそはせずと」を「惑突的」という語で訳し出している。『小説字彙』に
よると、「惑突的」は「ムチャクチャワケノタタヌコト」という意味である。
この場面は、いつまでもはっきりとしない態度をとるのではなく、早く決断
するようにと、妻から夫へ迫っている場面である。妻の夫に対する軽い苛立
ちが込められた場面であると理解するのであれば、『奇談』の訳はより原文を

296 第三編 唐話と白話

生かそうとした訳であるといえるだろう。

『小説字彙』は江戸時代に出版された日本人の手による中国小説、俗語彙辞典である。唐通事の中国語（唐話）で翻訳された『演義』をより白話小説らしく作りなおす作業に『小説字彙』が利用されたと考えられるため、『演義』から『奇談』への書き換えは日本人の手によるものであり、おそらく中国人の介入はなかったとの結論を筆者は得ている。

ただし、『演義』と『奇談』の違いは、『小説字彙』に基づいた付け足しや置き換えだけではすまされない部分もある。以下の例は、『演義』では省略あるいは意訳された部分を、原文に沿って『奇談』であらためて訳し足されたと考えられる語句である。上段に『演義』、中段に『奇談』、下段に『忠臣蔵』を挙げ、該当箇所をゴシックで表示している。

（1）
今日在公廳内惟獨相公最體面。鹽冶侯桃井侯往常雖是誇口也不省得什麼規矩禮法。正真笑殺人也。（第三回）
今日在公廳内惟獨相公最體面。鹽冶桃井兩個往常雖是誇口**正真像把矮狗兒上了一層屋頭一班**。真笑殺人（第三回）
（肩臂いからし申）お旦那。今日の御前表も上首尾上首尾。塩冶で候の。桃井で候のと。日比はどっぱさっぱとどしめけど。行儀作法は**狗**を。**家根へ上た様で**。さりとはさりとは腹の皮。（第三段 p.304）

「正真像把矮狗兒上了一層屋頭一班。」は、原文の「狗を。家根へ上た様で」の訳であり、「正真」「像〜一班」「把」「矮狗兒」「上」「了」「一層」「屋頭[12]」を組み合わせて作文している。

（2）
且等一回。（第六回）

───────────────
12)「屋頭」は、『漢語大詞典』には「房屋之上」と説明されている。

亀田鵬斎と『海外奇談』——白話小説風「忠臣蔵」の成立をめぐって——　297

我不肯岳父不回來交了老婆。（第六回）
親父殿も戻られぬに女房共は渡されまい。（第六段 p.329）

　『演義』では、「しばらく待ってください」と訳されているのに対し、『奇
談』は原文を直訳している。

（3）
一則父親不回。二則昨夜雖交五十塊還有金子的添退也論不定。（第六回）
一來立票主人。二來說昨夜交五十塊還金子的添退論不定。（第六回）
いはば親也判がかり。尤夕べ半金の五十両渡されたでも有ふけれど。

（第六段 p.329）

　『演義』は、「一則父親不回」つまり「ひとつには父親がまだ戻っていない」
と意訳しているのに対し、『奇談』は、「いはば親也判がかり」つまり「いう
なれば親でもあり判を押した人でもある」の「判がかり」に重点を置いた訳
であるといえる。
　「立票」は、『小説字彙』の「立」の項には挙げられていないが、同じペー
ジの「叫」の項で「叫票」が挙げられ、「サガリシシャゥモン」という訳が付
けられている。おそらく、「立」の項に入れるべき語を誤って「叫」に入れた
ものであろうと思われるが、翻訳者がこの誤りに気づき、「判がかり」の訳語
としたのかどうかはわからない。『奇談』の「立票主人」の左横には、「ハン
ガカリノトゥニン」という訳が付されている。

（4）
阿呀。好言趣話。官人請上樓去。（第七回）
阿呀。好言高趣。不可下坐。請官人上樓去。媽兒們你點火。安排酒杯。

（第七回）
コリャきついは。下に置かれぬ二階座敷。灯をともせ中居共。お盃お煙草盆
と。（第七段 p.338）

298　第三編　唐話と白話

　『演義』では訳されていない部分を、『奇談』は、「下に置かれぬ」を「不可下坐」、「灯をともせ中居共」を「媽兒們你點火[13]」、「お盃お煙草盆と」を「安排酒杯」と訳している。

（5）

由良助道。只要吃満一杯。（第七回）

由良助道。九太夫兄。**你説獻酬之禮。不是衙裡集會底事哩**。九太夫道。**恁地你喫了。我回盃哩**。由良助道。**你回盃了。我喫哩**。（第七回）

又頂戴と会所めくのか。指しおれ呑むは。呑おれ指すは。（第七段 p.343）

　「又頂戴と会所めくのか」は、会所の集会のように礼儀正しくするという意味である。『奇談』では、「你説獻酬之禮。不是衙裡集會底事哩」と翻訳されている。互いに酒を勧めては呑んでいる様子を表す「指しおれ呑むは。呑おれ指すは」は、「九太夫道。恁地你喫了。我回盃哩。由良助道。你回盃了。我喫哩」と、原文と同様に登場人物ふたりの互いのせりふとして翻訳されている。

（6）

由良助道。早晚看見算無有興。你們看住吉山對著粟島江。（第八回）

由良助道。**你們染孫兒。不諳詩情。我今誦一首好詩。教你聽見。**（第八回）

住吉江邊水岸平　　也看淡島接潮明

兩山光景都如是　　朝望暮臨無片情

朝夕に見ればこそあれ住吉の。岸の向ひの淡路嶋山といふ事知らぬか[14]。

（第九段 p.352）

　「染孫兒」は、『小説字彙』に収録されており、「ブスイ者ナリ」という意味が付されている。『奇談』は、「染孫兒」の左横に「ヤボナヤツサ」という日

　13）「媽兒」は、『小説字彙』に「クワシャ」と説明がある。『奇談』では、「媽兒們」の左横に「ナカ井ドモ」という日本語が付されている。

　14）『新後拾遺集』所収の「朝夕に見ればこそあれ住吉の浦よりをちの淡路島山」による。

本語が付されている。原文には、「ブスイ」や「ヤボ」に該当する語は用いら
れてはいないが、「〜といふ事知らぬか」という部分を「染孫兒」という語で
表現しようとしたのではないかと考えられる。

（7）
真個靠山枕溪有這般好景致。尚且不要在家吃酒。（第八回）
真箇山水有這般好景致。**還朝暮看見都沒餘情**。尚且小園中的假山盆水。有些
趣也不好的喫酒。（第八回）
自慢の庭でも内の酒は呑ぬ呑ぬ（第九段 p.352）

　（6）に続く場面である。『奇談』では原文の和歌を訳したうえで、和歌の
意味するところを「還朝暮看見都沒餘情」と訳し加え、「自慢の庭でも内の酒
は呑ぬ呑ぬ」を「尚且小園中的假山盆水。有些趣也不好的喫酒」と訳してい
る。この部分の原文は、「山水がこんなにも良い眺めであっても、朝晩繰り返
し眺めていると風情を感じなくなってしまうものだ。ましてやこの小さな庭
に設えた山水では、趣があるところで酒など呑めるものか。」と現代語で解釈
することができるだろう。このように解釈すれば、『奇談』の「尚且」という
語の位置は、『漢語大詞典』によると適切であるとはいえない[15]。

　（1）から（7）に挙げた『演義』の引用は、わかりやすく簡潔に訳されて
いるといえるが、原文どおりに訳していない部分や、省略している部分があ
る。それに対して、『奇談』はゴシック表記で示したように、より原文に即し
た翻訳を心がけようとしたといえるだろう。新たに足された翻訳は、白話辞
書に掲載されている語をまるまる引用すればこと足りるといった性格のもの
ではなく、（3）の「立票」や（6）の「染孫兒」のように、かりに『小説字
彙』の語を用いたとしても、文を構成する一単語として用いただけであり、

　15）『漢語大詞典』（第二巻、1660頁）に基づくと、「Aさえも〜なのに、ましてやBは
　　〜である」は「A尚且〜、何況B〜」であり、「朝暮看見尚且都沒餘情。（何況）小園
　　中的假山盆水。有些趣也不好的喫酒。」のように言うべきなのであろう。

300 第三編 唐話と白話

新たに作文する必要のある文であった。また、その文は文言文ではなく口語
体文である。

　このことからは、『奇談』の翻訳者が、『演義』は原文を十分に訳し尽くし
てはいないと判断することができる程度の中国語（唐話）の知識を持ってい
たということ、また、多少の誤りがあることは否めないが、中国語（唐話）
で口語体文を作文することのできる程度の能力を持っていたと、推測するこ
とが可能である。

　このように、『演義』にはなく『奇談』にはある部分は、白話小説の語を辞
書に基づいて加えた部分もあれば、翻訳者みずからが口語を模して作文した
と見なしうる部分もある。白話小説の語彙に頼るだけで、中国語（唐話）に
対する知識をまったく持ち合わせていなかったとしたら、『奇談』を著わすこ
とは不可能であったと考えられるのではないだろうか。

　次に、使用頻度の高い介詞の「為」と「與」の状況を見てみたい。上段に
『演義』、下段に『奇談』からの引用を挙げる。「為」あるいは「與」を含む語
をゴシックで示す。

（8）
只**為**他女婿賣了女兒
只**與**他女婿賣了女兒

（9）
不等他老翁回來。**為甚不交**老婆出去。
不等他老翁回來時。**與甚不交**女兒出去。

（10）
父親見你有甚話說。快講出來。**為何**沒有回話。
姑爺見你有甚話說。快講出來。**與何**沒有回話。

亀田鵬斎と『海外奇談』——白話小説風「忠臣蔵」の成立をめぐって—— 301

(11)

不料你**与**他丈人報讎。

不料你**為**他岳父報讎。

(12)

活佳兒道。雖是相別。**只為**他丈夫賣与我煙花。並沒一分傷心。倒指望而去。

活佳兒道。雖是訣別。**為**丈夫賣與煙花。並沒一分歎悲。倒歡心而去。

(13)

因為我也只要安慰他相公。採摘有名的櫻桃花。你們看看那樣整頓花枝也。

因為我也只要安慰他相公。採摘有名的櫻花。你們看看那樣整頓花枝。

(14)

只因路中，不能勾請你一盞茶

與在途中，不能勾請你一盞茶

　「為」も「與」もともに目的を導くための介詞であり、明代以前においては「給」はほとんど使われず、多くは「與」を用いた[16]。したがって、（8）から（10）に挙げた書き換えは、（11）や（12）のように逆に書き換えたり、書き換えを行わなかった箇所もあることから、両者が同じ意味用法で用いられる語であることを理解したうえでの行為であったと考えられる[17]。ただ、（13）に挙げたように、原因理由を示す「因為」はどちらでも使用され、書き換えられていないが、（14）のように、「因」を「與」と置き換えている箇所がある。

　また、次に挙げる「所以」は、より文字数が多い別の語に改められているが、白話小説であることを意識した上で書き換えられたものだと思われる。

16）太田辰夫著『中国語歴史文法』（1958年、江南書院）。1981年に朋友書店から再発行されたものを参照した。

17）香坂1963は、「與」に「為」の意味があるとするのは、どちらも「タメニ」と訓読したことから生じた誤解であると述べているが、それは当たらないのではないだろうか。

302　第三編　唐話と白話

(15)

昨日老翁到了祇園丁去。議定此事。至今不曾回家。**所以**母子二人捉摸不定。

姑爺昨天到了祇園街去。議定這事。至今不曾回家。**因是上**母子二人　　不定。

(16)

我們昨夜在山中。將要歇手回路。看他這裡的老翁吃殺了在彼。**所以**我們夥計
帶他回來。

俺們昨夜在山中。將要歇手回路。看他這裡的老翁吃殺了在彼。**為是上**俺們夥
計帶他回來。

(17)

把一半身價交你。餘者要做自己的使用。不肯盡數与你。**所以**把他殺死搶奪了。

把一半身價交你。要拈了餘頭兒做自己的使用。不肯盡數與你。**為是故**把他殺
死搶奪了。

　「因是上」「為是上」「為是故」などは、唐通事の訳した『演義』には用いら
れていない。他の唐通事の唐話資料にも見当たらず、当時の中国語（唐話）
では用いられない語であった。しかし、白話小説の雰囲気を出すにはちょう
ど良い語だと判断され、『奇談』では多用されたのではないだろうか[18]。

　次に、「把」について見てみたい。「把」には、介詞として処置あるいは材
料や用具を導く用法と「取る」という動詞としての用法とがある。より古い
動詞としての用法は、早くから日本人の漢文の知識の中にあったと考えられ
る。『演義』には、すべての用例が見られる。

(18)

把藥劑來與你服藥。（薬をとって、あなたに飲ませる。）

---

18) 陶山冕著『忠義水滸傳解』（1757年、『唐話辞書類集』第3集所収のテキストを参照）
　　に、「因爲你　因爲上又は因此上モアリ因ノ字一字ノ義也カヤウニ長ク云ガ俗語ノ例
　　也」とあり、俗語に対する理解を見て取ることができる。

亀田鵬斎と『海外奇談』——白話小説風「忠臣蔵」の成立をめぐって—— 303

把藥劑來與你服。(同上)

(19)
勘平就勢把雙手扭他的兩手。(勘平は勢いに任せて両手で彼の両手をつかんだ。)
勘平就勢把雙手扭二卒的手。(勘平は勢いに任せて両手で二人の手をつかんだ。)

　『演義』で用いられている処置を導く介詞の「把」は、『奇談』では別の動詞に書き換えられたり、削除されたりしている場合がある。書き換えられた場合も削除された場合も、中国語として成立している。

(20)
高野侯道。這不該之諭。若教新田算做清和源氏之流。把他戴過的頭盔要做尊敬。今麾下大小諸侯。清和源氏有許多。拜納之命。不當穩便。並不忌彈回覆。
高執政道。這不該的尊旨。若教義貞算做清和源氏之流。納他戴過的頭盔要做尊敬。今麾下大小守令。清和源氏的有許多。拜納的命。不當穩便。並不忌彈回覆。

(21)
哄騙了他。把那文匣也已經交過主公。
哄騙了他。那文匣也已經交過主公。

(22)
你把老翁殺死。搶奪了的金子
你殺死岳父。搶奪了的金子

　また、処置を導く「把」を用いている場合もある。

304　第三編　唐話と白話

（23）
把那長帽切做兩半。
把那長帽切做兩半。　＊把の下に「テ」なし

（24）
把這話柄算做陰司的盤纏。從後趕上丈人黃泉之途陪走。就把搦去的刀。將要搦開去。
把這話巴算做陰司的盤纏。趕上岳父黃泉之途陪走。就拽刀。將要搦開去。

　「把」の處置の介詞としての用法は、白話小説を読むための基本語彙のように見なされていたのではないだろうか。前掲の陶山冕著『忠義水滸傳解』に「把你」を挙げ、「把捉將ノ三字大様同ジ気味ニテ何何ヲト云テニヲハ辞ナリ」と説明があり、凡例には「一　如那・這・了・着・把・將・什麼・恁地・等數言初回既已詳譯之故逐回不贅覽者須記得初回」と特記されている。『奇談』では、（20）や（22）のように、「把」を「取る」と理解し、不適切であると判断したうえで別の語に書き換えたり、削除したのではないかと考えられる例がある。このような言葉の揺れは、介詞としての「把」に不慣れであったがゆえに意識的であったことの現われだろう。處置の介詞としての「把」に不慣れであったために、細かな注意を払い、濫用を避けたのではないだろうか。

　以上の点を踏まえると、『演義』を土台に『奇談』を作り上げた人物はおそらく日本人であっただろう。ただし、書物を通じて白話の知識を持っていた人物であったはずである。また、中国語（唐話）を、十分にではないかもしれないが、学習した経験があり、ある程度作文することのできる語学力を持っていた人物だったのではないだろうか。

3．忠臣蔵をめぐる人びと

　ここまで見てきたように、『奇談』の完成と出版には、『演義』の存在が不

可欠であった。また、『演義』から『奇談』への書き換えには、中国白話小説に対する知識だけでなく、多少なりとも中国語（唐話）に対する知識が必要であったと考えられる。

「海外奇談序」を書き、先行研究では「鴻濛陳人」その人であると見なされている亀田鵬斎は、晩年の文政３年に「赤穂四十七義士碑」を建立した。文政３年以降に出版された『奇談』に亀田鵬斎による「海外奇談序」が付されたことは、時期を同じくしていることから、この碑文との関連もあったのであろう。青年時代に遡れば、亀田鵬斎は井上金峨に入門し学者の道を歩み、23歳で家塾を開いている。家塾には旗本の子弟も多く学者としての名声も高まりつつあったが、寛政の改革の異学の禁によって寛政五鬼に数えられ、一生を処士として終えることとなった。寛政以後は旅先で詩や書を残しているが、長崎を訪れた経験はないようである[19]。また、中国語（唐話）に興味を抱いていた、あるいは唐話学習の経験があったことを示す資料も見い出せていない。鵬斎が『仏説阿弥陀経』をパロディ化した『仏説摩訶酒仏妙楽経』という戯文にも、白話や中国語（唐話）は用いられておらず、鵬斎が白話や中国語の知識をどの程度持っていたかは不明であり、『小説字彙』から語句を抜き出して『演義』の中国語にまるごと組み込む程度のことは可能であったかもしれないが、中国語（唐話）で作文することが可能であったと断定できる学問背景は見当たらない。鵬斎の経歴は、『奇談』を訳した人物像からは外れているように思える[20]。しかし、鵬斎が『奇談』に序文を寄せたことは事実であり、鵬斎と交流のあった人物が『奇談』に関係していると考えると、浮かび上がってくるのは、大田南畝とのつながりである[21]。

---

19) 杉村英治著『亀田鵬斎の世界』、杉村英治著『亀田鵬斎』（1978年、近世風俗研究会刊）など。

20) 『仏説摩訶酒仏妙楽経』は、文政６年（1823）の跋が付されている。杉村1978の影印を参照した。

21) 亀田鵬斎と大田南畝との交流は、たとえば『一話一言』や『南畝集』に記されており、共に酒を飲み詩を作る仲であった。
　　大田南畝以上に鵬斎に学問、文学の面において少なからぬ影響を与えた人物として、山本北山が挙げられる。特に、言語の面に関する北山の学問について、また、鵬斎に

306　第三編　唐話と白話

　ここでは、中国語訳の忠臣蔵をめぐる人びとの接点を紹介し、『演義』が書かれ、『奇談』が生れた背景の一端に触れてみたい。

3.1.　周文次右衛門と大田南畝[22]

　「忠臣蔵」から「演義」を訳した周文次右衛門は、長崎の唐通事である。『唐通事家系論攷』によると、周辰官を祖とする通事家の六代目であり、通事としては家格が低い周家出身でありながら、目附役助に任用されたことは破格の出世であり、忠臣蔵を中国語に訳するほどの抜群の語学力を持っていた所以であろうという。周文次右衛門の生年は不詳だが、『訳司統譜』によると明和3年（1766）2月18日に唐年行司となり、文政3年（1820）に目附役助、文政8年（1825）10月26日に亡くなった。『海外奇談』が出版された文化12年は小通事として活躍していた時期である。

　周文次右衛門は、近松門左衛門作の浄瑠璃『国姓爺合戦』の第三回を中国語に翻訳している。「国姓爺第三回」は大田南畝がさまざまな記録や読み物を収集した「鑚故紙」という雑録に収められている[23]。大田南畝（1749-1823）は、漢詩文、狂歌狂詩、洒落本などの創作に長けた文人でありながら、幕府に仕えた役人でもあった。文化元年（1804）から文化2年にかけての一年間を、支配勘定として長崎に赴任しており、その際の事々を『瓊浦雑綴』や『瓊浦又綴』などの随筆に書き記している。何人かの唐通事とともに、周文次右衛門の名も何度か挙がっている。

> 　唐船の船主は多く南京人にて、財副は福州人多し。故に福州の語は南京人に通ぜざること多し。されば福州人より南京人に対話するは、官話を以て談ず。俗語にては通じがたしと、唐通詞周文二右衛門の話　同日『瓊浦雑綴』546頁）

　及ぼした影響の有無については、今後の課題としたい。

22）周文次右衛門と「忠臣蔵」中国語訳に関しての最初の論考は、杉村1979である。

23）筑波大学図書館所蔵。

清人の頭に着たる帽は帽子といふ。紅の糸を紅纓といふ。毛に作りて纓
なきを氈帽といふ。又睡帽といふもありと、訳司周文次右衛門かたる。

『瓊浦雑綴』566頁

乙丑のとし（文化二）長崎にて訳司周文二右衛門を以て程赤城（霞生）
に八股の文体を問ひし時、答にいはく[24]、（答えの部分は省略する。）『一
話一言』316-317頁

大田南畝が長崎に赴任していた文化元年（1804）から文化２年頃は、周文
次右衛門は小通事末席から小通事並に昇進する頃で、唐通事として順調に歩
んでいた時期であったと考えられる。南畝が江戸に帰った後の文化３年に、
周文次右衛門は年始状を送っている[25]。「国姓爺」を訳したのがいつなのかは
定かではないが、大田南畝が所有することになったのも、周文次右衛門との
直接的なかかわりがあったからではないだろうか。
　また、南畝は中国語（唐話）に興味を抱き、勉強したようである。

唐通事彭城仁左衛門穎川仁十郎来唐話の事など承候。東都にて得候訳家
必備、荘嶽唐話見せ候処、是通詞之初学に読候書のよし。段々訳文いた
し候[26]。

『訳家必備』とは、中国語（唐話）で書かれた唐通事のための基本書のよう
な書物であるが、南畝は長崎赴任前に手に入れていた。長崎では、唐通事や
唐人に直接教えを請うことも可能となり、翻訳を試みることにしたのではな

24）松浦章著『江戸時代唐船による日中文化交流』（2007年、思文閣出版）によると、程
　　赤城は本名を程霞生といい江蘇の人、1770年代以降頻繁に長崎に来航した貿易商人で
　　あり、汪縄武、汪竹里らとともに書籍の輸入出に関わりが深く、安永末から文化初期
　　に来航した中国人の代表的存在であった。
25）『大田南畝全集』第19巻（1989年、岩波書店）192頁。
26）『大田南畝全集』第19巻（1989年、岩波書店）112頁。南畝が長崎から江戸に住む息
　　子の定吉に宛てた手紙である。

308 第三編 唐話と白話

いだろうか。南畝が会話を学ぼうとしたかどうかは定かではないが、中国語
（唐話）に関心を持ち、読み書きの学習経験があったといえるだろう。

3.2. 来航清人の日本趣味

大田南畝が長崎に赴任した文化元年より遡ること十年前後の寛政期に、陸
明（名）斎と孟涵九が来航している。当時、来航した中国人には、唐人屋敷
という中国人のための居住空間が用意されており、市中での自由な宿泊や外
出は許されず、全員唐人屋敷で過ごすことになっていた[27]。唐人屋敷での日々
が描かれている『長崎名勝図絵』には、陸明斎が浄瑠璃を習い、孟涵九が仮
名を書く図が描かれており、次のように記されている[28]。

　　陸明斎は清朝浙江省の内乍浦の人なり交易のため安永のころより年々長
　　崎に渡来し往還しばしばにして甚日本の風儀を好み乍浦の居宅も日本製
　　の如く二階造りにして日本の畳を敷日本の膳椀食具酒器を用ひ烹調料理
　　の品味すべて日本の風を学び倣ふて客を饗応し又酒興或は談話の折ふし
　　には忠臣蔵の浄瑠璃一二句を口ずさみにすこれは大町といへる傾城より
　　習い得しとぞまた高砂の小謡を諷う（省略）

　　孟涵九は名は世燾字は涵九というこれもまた浙江省乍浦の人なり明斎よ
　　りはおよそ10年あまりも後なるべし寛政のころ長崎の館中にありて日本
　　のいろは仮名を学びて古歌など臨摸し書を乞う者あれば専らに書き与え
　　けり

南畝は、孟涵九の書に興味を抱き、次のように記している。

27）唐人屋敷は元禄2年（1689）に開設された。一般の日本人の出入りは許されなかっ
　　たが、唐通事ら幕府の役人、遊女には出入りが許されていた。大田南畝も支配勘定と
　　して滞在中には訪れた経験がある。
28）長崎史談会『長崎名勝圖繪』239-243頁。

清人孟涵九、崎陽にて仮名を書く。

　　うへみればおよばぬ事のおほかりきかさきてくらせおのが心に

　　　　右、板倉京兆誠于歌、古撰可誦是和歌也。故以和字書之

と書きて、下に笠きたる男を書り。

　　戊午新秋巧々写於崎陽旅館懐竹山房[29]

　また、長崎赴任の翌年の文化３年に中村李囿に宛てた手紙には次のように
書いている。

　　御慶申納候。孟涵九書二葉、唐餅一箇御投恵忝、珍玩いたし候。[30]

　南畝と陸明斎との接点は不明だが、日本趣味の清人に関心を抱いたという
点を確認できるだろう。

　陸明斎は、『長崎名勝図絵』によると、大町という遊女に忠臣蔵を教わった
とあり、唐通事周文次右衛門から教わったのではなかったが、来航清人の中
に日本の文芸作品に興味を持つ日本趣味の人物がいたということは、『忠臣
蔵』が『演義』に訳されたことと関係があるのではないだろうか。

　『演義』には、『忠臣蔵』には記述のない、中国人に説明していると考えら
れる箇所がある。

　　拿了旁邊的短刀。早抜刀在手。從書院裡下去。拿了單草鞋抹著。**我朝**傍
　　無磨石。將草鞋抹著。當做磨刀石[31]。
　　這是紫摩黃金。**我朝**柳條是紫摩的同音。雖是字不同而同音。借此二字就

29）『大田南畝全集』第11巻所収『半日閑話』69頁。
30）『大田南畝全集』第19巻所収書簡 192頁。
31）『忠臣蔵』の原文は「（御覧に入んと）御傍の。小刀抜より早く書院なる。召替へ草
　　履かたし片手の早ねた刃」（第二段 302頁）

310　第三編　唐話と白話

　算做紫摩黄金[32]。

　「我朝」と述べている点から、日本人（唐通事）が中国人に対して解説している、ということがわかるだろう。つまり、『奇談』はもともとは唐通事が来航清人のために訳したものだったのではないだろうか。この部分は、『奇談』では次のように改められている。

　　把短刀快脱鞘在手。從書院裡下去。拿了那草鞋抹著。**倭人**傍無磨石。將
　　草鞋抹著。當做磨刀石。
　　邦俗呼柳條如紫摩。文字各異而訓同音。借此義叫做紫摩黄金。

　『奇談』ではそれぞれ「倭人」「邦俗」と言い換え、あたかも中国人が中国人に対して説明しているかのように訳しなおしている。『奇談』を中国人翻訳とするために修正したのだろう。
　原文にはない解説を加えた経緯は、『演義』には明記されていないが、浄瑠璃に興味を持った中国人に『忠臣蔵』を訳してあげた際に、便宜を図って付け加えたのだろう。『演義』が訳されたそもそものきっかけは、日本趣味の来航清人の要望だったのではないだろうか。

4．まとめ

　『奇談』は、中国語学の立場からすれば、江戸時代の中国語理解の限界を示す資料であると見なされてきた。そのように見なされた要因のひとつとして、同時代の中国語口語体資料の語彙、語法との不一致が挙げられる。たしかに、同時代の長崎唐通事資料との比較からも、『奇談』の中国語が当時の口語を反映していないことは明らかである。しかし、それは、『奇談』を日本人読者の

---

32)　『忠臣蔵』の原文は「此金は嶋の財布の紫摩黄金仏果を得よと云ければ」（第六段　336
　　頁）

期待する「白話小説」として出版することを狙っていたためであり、時代性や地域性にとらわれることのない白話語彙の使用は、意図的であったといえるだろう。

『奇談』が誕生するために必要不可欠であった『演義』は、唐通事が中国語（唐話）で翻訳したものであり、日本趣味の中国人の存在があったからこそ訳されたと考えられる。

『奇談』は、『忠臣蔵』から直接翻訳されたのではなく、『忠臣蔵』から『演義』へ、『演義』から『奇談』に翻訳されたのであり、『奇談』が完成し出版されるまでの過程には、直接的にまた間接的に複数の人間が関わっており、単独の人物によって作り上げられたものではなかった。おそらく、亀田鵬斎の手に渡るまでには、日本趣味の中国人、唐通事、彼らと接点を持ち興味を抱いた日本人の手を介したはずである。また、『奇談』に見られる白話をふんだんに用いた口語体による中国語文からは、唐話だけでなく、白話を学んだ経験のある人物が加わっていたと考えられる。

『奇談』は、純粋な口語体の資料として見なすことはできないが、日本人による白話小説資料として日本人の白話観や中国語（唐話）に対する理解を探ることが可能である。また、完成するまでの過程には中国人との関係が強く作用していたと考えられ、長崎を発信拠点とする文化史に位置づけることのできる資料だといえるだろう。長崎や中国語（唐話）とは直接のつながりを持たなかった亀田鵬斎が序文を書くに至るには、日中双方の異文化に対する意識の共鳴があったのである。

【附記】本稿は、2009年10月3日、関西大学アジア文化交流研究センター第13回研究集会で行った口頭発表「亀田鵬斎と『海外奇談』」に補訂を加えたものである。発表後、ご教示くださった先生方に深く感謝申し上げます。

312 第三編 唐話と白話

『海外奇談』の語句の来歴と翻訳者像

1．はじめに

　前章で『仮名手本忠臣蔵』から『忠臣蔵演義』へ、『忠臣蔵演義』から『海外奇談』への翻訳過程には複数の人間が存在していたという考えを述べた。本章では、『海外奇談』で用いられている語句の出自、つまりその語句はどのように生み出されたのかという問題に関して新たな調査結果を加えて提示したい。

2．『海外奇談』の語句の出自

　『海外奇談』が完成するまでの経緯を知るための試みとして、その語句がどのような出自を持つものであるかを、筆者がこれまでに言及したものも含めて次に挙げる。

2.1．唐通事の言葉

　『早稲田大学漢籍総合目録』の解説にあるように、『忠臣蔵演義』は『海外奇談』の原本であるだろう。『忠臣蔵演義』が書かれた年代は不詳だが、『海外奇談』が訳される前に、『忠臣蔵演義』がすでに訳されており、両者には影響関係があると考える根拠のひとつは、香坂 1963 によって問題があると指摘された語彙が、手がかりを与えてくれる。香坂 1963 の指摘する『海外奇談』の語彙の問題点14点のうち、以下に示す誤用とされた11点は『忠臣蔵演義』でも同じように用いられている。

　　1．「因為」を「因此」の意味に誤用している。
　　2．「早」と「快」とを混同している。
　　3．「盡數」の誤用。

『海外奇談』の語句の来歴と翻訳者像　313

4．「算」の誤用。

5．「攬」の誤用。

6．副詞と「是」の転倒。

7．語順の誤り。

8．是の省略。

9．「箇麼」の使用。

10．原因理由を示す「與」

11．理由を問う「甚麼」

　上に挙げた語彙の用法は、訳者が日本人であるがゆえの誤りではなく、『忠臣蔵演義』で使用されている語彙を使用した結果であると考えられる。

　『忠臣蔵演義』を訳した周文次右衛門は、宮田 1979 によると唐通事としては低い家格の出身であったが、唐通事としての才能を認められ、破格の昇進を遂げた人物である。唐通事の話した中国語を、唐通事自らは唐話と称して中国人の話す官話と区別したが、中国人の話す官話と完全に同じではなかったかもしれないが、中国人との会話での使用に耐えうるだけの言葉であった[1]。『海外奇談』の語句の出自のひとつで、『海外奇談』の土台となったものは、唐通事周文次右衛門の唐話である。

2.2.『小説字彙』の言葉

　上述の香坂 1963 が指摘した『海外奇談』のその使用法に問題がある14点のうち、『忠臣蔵演義』と一致する11点を除く以下に挙げる3点は、18世紀末に出版された『小説字彙』に収録されており、その辞書に基づく解釈どおりに用いられている[2]。

1）『小孩児』（関西大学長澤文庫蔵）による。

2）『小説字彙』は、鳥居久靖 1957 によると、編者秋水園主人が語句を収集し語釈を施したのではなく、「怯里馬赤」（写本、『唐話辞書類集』第1集所収）からその大部分を語句語釈も含めて借用している、という。ただ、たとえば、「軒 刺的後生」は「怯里馬赤」に「カヒガヒシクリリシキヲ云」とあるのに対し、『小説字彙』では「リリシキ

314 第三編 唐話と白話

　1．「硬朗些」

　2．「阿陽」

　3．「較些子」

　上の３語は、『忠臣蔵演義』では用いられておらず、『海外奇談』翻訳の際に加えられた語であると考えられる。秋水園主人編『小説字彙』は、江戸時代後期の1791年に出版された中国の様々な小説の語句を収めた画引き辞書であるが、『忠臣蔵演義』から書き換えられている部分は、この辞書に収録されている語句によって構成されている例を列挙することができる。たとえば、第５回には原文で「」と描かれている箇所があるが、『忠臣蔵演義』（上段）と『海外奇談』（下段では、それぞれ次のように訳されている[3]。

　　只推說造起石碑

　　只打了箇幌兒

『海外奇談』の「打了箇幌兒」は、『小説字彙』に収録されている語句であり、「カコツケヲ云」という語釈が施されている。

　また、第６回の原文の「泣ければ」が、『忠臣蔵演義』（上段）と『海外奇談』（下段）ではそれぞれ次のように訳されている。

　　大哭

　　撲簌簌地成珠抛洒

　『海外奇談』の「撲簌々地成珠抛洒」には「ナミダヲハラハラトナガシ」と左訓が施されているが、この語句は『小説字彙』では「撲簌々地成珠抛洒」

若モノ」である。『小説字彙』の語釈の方が『海外奇談』の該当箇所により合っていると言える。「將就些」は「怯里馬赤」では語釈が空欄になっているが、『小説字彙』では「ヨイカゲンニトウゾコウゾナリ」とあり、『海外奇談』には「ヨイカゲンニ」と左訓が施されている。さらに、「十字兒竹竿封着門」は「怯里馬赤」にはなく、『小説字彙』には収録されており「青竹ニテ門ヲトヂシメル」と語釈がある。『海外奇談』の「十字兒竹竿封着門」に左訓は施されてはいないが、例に挙げたこれら３語からは『海外奇談』と関係があるのは『小説字彙』であると言えるだろう。従って、本論では「怯里馬赤」については言及しない。

3）本論の引用文は、早稲田大学図書館所蔵『忠臣蔵演義』と拙蔵『海外奇談』（1820）による。

と収録されており、語釈は「涙ヲバラバラトナガシ」である。

　本論では下表に、『海外奇談』第1回から第3回までの『忠臣蔵演義』では用いられていない語句で『小説字彙』に収録されている語句を列挙する[4]。『小説字彙』は、筆者が所有する寛政3年刊のものを用いた[5]。左列は『海外奇談』の語句、中列は『小説字彙』の語釈、右列は『海外奇談』中当該語句にカナ書きで記された左訓である。左訓がない場合には、「なし」と記している。表中の二重線は各回の区切りを示す。

『海外奇談』でのみ用いられており『小説字彙』に収録されている語句一覧表

語句	『小説字彙』の語釈	『海外奇談』カナ書き
將就些	ヨイカゲンニトウゾコウゾナリ	ヨイカゲンニ
軟睇奕的睽眼	イヤラシキ目ツキナリ	イヤラシイメツキヲシテ
眉花眼笑	エシャクスルコト	なし
轉央	マタダノミ	マタダノミ
甌已破	トテモヌレタ袖ジャ	トテモヌレタソデジャ
一不成二不休	スルカラハシヌクト云コト又毒クハバサラト云ガ如シ	ドククラハバサラネブル
不題一聲兒	一言モモノヲイハヌ	なし
刁蹬	ワルモノモガリ	ムホウノ
乾頼	ソシラヌカホシテイル	ソシラヌカホデ
較些子	コレデコソ道理ニハ	カウナクテカナハヌハズ
大氣襍	大シンダイ	タイシン
懟頼	人ヲ罵ル辞・イガミ	イガミカカッテ
一遞一答説話	ウケツナガシツハナスナリ	ヤツツカヘシツ
丫頭	呉中呼女子賤者為丫頭也コシモト又コモノナド婢ヲ云	なし

4）奥村2007に、『忠臣蔵演義』にはなく『海外奇談』にのみある語句で『小説字彙』にも収録されている語句の一部を回ごとに提示したが、該当回を誤って表記しているものがあり不完全な表であるため、お詫びするとともにここで第1回から第3回に関しては訂正し、第4回から第10回に関してもあらためて訂正する予定である。

5）本論で例示した『小説字彙』の語句はすべて拙蔵『畫引小説字彙』（寛政三年辛亥十一月、皇都書林風月荘左衛門、大坂書林渋川與左衛門、同泉本八兵衛、同山口又一郎）による。

窩盤	キゲントル	ヲダテル
古撤	昔カタ氣ナリ	カタクロシイ
羞澀	ハヂオソレ入シ兒ナリ	ハヅカシゲ
抹胸	ムネアテ	レ点・サスリ・ヲ
娘娘	ハハオヤ	なし
渇想得的	渇想得監コヒシウテタマラヌナリ	コヒシウテナラヌ
軒 刺的後生	リリシキ若モノ	リリシキ、ワカモノ
調眼色	メヲミハセ	メヲミアハセ
打藁	心ノウチニテトヤカクシアンスルコト	シアン
擠撮我年輕起來	擠撮我起來アナヅルコト	アナドリ
稠人	ヒトゴミ	オオゼイノナカニテ
頗奈	カンニンナラヌ	カンニンナラヌ
只得	ゼヒナク	ゼヒナク
多遭	イクタビカ	イクタビカ
軟弱	フガイナイ	フガイナク
不兜攬	アヒテニナラヌコト	ナラズ・アイテニ
並然	カツフツ・曾テト同シ意	カツフツ
打磕捆	ネムル	ギョシンナレ
睏一睏	ネルコト	ネムルコト・ヒトネムリ
怎地	ドウシテ	なし
詫異	フシギナコト	ガテンガユカヌ
況兼	ソノウヘ	ソノウヘ
鬼頭風發	イラツコト	キヲイラチ
尾行	シリニツクコト	シリニツクコト
十分顔色	キリヤウヨシ	なし
不啐瑠	ラチノアカヌコト	キカヌコト
説在熱鬧處	ハナシノサイ中	ハナシノサイチウ
彎着腰	カガメ	カガメ
停囲	シバラク	シバラク
數落	ハヂカカス	ハヂカカス
丢個眼色	メクバセスルコト	メクバセシ
捷燈也似	捷燈也似拜インギンニ礼ヲスル形容ナリ	サシハサム
區區	スコシバカリ	スコシバカリ
一蜆殻	スコシバカリ	なし

板板地	インギンナコト	インギンニ
遞	ワタスコト	ワタス
嚇痴了	驚テウッカリトナッタ	ウッカリト
裙釵	女ノ身ト云コトナリ	オンナノミデ
罣疑	フアン心ナリ	ココロカカリハ
寅夜	夜フケタルコトナリ	アケガタ
根不能風	云ニ心ノ中ニヤルセナイコトヲ形容シテ云フ	モドカシクテヤルセナク
熬一熬	心ノセクコト	ココロセクママ
喉極底	喉極的息ヲ切テ	イキガキレタ
咂嘴兒	クチナメズリ	クチナメズリシテ
消魄種	消魂種イノチトリメ	イノチトリメ
巴巴的	トリイソギテナリ	チョコチョコ
迎神出遊	マツリヲワタス	マツリヲワタシタイ
哎喲一聲	アレイトサケブコト	アレアレ
雪中送炭錦上添花	オリニサイワイト云フコト	オモフヤウニコトガイッタ
耶嚛	ハレヤレト云コト	ハレヤレ
歆艶	ウラヤムコト	ウラヤマシヒ
不分皂伯	アトサキナシ	アトサキナシニ
一轂轆	コロリ	コロリ
爭些兒	アブナヒカケンデ・スデノコトニ	アブナイコトノ
央告	ワビコトスル	ワビコトセヨ
賄囑	マイナイシテタノム	なし
稽遲	オソナハル	オソナハル
蠻奴才	イナカモノ	イナカモノ
多情種子	スイナ人	スイシテ
波俏	ワケシリスイナコト	ワケシリシテ
意意侶侶	キママスルコト	キママニシテ

　語句が一致しているだけでは、その書物からの引用であるとは無論断定できないが、例えば『小説字彙』に誤った形で収録されている「漆穿鴈嘴鉤搭魚腮（正しくは、箭穿鴈嘴鉤搭魚腮）」や「不分皂伯（正しくは、不分皂伯）が、同じ文字遣いで『海外奇談』で用いられていることから、『小説字彙』から引用したという推論を立てることは可能である。

318　第三編　唐話と白話

　また、『海外奇談』には返り点が付されているが、語句の意味を記した左訓
は限られており、その多くは『小説字彙』に収録されている語句に施されて
いる。表に示したように、左訓の内容は『小説字彙』の語釈と表記の仕方も
含めて一致するものが多く見られることからも、『小説字彙』の語句は収録語
彙と語釈の両方において『海外奇談』完成には欠かせない存在だったのでは
ないかという推測が成り立つのではないだろうか。

　個別の小説を繙くより、大量の小説から収録したとされる『小説字彙』を
用いた方がより効率的であり、翻訳する際の作業として辞書類を用いること
は不自然なことではなかろう。ただ、この推測に立つと、『小説字彙』の語釈
とは一致しない左訓や、『小説字彙』にはない語句の使用こそが翻訳者は誰な
のかを知る鍵となる問題として考える必要があるのだが、それに関しては別
稿で取り上げたいと考えている。

2.3.　訳者の作文能力に基づく言葉

　『忠臣蔵演義』及び『小説字彙』との一致状況を示す箇所以外に、『海外奇
談』の訳文には、次に挙げるように、単に既存の白話文や白話語句に置き換
えたり、それらをつなぎ合わせたりするだけでは成し得ず、白話の知識と白
話文を作文するだけの能力を有していることが示されていると考えられる箇
所もある。この点に関しては前章ですでに主な例を挙げた上で中国語法に則
って分析を試みたため、ここではその他の例を挙げて補足しておきたい。各
引用は、上段が『仮名手本忠臣蔵』、中段が『忠臣蔵演義』、下段が『海外奇
談』である[6]。

（1）「袂から袂へ入るる結び文。顔に似合ぬ様参る武蔵鐙と書たるを。見る
　　よりはっと思へども」（第1回）

甲活欲奶奶看了，是個情書。

　6）『仮名手本忠臣蔵』の本文は日本古典文学大系51『浄瑠璃集』（1960年、岩波書店）
　　所収「仮名手本忠臣蔵」による。

甲活欲看了，不是兼好討詩的書，明明寫題武藏鐙子，卻是師直手澤的書。

（2）「師直が口一つで五器提げふもしれぬあぶない身代。それでも武士と思ふじゃ㐂と。」（第1回）

下官從三寸舌中，教你敗壞了家當也不見得。

全由下官三寸舌上，教你敗壞了家當也不見得，任地也你算做武夫麼。

（3）「女小性が持でる。煙草輪を吹く雲を吹く。」（第2回）

只見一個女娘拿著煙盆。

只見一箇丫頭拿著芬盆，與本藏喫煙，煙氣濃濃作雲作輪。

（4）「師直呼かけ」（第3回）

高野侯道

執政就地放做冷淡的腔子道

（5）「たった一人の娘に連添ふ聟じゃもの。不便にござる可愛ござる。」（第5回）

なし

許配愛女的佳婿，俺甚麼沒愛戚底心。

　上に例示した箇所は、『仮名手本忠臣蔵』の描写を『忠臣蔵演義』ではごく簡潔に動作のみを訳す、あるいは省略して訳していないが、『海外奇談』では原文どおりに訳そうとしている。（4）は原文にはないが、冷たく詰る場面を分かりやすく描写しており、『海外奇談』が『仮名手本忠臣蔵』をより詳しく訳そうとしていることを表している。また、『海外奇談』の訳文は、でたらめに語句を並べているものではなく、白話による作文能力があると認められるだろう[7]。

　7）ただ、中国語法として疑問や違和感を与える点もある。
　　「把」に関しては、前章でも触れたように、理解が曖昧なのか故意なのかが分からない箇所がある。「まだ其上に慳な事が有てや。手拭にぐるぐると巻いて懐に入らるる。俺が着てゐる此一重物の嶋の切で拵へた金財布借たれば」（第6回）は、『忠臣蔵演義』では「更兼教他打點停當，老翁卻那五十塊，把手巾倦了一捲，將要放在懷裡，我說恐怕不停當，要放這個布袋，掛在他頸上，就是我所穿的棋盤布單衣，把切塊做個放金袋，借与他去，你們須要看他就要掛在頭上回來也。」と訳されているが、『海外奇談』では

320 第三編　唐話と白話

以上のように、言葉の出自という側面から『海外奇談』を見てみると、『海外奇談』の翻訳者が、『忠臣蔵演義』で訳されなかった原文があることを見極め、多少の誤りがあることは否めないが、中国語（唐話）で、日本語口語文を作文することのできる程度の能力を持っていたと、推測することが可能である。

『忠臣蔵演義』にはなく『海外奇談』にはある部分は、白話小説の語を辞書に基づいて加えた部分もあれば、翻訳者みずからが口語を模して作文したと見なしうる部分もある。白話小説の語彙に頼るだけで、中国語（唐話）に対する知識をまったく持ち合わせていなかったとしたら、『海外奇談』を著わすことは不可能であったと考えられるのではないだろうか。

よって、『海外奇談』の訳者として浮かび上がる人物像は以下の点にまとめることができるだろう。

1．日本人（『仮名手本忠臣蔵』を理解できるだけの日本語能力を有している人物）
2．中国白話小説に用いられた語句に詳しい人物
3．唐話の知識があり、作文することのできる人物
4．詩を作ることのできる人物

4に挙げた詩については、ここでは取り上げなかったが、『海外奇談』は白話小説を模した形式であり、随所に詩が登場しており、翻訳に際して欠かせない表現手段であり、作詩の能力のある人物が必要であったと考えられる。

「更兼教你知一件做證的東西，老翁把那五十塊偺了手巾一捲，放在懷裡，我説這箇不停當，我應借與招財布，掛你項頸去，就是借與把我這穿了柳條布單衣的襯補，做了招財布收去，你們須要看他九掛在項頸回來。」である。「把」の用法が『忠臣蔵演義』と『海外奇談』とでは異なるが、理由はよくわからない。また、禁止を示す語の位置がおかしい箇所がある。「とばついて怪我仕やんな。」（第6回）は、『忠臣蔵演義』では「又不要手忙脚亂，誤傷身體。」と訳されており、「不要」以下の部分が禁止されており中国語の用法として自然だと言えるが、『海外奇談』では「手忙脚亂，勿誤傷身體。」とあり、「勿」で禁止されている内容が原文より狭められてしまったと言えるだろう。

3.『海外奇談』を取り巻く人物

　次に、上述の人物像をもとに、『海外奇談』の出版に直接的、間接的に関わった可能性のある人物を列挙していきたい。

1．周文次右衛門（生年不詳-1826）

　『忠臣蔵演義』の作者（『仮名手本忠臣蔵』の直接的な翻訳者）である。

2．亀田鵬斎（1752-1826）

　『海外奇談』の序文を書き、先行研究では『海外奇談』の作者であると見なされていたが、白話や中国語（唐話）に対する知識を示す資料は不明である。『仮名手本忠臣蔵』の題材である赤穂事件に関しては、「赤穂四十七義士碑」（文政3年）がある。亀田鵬斎と大田南畝との交流は、たとえば『一話一言』や『南畝集』に記されているが、共に酒を飲み詩を作っており、創作仲間でもあったようである。

3．大田南畝（1749-1823）

　長崎に行った経験があるのかどうかが不明な亀田鵬斎に対し、周文次右衛門との直接の交流があったという点で、大田南畝もまた、『仮名手本忠臣蔵』の漢訳に関係する人物として挙げることができる。

　大田南畝は、漢詩文、狂歌狂詩、洒落本などを創作した文人でもあり、幕府に仕えた役人でもあった。文化元年（1804）から文化二年にかけて支配勘定として長崎に赴任し、唐通事や清人との交流があった。周文次右衛門とも親交があったことが、長崎在任中の日記から分かる[8]。

　　　唐船の船主は多く南京人にて、財副は福州人多し。故に福州の語は南京
　　　人に通ぜざること多し。されば福州人より南京人に対話するは、官話を
　　　以て談ず。俗語にては通じがたしと、唐通詞周文二右衛門の話

8）『瓊浦雑綴』『瓊浦遺珮』等大田南畝に関する引用は、岩波書店刊『大田南畝全集』第8巻（1987年）及び第19巻（1989年）に基づく。

『瓊浦雑綴』

清人の頭に着たる帽は帽子といふ。紅の糸を紅纓といふ。毛に作りて纓
なきを氈帽といふ。又睡帽といふもありと、訳司周文次右衛門かたる。

『瓊浦雑綴』

また、大田南畝は唐通事が唐話で記した『訳家必備』を長崎に赴任する以
前に江戸で手に入れており、長崎から江戸に住む息子の定吉に宛てた手紙に、
長崎では唐通事の助けを得ながら、訳文も試みていたことが記されている。

唐通事彭城仁左衛門頴川仁十郎来唐話の事など承候。東都にて得候訳家
必備、荘嶽唐話見せ候処、是通詞之初学に読候書のよし。段々訳文いた
し候

蔵書リストからは、『訳家必備』の他に、唐通事が唐話で著した『小孩児』
を自ら書写し所蔵していたことがわかる。

小孩児　訳司某
右小孩児一巻、崎陽訳司某所著也、借抄于訳司周文二右衛門氏家　書于
岩原大芙蓉寓蘆
乙丑閏八月三一日、杏花園主人（『瓊浦遺珮』叢書細目）

このように、大田南畝は長崎赴任以前から唐話の書物を購入しており、具
体的な勉強の成果を示す明確な資料を見いだせてはいないが、知識として唐
話を多少は知っていた可能性がある。

4．森島中良（1756頃-1810）
『忠臣蔵演義』の第一頁に「桂川之印」がある[9]。これは、桂川中良つまり森

9）杉村1979に指摘されている。

島中良の蔵書であったことを示している。森島中良は『海外奇談』が出版される前の1809年（文化6）から1810年（文化7）にかけて、中国語の俗語を収集した「俗語解」を編纂した[10]。「俗語解」に『小説字彙』が大きく影響したことはすでに指摘されているが、「俗語解」には『小説字彙』からの語句が多く取り入れられ、その中には『海外奇談』と一致する語句も多い[11]。森島中良には『警世通言』への書き入れもあることから、白話小説に関心を持っており白話に対する知識があったと考えられるため、大田南畝と共に戯作者、狂歌師仲間でもあった森島中良が、『海外奇談』の翻訳に関わった可能性は否定できないだろう[12]。

5．来日長崎滞在清人

では、なぜ『仮名手本忠臣蔵』が漢訳の対象となったのかを考えるに、伏線となる人物がいたのではないかと想定できる。

大田南畝が長崎に赴任した文化元年より遡ること10年前後の寛政期に、陸明（名）斎と孟涵九が来航している。当時、来航した中国人には、唐人屋敷という中国人のための居住空間が用意されており、市中での自由な宿泊や外

10）森島中良は、著名な蘭医の家系に生まれたが、戯作者、狂歌師として有名であり、ロシア語やオランダ語の語彙集の編纂に関わった人物としても知られている。「俗語解」は、巻1から巻4、巻11、巻12が写本として残されている。

11）森島中良の「俗語解」については、岡田1991にその編纂方法が詳しく論じられている。『小説字彙』から取り入れられている語句で『海外奇談』に用いられている語句は、たとえば、「一時・一口遊・一搭兒・一蜆殻・一佛出世二佛涅槃・一個霹靂空中去・大気概・小犬・小鬼頭・不題一聲兒・不死也魂消・不吃回頭草・水戸的行徑・火囤的腔調・軟腿膜的俊眼（『海外奇談』では「睃」に作る）・硬朗些・惑突的・一頓亂搶・二婚頭・大頭兒・大後晌・小路抄轉・火塊也似熱・心花也開了・必定我此首領一殼轆・毛團把戯・荘事兒・添上一頂愁帽兒・十字兒竹竿封着門・猩剄」などがある。

12）石上1995は第8節「晩年の文事―『俗語解』を中心に―」の251頁で「私見に拠れば、『仮名手本忠臣蔵』の漢訳本『海外奇談』も中良の手に成った可能性をもつ」と述べておられる。森島中良の「俗語解」は『唐話辞書類集』第11集に所収されている。わずかな例だが、「遙与アタエル、ワタス」（『唐話辞書類集』第11集950頁）や「喝道行列ノ先従士ナリハイホウサキノケ也」（同1057頁）のように、『小説字彙』にはなく「俗語解」にある語句で『海外奇談』にも用いられている語句がある。

324　第三編　唐話と白話

出は許されず、全員唐人屋敷で過ごすことになっていた[13]。唐人屋敷での日々が描かれている『長崎名勝圖繪』には、陸明斎が浄瑠璃を習い、孟涵九が仮名を書く図が描かれており、次のように記されている[14]。

　　陸明斎は清朝浙江省の内乍浦の人なり交易のため安永のころより年々長
　　崎に渡来し往還しばしばにして甚日本の風儀を好み乍浦の居宅も日本製
　　の如く二階造りにして日本の畳を敷日本の膳椀食具酒器を用ひ烹調料理
　　の品味すべて日本の風を学び倣ふて客を饗応し又酒興或は談話の折ふし
　　には忠臣蔵の浄瑠璃一二句を口ずさみにすこれは大町といへる傾城より
　　習い得しとぞまた高砂の小謡を諷う（省略）
　　孟涵九は名は世燾字は涵九というこれもまた浙江省乍浦の人なり明斎よ
　　りはおよそ十年あまりも後なるべし寛政のころ長崎の館中にありて日本
　　のいろは仮名を学びて古歌など臨摸し書を乞う者あれば専らに書き与え
　　けり

　ここに登場する陸明斎と孟涵九という２人の中国人は、日本趣味の清人であった。陸明斎は、大町という遊女に忠臣蔵を教わったとあり、唐通事周文次右衛門から教わったのではなかったが、来航清人の中に日本の文芸作品に興味を持つ人物がいたということは、『仮名手本忠臣蔵』が中国語に訳される素地が出来ていたことを示していると言えるだろう。『忠臣蔵演義』は『仮名手本忠臣蔵』を中国人のために訳してあげたことが始まりであったのではないだろうか。

　『忠臣蔵演義』には、『仮名手本忠臣蔵』には記述のない、中国人に説明していると考えられる箇所がある。

　　拿了旁邊的短刀。早抜刀在手。従書院裡下去。拿了單草鞋抹著。我朝傍

13）唐人屋敷は元禄２年（1689）に開設された。一般の日本人の出入りは許されなかっ
　　たが、唐通事ら幕府の役人、遊女には出入りが許されていた。大田南畝も支配勘定と
　　して滞在中には訪れた経験がある。
14）長崎史談会『長崎名勝圖繪』239-243頁。

無磨石。將草鞋抹著。當做磨刀石[15]。

　　這是紫摩黄金。我朝柳條是紫摩的同音。雖是字不同而同音。借此二字就
　　算做紫摩黄金[16]。

　「我朝」と述べている点から、日本人（唐通事）が中国人に対して解説して
いる、ということがわかるだろう。つまり、『海外奇談』はもともとは唐通事
が来航清人のために訳したものだったのではないだろうか。この部分は、『海
外奇談』では次のように改められている。

　　把短刀快脱鞘在手。從書院裡下去。拿了那草鞋抹著。倭人傍無磨石。將
　　草鞋抹著。當做磨刀石。

　　邦俗呼柳條如紫摩。文字各異而訓同音。借此義叫做紫摩黄金。

　『海外奇談』ではそれぞれ「倭人」「邦俗」と言い換え、あたかも中国人が
中国人に対して説明しているかのように訳しなおしている。『海外奇談』を中
国人翻訳とするために修正したと考えられるだろう。

　『忠臣蔵演義』に原文にはない解説を加えた経緯は、明記されていないが、
浄瑠璃に興味を持った中国人に『仮名手本忠臣蔵』を訳してあげた際に、便
宜を図ったという事情があったと考えられる。『忠臣蔵演義』が訳されたそも
そものきっかけは、最初から『海外奇談』という作品の完成を目指していた
のではなく、日本趣味の来航清人の要望だったのではないだろうか。

4．まとめ

　『海外奇談』の成立に欠かせなかった人物は、その原本である『忠臣蔵演

---

15)　『仮名手本忠臣蔵』の原文は「（御覧に入んと）御傍の。小刀抜より早く書院なる。
　　召替へ草履かたし片手の早ねた刃」（第2段、302頁）。

16)　『仮名手本忠臣蔵』の原文は「此金は嶋の財布の紫摩黄金仏果を得よと云ければ」（第
　　6段、336頁）。

義』を訳した周文次右衛門をまず挙げることができる。『海外奇談』は、周文次右衛門を含む複数の人物の手によって完成された作品であると見なし、関係したと考えられる人物を残らず挙げ、誰がどのような役割を果たしたのかを検討していくことが、成立の過程を明らかにすることに繋がるだろう。『仮名手本忠臣蔵』から『海外奇談』の成立に至る経緯には複数の人物が関わっており、1人の翻訳者によるものではなかったのではないだろうか。

『海外奇談』は、『仮名手本忠臣蔵』を漢訳した『忠臣蔵演義』をもとに、白話語句に置き換えたり、白話語句を新たに付け加えた部分と、翻訳者によって作文された部分とから構成されていると考えられる。

先行研究で『海外奇談』の訳者であるとされた亀田鵬斎は、白話文を自力で作り上げることが出来たかという点で、唯一の訳者であるとするには疑わしい。

大田南畝は、唐話の日本語訳を試み、長崎駐在を経て周文次右衛門と知り合い交流していたことから、『忠臣蔵演義』と『海外奇談』の橋渡し的な関与と総合的な指揮をしたのではないかと想像できるが、決定的な証拠がない。また、白話を作文する能力があったかどうかは不明である。

亀田鵬斎、大田南畝の二人が、詩の作成に関係したかどうかは、状況証拠からは大いに可能性があると考えられるが、詩そのものから二人の関わりを見出すことが必要であろう。

森島中良は、『小説字彙』を読み俗語を学んだだけでなく、白話小説を読んでおり白話の知識があったと考えられることから、『忠臣蔵演義』から『海外奇談』に訳し直した中心的人物として有力候補である。「俗語解」の編纂中に、『海外奇談』翻訳に関係したかどうかを、さらに調査していく価値があるだろう。

大田南畝旧蔵「訳阿州孝子文」について

1. はじめに

　江戸時代の資料の中には、中国語資料と呼ぶにふさわしい資料がある。そのように呼ぶのがもっともふさわしい資料は、唐通事の中国語が記述された資料、すなわち唐話資料である[1]。唐話資料は中国人によって書かれた中国語ではないが、個別資料をさらに分類することにより口語史や白話史を補うことが可能となると考えられる。本章は、唐話資料による口語史または白話史の補足を目標とした研究の一環として、従来定かではないとされてきた資料に関する基本的な情報を可能なかぎり明らかにしようと試みる。

　「訳阿州孝子文」は、江戸時代の幕僚であり文人でもあった大田南畝の『鑽故紙』巻二に所収されている。『大田南畝全集』第19巻（岩波書店、1989年）には、『鑽故紙』の目録が翻刻されており、その解題には次のようにある[2]。

　　本書は南畝の自筆原本四冊が筑波大学付属中央図書館に蔵されているほか、国立国会図書館や国立公文書館内閣文庫などに転写本がある。『南畝文庫蔵書目』や『杏花園叢書目』にも四冊として見えている。内容的には、南畝自身の文章を含んでいるのが注目される。細目および南畝の識語は、筑波大学付属図書館の自筆原本によって採った。

　大田南畝（1749-1823）は、本名を大田覃といい、狂歌師として活躍する著

1）筆者は奥村2007で「唐話」の実態には、狭義の唐話（唐通事が話す中国語、唐通事と中国人あるいは唐通事同士の意思疎通の手段として用いられた中国語）と広義の唐話（岡島冠山の「唐話」、狭義の唐話から派生した中国語）があるのではないかという考えを述べた（231-232頁）。唐話は、本来は唐通事の話し言葉としての中国語を指す呼称であると言えるだろう。

2）『大田南畝全集』第19巻（岩波書店、1989年）655-659頁。

328 第三編 唐話と白話

名な文人であり幕臣でもあった。幕臣として、1804年（文化元）、長崎奉行所
に約1年赴任し、来日中の中国人や唐通事との交流があった[3]。『鑽故紙』に
は、周文次右衛門が訳した「国姓爺第三回」も収められている。「国姓爺第三
回」を大田南畝が所有することになった経緯は明らかではないが、長崎時代
に交流のあった周文次右衛門から直接譲り受けたことも可能性のひとつとし
て考えられる。

中村幸彦は「日本人作白話文の解説」において、「訳阿州孝子文」について
次のように述べている[4]。

　　『鑽故紙』は、全四巻。大田南畝が文化三年に編集した日本の古今の文章
　　を蒐めたもので、自分のものも入っている[5]。この書名の通り、若くして
　　色々と写してあったものを集めたものである。南畝の原輯本も、旧東京
　　文理科大学には蒐蔵されていたという（玉林晴朗『蜀山人の研究』）。所
　　見天理図書館蔵の転写本には、この文に作者の署名はない。しかしこの
　　白話文は、細部に到るまで筆が行届いて、筋は後述の如く簡単であるが、
　　孝子の心情や、彼を廻る善意の人々の感情も十分に出て、読者にも感銘
　　を与えるものを持っている。
　　（筆者注：続いてあらすじが紹介されているが省略する）
　　この文は何によったか今は未詳。

　筑波大学所蔵の『鑽故紙』を繙いてみると、目録頁の「訳阿州孝子文」の
下には「訳司」と記されており、「訳阿州孝子文」は「阿州孝子文を訳す」と

　3）大田南畝は長崎滞在中の事ごとを『百舌の草茎』『瓊浦雑綴』『瓊浦又綴』（いずれも
　　『大田南畝全集』第8巻（岩波書店、1986年）所収）に書き留めている。交流のあった
　　唐通事として、彭城仁左衛門、頴川仁十郎、周文次右衛門らの名前が見える。
　4）『中村幸彦著述集』第7巻（中央公論社、1984年）92頁。第二章「日本人作白話文の
　　解説」で、江戸時代の日本で書かれた30作を取り上げている。
　5）『鑽故紙』の細目によると、巻四に「文化十三年豆州下田漂着唐人真物和解」とあ
　　り、中村幸彦氏による「文化3年に編集した」という説明とは矛盾する。『大田南畝全
　　集』第19巻（岩波書店、1989年）655-659頁。

大田南畝旧蔵「訳阿州孝子文」について　329

いう意味であることから、訳司つまり長崎の唐通事が訳したものであると考えられるだろう。単純に考えれば、同じ『鑽故紙』に所収されている「国姓爺第三回」同様、大田南畝が長崎赴任中に交流のあった唐通事によって訳されたものではないかと推測できる[6]。

2.「訳阿州孝子文」の原作

「阿州」とは、「訳阿州孝子文」を読めば明らかなように、阿波国（現在の徳島）のことであり、1667年（寛文7）阿波国板倉郡五条の権平が幼い頃伊豆へ出稼ぎに行ったきり音信不通の父親を尋ね、艱難辛苦の旅を乗り越え再会を果たした様子が描かれ、故郷へ帰って後は兄と共に父母への孝行を尽くし繁栄していったと締めくくられた孝子譚である。では、「阿州孝子文」とは何を指すのだろうか。

孝行者を記録するという行為は、1682年（天和2）に孝子表彰制度が始まり、1789年（寛政元）には儒学を重んじる寛政の改革の一環として「孝行・奇特なる者」の全国調査を開始し、1800年（寛政12）に国ごとに編集された善行者の一覧と伝記を記した『孝義録』が刊行された。全国的に孝子を記録した書物の出版が盛んとなり、徳島藩では福田愛信（1758-1843）が『阿淡孝子伝』を書き、1819年（文政2）に前編が出版された[7]。1862年（文久2）に出版された後編巻之二拾遺に「五条村権平」の記録が収められている。さらに『阿淡孝子伝』後編巻之二拾遺の出版以前に、『孝子鑑』と『燈下録』が出版され、五条村の権平の孝行譚が世に紹介された[8]。

6）筑波大学所蔵『鑽故紙』、天理大学図書館所蔵『鑽故紙』ともに、目録の頁の「譯阿州孝子文」の下に「譯司」という記述がある。
7）『阿淡孝子伝』の出版の経緯については、徳島県立文書館第27回企画展の解説（http://www.archiv.tokushima-ec.ed.jp/exhibition/k_27/atan-top.htm）に基づき記述した。
8）『阿淡孝子伝』の「五条村権平」の末尾に次のようにある。
　「時に貞享二年公にきこえ米銭若干たまはりて其孝行を褒美したまふといふ権平父を尋ぬるに其艱難辛苦詳なる事は孝子鑑というふみに見えたり梓に鏤□世の人知たる所

330 第三編　唐話と白話

　「五条村權平」が収録された『阿淡孝子伝』後編巻之二拾遺の出版は、大田南畝の没後であり、「訳阿州孝子文」が本伝記を訳したものであるとはもとより考えられないが、内容面から見ても、たしかに両者は同一人物の伝記ではあるが、『阿淡孝子伝』「五条村權平」と「訳阿州孝子伝」とは大まかな話の流れは一致しているものの、「訳阿州孝子伝」の詳細な描写は「五条村權平」には見られず、「五条村權平」を訳した可能性は否定できる。

　1696年（元禄9）に刊行された『孝子鑑』に權平の話が収録されたということは、權平は1685年（貞享2）に孝子として褒美を賜わり、おそらくは存命中にその孝行譚が記録、出版されることとなったのだろう。『孝子鑑』に収められている孝子伝の中味を確認したところ、第5巻に収められている「矢嶋屋忠兵衛事」が、五条の權平の伝記であった[9]。

　では、「訳阿州孝子文」は「矢嶋屋忠兵衛事」を翻訳したものであろうか。以下に「訳阿州孝子文」と「矢嶋屋忠兵衛事」のあらすじ（旅に出るまでの冒頭部分、父親さがしの旅程、結末）に沿って、各場面の描写の一部を対照し比較する[10]。

「矢嶋屋忠兵衛事」	「訳阿州孝子文」
（1）權平が父探しの旅に出発するまで	
① 母、兄への説得	
誠に生きとしいける類□□親子の情は知ぞ可し増て況於人倫をや	原來生在天地間的鳥獸毛蟲。那個是不念父子之情。何況為人乎。

　　也文繁□□はここに略し木芦洲が編集したる燈下録といふふみにもあらはせり此両説を取り挙るのみ」（近代デジタルライブラリー（http://kindai.ndl.go.jp）で公開されている1881年（明治14）に出版されたテキストを参照した）。
　9）『孝子鑑』5巻は『古今武士鑑』5巻とも題され、1696年（元禄9）に大坂と京都で出版され、大田南畝も所蔵していた。元木蘆州著『燈下録』（1812年（文化9））は未見。
　10）「訳阿州孝子文」は筑波大学所蔵本を用い、文字が不鮮明な箇所は天理大学所蔵本を参考にした。「矢嶋屋忠兵衛事」は、関西大学総合図書館長澤文庫所蔵本（1779年（安永8年）出版、最終ページに、「皇都書林　新町通押小路下ル　竹野屋長兵衛　安永八巳亥乃とし　十一月　求版」とあることによる）を用いる。

大田南畝旧蔵「訳阿州孝子文」について　331

②	兄の反応	
来年を待□□べしそれがし往なん汝は跡に残て母の為に世のかせぎせよ		你再等一等。捱到？明年。我替你尋去。那時你郤在家奉養母親便了。
③	権平の反論	
弟泪を押え来年とは更に心許なしきょうまで尋ねざることをさては遅しと思われぬにや人の命は頼がたし		權平聽得含涙回答說道。哥哥這是什麼話。今已遲了幾十年了。你心裏還不道是遲了。還這般擔閣。原來人身難保。性命有限。
④	近隣の人々の支持	
何某という人など立あいかわゆくも思いけりたるおやいつにてもあれ出往きわの余波は同じかるべし不待時人といえり片時も急げといさめられし。		近隣的鄉老們也都來勸慰說道。你說得甚有道理。這是孝順之事。應該如此。事不宜遲。快快起身尋去便了。
(2)	旅路の描写	
⑤	近江水口の宿場から三嶋まで	
権平思うようこれは海道に多しと聞し追剥切剥の類にやあらん。隠ては中々悪かりなんとありの侭にかたりしかば、さしも恐ろしげなる荒夷泪を落しあなあわれや…		權平尋思道。這個平常聞的那剪徑。在路打劫的一定是了。若是隱瞞不說。反吃那廝暗算。不如實說。當下向前對他說出尋訪父親。欲往河津地方的話。細說一遍。那大漢見說這話。兩眼汪淚。萬憐他說道。
⑥	三嶋の宿での別れ	
我は松平で下野守殿の足軽竹内金五右衛門というにこそあれ今□□し親に不逢して古里に帰りがたくも我を尋ねて来れ。□□もあらば組の頭に申て仲馬に入なん		奈因我是松平下野守相公手下軍官。有職役在身。身不由已。不能同行。只好在此分手。我姓竹內名喚金五右衛門。你若今次遇不着令尊。不便回鄉去是。須尋到江戶。到我敝邑來。那時我替你求告都軍。投□軍役。做了夥計也好。必不可見外。保重保重。
⑦	伊村までの道中で伊村の名主に出会う	
其なるは伊村の名主殿にておはす□に宿を頼めといはれてうれしさ無限一夜の宿をとこいしかばいかにも安き事ぞ来れとていざないし□くいたわり長途の疲れ一日二日休よなど…		那前邊走的就是伊村的鄉長。你去求他周全。權平聽得歡喜不過。即忙趕着他。就與他施禮。說了上項事。求他周全。那鄉長依允了說道。容易容易。當下就與眾人同行。在路十分懇切。那鄉長說道。你受了長遠途途風霜。□□辛苦。且到我家降息幾時。

⑧	伊村の名主の仲介により八牧山の手前まで２人の木こりに道案内をしてもらう
さもあらば八牧山の安□しらでは往からからん道しるべの人なくてはとて村のありきに明日泊杣に往者や有らんと触れさせければ杣二人来我々泊杣にまいりけれども峠より彼方へは往給わず不知案内の人を推放ちてはやりがたしいかで仕うまつり給わん	你既是這般心急要行。我也不好苦苦相留。但是路上有個八牧山。是個險隘去處。不曉得路徑。怎麼去得。須得一個（識路的）人。同伴方好過去。你且慢些。我有做法。當下叫莊客。去村裏問道。明日萬有那個應差到八牧山採樵。那時有兩個樵夫來說道。我們明日當差。但是那高岡是過不去的。郷長道。不妨。你明日去是這里這里有一個客人。要往河津去。你們引他去指路。樵夫道。引去是容易。只是我們過不去高岡。到了那里。又不好放他獨自去。怎麼做法[11]。
⑨	河津に向かう道中に２人の人物に出会う
山際にかかるに山伏と俗と打連れて往に杣人かたらいよれば我々は河津に往なりと答し其こそさちの事なれ…	約莫也走過了幾個山嘴。忽有兩個人坐在山坡上歇息。一個道士。一個客人。樵夫問他道。你二位是往那里去的。兩個人道。是往河津去。樵夫聽說。歡喜道。這是天幸。
⑩	河津に向かう山道を行く
誠に三嶋の宿がいひけんやうに山路六里がる昼ながら木立の陰深ておぼろ月夜をたとへるにことならず辛して麓にくだりて河津の方を見やれば我親の居といふ不動院はあれなりと教しうれしさ無限飛立心地して	萬木叢雜。並無太陽。日裏也像個矇矓月一般。十分險惡。當下受了千辛萬苦。方纔過了山岡。遙望見河津地面。捱到村口。問人道。不動院在那里。有人指道。只在前面便是。當下權平心（裏）已（早）見了父親一般。歡天喜地。
⑪	河津の不動院で滞在する
其石の巻とかやは是より道の距何程か聞たれば慥にはわれも不知凡百五十里も其余も有なん四国より是迄来れるとはかわりて奥方の道は独旅など心の侭には難成只依是本国に帰り母によく仕えよや我かたより母兄が本へは委文にていいやらん	三年前往陸奥州石卷地方去了。還在那里做勾當。權平聽了。曉得父親還（存）在世。方纔心裏稍安。問他道。這石卷地方離此多少路了。院主道。約有一千五百餘里。非自四國到這里來路程可比。那東路是十分險峻。不是容易去的。況且單身。萬難行走。你不如從此回去。奉養母親為上。我這里也寫一封信去。通知就是了。

---

11)「郷長道。不妨。你明日去是這里這里有一個客人。要往河津去。你們引他去指路。」
と明確に対応する箇所は「八嶋屋忠兵衛事」にはないようである。

⑫	江戸帰りの男が権平を不動院に訪ねる
或□人来て阿波より親を尋ねて来たる者はいずれぞや我は江戸よりきのう帰りし此事我□□世の中の子という者にかかる志しは知せてしかる…	忽有一日有人走進院里來說道。那個是阿波地方尋訪父親來的人。我是昨日江戸回來。聽見此信。特地尋將來了。此等孝順志誠之事。必要使其世間為人子者曉得。

⑬	船路で江戸鉄砲津へ向かう
風も静に吹送り鉄砲津に打あがり久五郎許いたり	天色晴明。即忙開舩。觀翫沿海景致。順風順水。早已到了江戸鐵炮津。上岸逕投久五郎家。

⑭	鉄砲津で仙台に向かう船を待つ
二日三日経て又小兵衛許に往てとやせましかくやせましと打こいしあるじのいわく久五郎を引払て此方に来べし急便などのあらん時某まで人をしていわん事も成がたからん…	再過兩三日。又到行家去。打聽消息。便人有沒有。那行家道。你就搬在我家安歇罷。若在久五郎家。往返又不便。如有緊急便人之時。說來說去。相閣工夫。

⑮	鉄砲津で父の消息を聞く
かかる所に二階より人をりて何といふぞ其八郎右衛門年の程は男ぶりはなど懇に尋ねやおら其人我は知たるぞや去年石の巻の山口甚兵衛といふ人の本にて逢たりし今に別義はあらじ心安思ふべし其志し余りにあはれなるにけふより志て我□□ん	時有一人從樓上走下來說道。你說的那八郎右衛門。年紀如此。容貌這般。果是麼。權平說。客人那里知得。那人道。我在石卷地方。山口甚兵衛家見過他了。如今還是壯健的。你放心。我看你這一片孝順心。甚覺不感。今日起我看顧你。

⑯	石巻への船路
舟長いわく其には親に孝多き人なり神明納□なくてや□べき急神鬮を揚げよ東西を失けりとふるいふるい□て漸頭をもたげ潮にてうがい手水して洗米を捧天神地祇を拝神鬮をとれば只此楫ぞ走べしとをりさせ給う	那稍公說道。足下是孝順之人。如此志誠。求告神明。怕不有救。自然庇護。此刻正在危急。且是東西難分。不能前進。相煩替我們求神。卜問所往針路。駛往那里去好。權平聽了。即忙打了潮水。

⑰	石巻で父の消息を聞く
道の矩を聞ておどろきしにや志らでは理なり奥方は六丁を一里とぞ□□上方道十二三里ならではなきぞあすは其所へ送届て逢すべきぞ心安思へ	你聽見路程還遠。所以如此悲歎。這也怪你不得。你不知這里東（地）路程。不比得西地。每里只是六（條街）路。把西地算起來。只有一百二十里。明日是可以送你到得那里。你且放心。

⑱	父との再会	
一目見て七兵衛が何として来ぞやいや我は権平にておはす□といいもあえば…	那時八郎起來一見。問道。你是七兵衛麼。怎的到此。權平拜□説道。兒子不是七兵衛。就是權平也。	
⑲	結び	
今は徳島佐古町に矢嶋屋忠兵衛とて家富て親子一所に住給し	後來權平兄弟苦爭了家業。在德嶋郡左古町。遂成了個富戸。(權平改)名矢嶋屋忠兵衛。至今子孫繁榮。家道頗富。此乃孝行之報也。	

　上の表に示したように、「訳阿州孝子文」は、「矢嶋屋忠兵衛事」とあらすじが一致しており、引用した箇所に見られるように詳細もほぼ一致していることから、「矢嶋屋忠兵衛事」全文を訳したものであるといえるだろう。

　「訳阿州孝子文」がいつ訳されたものであるかは不明だが、1823年に没した大田南畝の『鑽故紙』に収められていることから、『孝子鑑』が出版された1696年（元禄9）以降から大田南畝の没年である1823年（文政6）までの間、すなわち17世紀末から19世紀初頭までに唐通事によって訳された資料ということになる。

3．「訳阿州孝子文」の語彙と語法

　「訳阿州孝子文」がどのような中国語で訳されたのかを、太田辰夫『中国語歴史文法』における分類を参考に3.1.では品詞分類の結果を示し、3.2.では各表現においてどのような語句を用いているかという視点から提示することによって、全体像を見てみたい[12]。

12）太田1958。本論は1981年、朋友書店から再発行された書籍を参考にした。

3.1. 品詞による分類

（1）接頭辞

阿　　阿爹自從我們年幼時節，出外到東地，如今杳無音信

　　　這幾日同行多蒙，阿哥好情

　接頭辞は「阿」が会話の中で用いられている。

（2）接尾辞

頭　　爭奈要見父親的念頭不能過□

（3）人称代詞

我　　我是前往江戶的，那伊豆是便路

我們　阿爹自從我們年幼時節，出外到東地，如今杳無音信

你　　我看你這樣孝心，不勝感傷

你們　你們各人苦留，這也是人情

他　　可憐他說道

　複数表現は「～們」が用いられている。

（4）指示代詞

這　　哥哥這是什麼話

這個　這個平常聞的那剪徑在路打劫的，一定是了／你搭在這個舩去

這些　這些何足掛齒

這樣　既為人子應該這樣了

這般　你心裏還不道是遲了，還這般擔閣

這等　有這等苦楚的事

這里　這里到河津地面還要經由許多險岨猛惡去處

那　　那店主人看他這般模樣也是萬憐他說道

那樣　我看他那樣說視為年邁無干以致彼此見外

之　　為之無不垂淚

其　　其兄也歎了數口氣

此　　此恩難報

此處　此處東路第一險惡去處

336 第三編　唐話と白話

如此　權平聽得他如此親切

此等　有此等志誠孝順的人

恁般　原來世間有恁般苦事

彼　　我是送你到彼罷

　指示代詞は、「這」「那」を中心に上記の語が用いられている。

（5）疑問詞

「人を問う」　誰　那主人問，是誰，那里來

「物事を問う」什麼　哥哥這是什麼話／甚　你到伊村有甚事

「場所を問う」那里　你是那里來的人

「様子、手段を問う」怎麼　到了那里，又不好放他獨自去，怎麼做法

「理由を問う」怎的　你是七兵衛麼，怎的到此

「数量を問う」多少　這里到伊村還有多少路

「反語にのみ用いられている疑問詞」

那個　原來生在天地之間的鳥獸毛蟲，那個是不念父子之情，何況為人乎（反語）

何　　做兒子的倒不思念報效萬一，何以立在天地之間（反語）

「不定に用いられている疑問詞」

誰家　倘若我們誰家在他鄉的時節，父親豈肯丟棄不管麼（不定）

幾　　今已遲了幾十年了（不定）

幾時　不知幾時再得相會（不定）／且到我家降息幾時（不定）

（6）数詞

些　　當下各舡人眾湊些錢鈔／當下兩個人吃些點心／道路上雖有些艱難／你
　　　且慢些

（7）量詞

個　　兩個兒子／位　你二位是往那里去的・這位一個客人也要往河津去的／
　　　句　說不出一句話／項　說了上項事／口　其兄也歎了數口氣／片　難
　　　得你這片孝順之心／條　中間一條山路／封　我這里也寫一封信去／我
　　　須寫一封書送去／隻　旁邊有幾隻舡的人眾也走攏來／遭　往東都走一
　　　遭／遍　細說一遍

大田南畝旧蔵「訳阿州孝子文」について　337

（8）助動詞[13]（可能・願望／義務を表す助動詞）

能　　身不由已不能同行／不能送得如意

可以　明日是可以送你到得那里

要　　禱告諸神菩薩務要尋見父親的／我如今欲要往河津地面走一遭

欲　　欲往何處去／乃是欲叫我們兄弟出力務業爭執家事

肯　　一味不肯說／父親豈肯丟棄不管麼

敢　　這是決不敢領了

想　　你休想前往

應該　應該如此／既為人子應該這樣了

（9）補語

結果補語　說罷／說畢／遇着

樣態補語　那日天色也晴得好

可能補語　說不出一句話／拗他不過／免不得飢餐渴飲／那高岡是過不去的

（10）介詞

「所在」

在　　在伊豆州河津地方作些勾當／在路途被人殺死枉送了性命／那時你卻在
　　　家奉養母親便了

「起点」

自從　自從我們年幼時節出外到東地／自從走出故鄉。晝夜忘食廢寢

自　　非自四國到這里來路程可比

從　　你不如從此回去／時有一人從樓上走下來說道／把舡捲起從半空中打將
　　　下來的一般

「方向」

向　　當下向前對他說出尋訪父親／一向往關東去了／

往　　要往河津去／你二位是往那里去的／是往河津去／三年前往陸奧州石卷
　　　地方去了

望　　遙望東路進發

13）『中国語歴史文法』では「補動詞」の動詞系として分類されている。

338 第三編 唐話と白話

「関連」

對　　開言對母親與阿哥說道／當下向前對他說出尋訪父親／對他說道

「到達」

到　　非自四國到這里來路程可比／到我敝邑來

等　　等我明日雇個人去。與你引路

「距離」

離　　他在的所在離此處還有七八百里路／這石卷地方離此多少路了

「原因」

奈因　奈因我是松平下野守相公手下軍官。有職役在身。身不由已

　唐通事の資料や岡島冠山の資料に確認できる「因此」のように結果を導く
用法の「因為」は用いられていない。

「目的」

為　　特為要見父親。求老師早早喚出八郎見面則個／為之無不垂淚

與　　等我明日雇個人去。與你引路

「代替」

替　　我替你尋去／那時我替你求告都軍／相煩替我們求神／替他賀喜

「材料・用具」

把　　把袖子遮了臉／把西地算起來。只有一百二三十里／把小舩送權平到小
　　　藤港尋訪父親

「処置」

把　　原來我要把家業分與第二子／叫兒子就把父親看待終身養老

將　　即將書信投下併將情節細細說知

「共同」

與　　就與他施禮／權平與那二人作揖

同　　同那樵夫一同行走／同夥前走

「前置詞の後置」

ｖ＋在　你就搬在我家安歇罷／你也若住在此地二三年

ｖ＋到　送到家裏／即使我活到幾百歲

ｖ＋把　說把你聽

大田南畝旧蔵「訳阿州孝子文」について　339

v＋給　我自借給你支用

（11）副詞

「程度」

甚　你說得甚有道理／甚是　甚是放心不下／十分　十分親切／忒　忒沒道
　　理／頗　家道頗富／稍　心裏稍安／更　更覺悲痛

「時間」

早已　早已到了江戶鐵炮津

向來　哭訴向來想念之情

已經　只道是父親已經去世

纔　大家纔放心／纔到石卷地方上岸

方纔　院主方纔□着眼淚／方纔放心／方纔開口說道／方纔過了山岡／方纔心
　　裏稍安

方　吃到天明方散

當下　當下拜天拜地／當下慢慢的過了衣河港口

正在　正在躊躇之際／此刻正在危急

後來　但後來體念他的衷情／後來過了十多年

平常　這個平常聞的那剪徑

連忙　連忙扯他起來說道／八郎連忙抱起

忽　忽有兩個人坐在山坡上歇息／忽有一日有人走進院里來說道

隨即　隨即叫他收拾起身

隨時　隨時包裹內取出銅錢

既　你既是這般心急要行／既為人子。應該這樣了

仍舊　仍舊困在艙里不起來

還　你心裏還不道是遲了／還這般擔閣／還要經由許多險岨猛／還有多少路

還是　如今還是壯健的

又　又是你我怪命也難保／又不好放他獨自去／又到行家去／往返又不便

再　不知幾時再得相會／再過兩三日／再作區處／再得相逢／是我再也不回
　　來／你再等一等

340　第三編　唐話と白話

「範囲」

只　　只在前面便是／只道是父親已經去世／晝夜只想着父親／只恨自己不幸

只是　只是下淚不止／權平只是思想父親／只是叩頭／只是哭說不出一句話／
　　　說畢只是哽咽

只顧　院主只顧勸留

只好　只好拿住舵杆／只好在此分手

一味　一味不肯說

相　　兩個相摟相抱／父子相逢／相送說道／我也不好苦苦相留／相煩明日且
　　　與我引了去

一同　同尋訪你令尊見面／同那樵夫一同行走

都　　原來這八牧山是兩邊都是樹木圍攏／滿村人都來賀喜／生死都不曉得

也　　也不覺垂淚說道／那時權平也推辭不過／也是萬憐他說道／日裏也路上
　　　不大分明

「情態」

一定　他一定要前往奧州／在路打劫的一定是了

自然　自然庇護

只好　只好在此分手／只好拿住舵杆

果　　你說的那八郎右衛門，年紀如此，容貌這般，果是麼

特地　特地尋將來到此／特地來此／特地尋將來了

特特　不料你父親特特寫信來

卻　　卻自不保說道／那時你卻在家奉養母親便了／那時卻有何人去尋訪

倒　　倘若你我倒先棄世／做兒子的倒不思念報效萬一

可　　你可放心等候

「否定」

無　　後頭無人養瞻母親／至今杳無音耗／並無太陽／傍邊看的人也無不垂淚

未　　我父親于今生死未知／未知在也不在／未必有大事

不　　是我再也不回來／未知在也不在／不打緊／涕淚不止／奈因你父親如今
　　　不在這里了

沒　　那時通舡人眾也沒有什麼話來通知／反覺沒趣／哭他沒幹／鄉長也一時

沒主意

休　　你休想前往／你且休煩腦／話休絮煩

未必　未必有大事

「疑問・感嘆・反語」

多　　多蒙阿哥好情

豈　　豈有此理／豈有不憐念他的

(12) 連詞

與　　晝夜與母親三個涕泣不已

其實　其實難得／其實是坐不安穩

況且　況且主翁如此懇切／況且單身／況且這個一直往石卷

何況　何況為人乎

或…也…　或有人告訴他說道。聽得你父親現在江戶乞丐度日。也有的人說。
　　　　　…

就　　打聽可有往奧州之便，就叫他同去／恰有便舡，就着兩個水手把少舡送
　　　權平到小藤港。

但是　但是這等一個孝子。天地神明豈有不憐念他的／但是路上有個八牧山。
是個險隘去處

不料　不料你那父親一聞此信／不料你父親特特寫信來

所以　所以苦辭不肯／所以如此悲歎／所以我叫你父親幫助照管

雖　　道路上雖有些艱難，未必有大事／

既然　既然如此，你到伊村，也恐不曉得宿店。

既是　你既是這般心急要行，我也不好苦苦相留

若是　他道若是幫助小主人，後生家萬一有些不長俊的／若是隱瞞不說，反吃
　　　那廝暗算

若要　你若要去是我的舡開駕在即。況且這個一直往石卷。你就搭舡去便了

即使　即使我活到幾百歲，這性命何用／即使死在海底也罷了

只要　我一心只要見父親，自從走出故鄉

原來　想道原來為人子止於孝／原來這八牧山是兩邊都是樹木圍攏

當初　當初他不肯管□的是

342　第三編　唐話と白話

後來　後來權平兄弟苦爭了家業

（13）語気助詞

也　兒子不是七兵衛，就是權平也／此乃孝行之報也

乎　何況為人乎（反語）

麼　相煩二位引他到彼使得麼／你是七兵衛麼

麼（反語）　倘若我們誰家在他鄉的時節，父親豈肯丟棄不管麼

罷　我是送你到彼罷／你就搬在我家安歇罷

罷了　且煩引我到高岡罷了

了　今已遲了幾十年了

則個　萬煩笑留則個／早早喚出八郎見面則個

3.2. 表現別にみる語彙

（14）禁止

休　你休想前往且在此將息幾日／你且休煩惱

不要　不要嫌少／你也不要見外放心留住便了

（15）使役

叫　叫兒子就把父親看待終身養老／就叫他同去

着　就着兩個水手把小舡送權平到小藤港尋訪父親

使　此等孝順志誠之事必要使其世間為人子者曉得／不料你父親特特寫信來
　　通知就理，使我放心

（16）受身

被　也有的人說在路途被人殺死

吃　若是隱瞞不說，反吃那廝暗算

（17）進行形

正在　正在躊躇之際，權平說不打緊

v＋(n)＋在那里　八郎右衛門是現在阿波屋勘左衛門舡上等風在那里

（18）連体修飾

的　倘若我們誰家在他鄉的時節／近隣的鄉老們／你是那里來的人／那里受

你的東西／

之　　那個是不念父子之情／正在躊躕之際／如有緊急便人之時／父子相見之

　　後

（19）連用修飾

的　　當下漫漫的過了衣河港口，纔到石卷地方

「地」は用いられていない。

（20）疑問

反復　便人有没有

選択　未知在也不在

（21）程度の甚だしさ（後置されている語）

不過　權平聽得歡喜不過／喜歡不過

不已　感歎不已／喜歡不已

（22）比較

不如　不如在我這里打聽有便

不比　你不知這里東地路程不比得西地，每里只是六條街，把西地算起來只有

　　一百二三十里

（23）仮定

若　　若不尋着，是誓不回家／我若尋去，後頭無人養瞻母親／若是隱瞞不說，

　　反吃那廝暗算／你若要去，是我的舩開駕在即

倘若　倘若尋不着，是我再也不回來

　「訳阿州孝子文」の言語は上の分類に挙げたように、中国語の語法に基づい
たものであるといえ、また語彙のレベルから見るかぎり文言で書かれたもの
ではなく白話に文言が混ざった言葉で書かれたものであることは明らかであ
る[14]。

───────────────

14）白話に文言が混ざったものを文白混淆体と言うが、用いられている文言の語彙や割
　り合いによっては白話文と言い得るだろう。

344　第三編　唐話と白話

4．まとめ

　本章では、これまで原作、訳者ともに不詳であった「訳阿州孝子文」を取り上げ、関連する日本語資料と「訳阿州孝子文」の中国語の全体像を示し、「訳阿州孝子文」にはモデルとなった孝子譚があり、依拠した書物は『孝子鑑』所収「八嶋屋忠兵衛事」であることを指摘した。「訳阿州孝子文」は白話をベースにした言葉で訳されているということを確認した。

　単独の人物が翻訳に関わったのだとすれば、「訳阿州孝子文」を完成させるには日本語原作を読む能力と白話の中国語に翻訳する能力とを兼ね備えている必要があると考えられ、『鑽故紙』目録に「訳司」と記載されているように、翻訳者は唐通事であると断定できるだろう。前述したように、17世紀末から19世紀初頭までの期間に翻訳された可能性があると考えられる。大田南畝は長崎での1年にわたる滞在経験があり、唐通事や長崎滞在中の中国人と職務としてだけではなく文人としての交流も行なっていたこと、1801年（享和元）に刊行された『官刻孝義録』の編纂を命じられ1792年（寛政4）に伝文の作成に着手していたことなどを考慮すると、大田南畝が知人の唐通事に翻訳を依頼したとも考えられるが、根拠不十分のため現時点では想像の域を出ない[15]。ただ、最終的に「訳阿州孝子文」が大田南畝に所蔵された経緯に対しては首肯けるだけの状況証拠があるように思う。

　「訳阿州孝子文」は日本語による原作作品が唐通事によって白話訳された唐話資料であると言い得るだろう。

15）大田南畝と『孝義録』に関しては、ファンステンパール・ニールス「『官刻孝義録』——幕府仁政のパフォーマンス——」の特に注41の記述を参考にした（第32回国際日本文学研究集会会議録 2009年3月31日、国文学研究資料館、http://www.academia.edu/2588703/_官刻孝義録_幕府仁政のパフォーマンスを参照。）

結　論

唐話の伝播と変化
—— 岡島冠山の果たした役割 ——

1. はじめに

　江戸時代の日本は鎖国政策が敷かれ、一般の日本人には外国人との接触の機会はなかったことが、逆に海外の情報や文化に対して強い興味と関心を抱かせ、日本人の好奇心を刺激し、なかには同時代の中国語学習を実践する者もいた。当時の日本人が中国語に接する情況には、直接的な接触と間接的な接触という二つのパターンがあった。直接的接触とは、長崎唐通事を中心とした中国との貿易に関わる日本人と来日中国人との間に発生したものであり、間接的接触とは、中国人との直接の接触ではなく、日本人や書物を媒介に発生したものである。直接的な接触、間接的な接触ともに、中国語を学ぶという行為を引き起こす要因ともなり、実用的な会話が記述された文献と読まれることを目的として翻訳、創作された文献とが、それぞれに遺されており、日本人がどのような中国語を話し、記述したか、また日本人がどのような中国語を学んだのかを知る手がかりを与えている。

　本章では、直接的に接触した中国語と間接的に接触した中国語との違いを、語彙の面から整理し、江戸時代の「唐話」というものの中身が均質ではなかったことを改めて提示したい[1]。対象とする資料は、以下の3点である。

　『訳家必備』[2]（直接的な接触による中国語、唐通事による中国語）

---

1) 「唐話」は江戸時代に中国語を指す呼称として用いられたが、唐通事が自らの口頭中国語を指して「唐話」と言い表したのと、岡島冠山が『唐話纂要』の中で示した唐話とは。木津祐子氏の一連の研究が示すように、異なるものである。筆者は奥村2007で、「狭義の唐通事」と「広義の唐通事」という表現で、唐通事（狭義の唐通事）の唐話と岡島冠山（広義の唐通事）の唐話の違いを述べようと試みたが、岩本真理氏によって「狭義の唐話」「広義の唐話」と端的に表現されている。これらの先行研究を踏まえ、本章は、具体例を挙げて江戸時代の唐話の実態の一端を示すことを目的とする。

2) 長澤規矩也編『唐話辞書類集』第二十集（汲古書院、1976）を使用する。

『唐話纂要』[3]（間接的な接触による中国語、岡島冠山による中国語）

『唐話便用』[4]（間接的な接触による中国語、岡島冠山による中国語）

　上に挙げた３点の資料の共通点は、伝統的な中国語の書面語で書くことが前提とはなっていないという点である。

　まず、中国人に対して用いられた唐通事の唐話と、おそらく中国人に対して用いられることのなかった、日本人が学んだ唐話が記述され出版された最初の書物である『唐話纂要』とを比較する。

2．会話形式の中国語に見られる相違

2.1. 直接的接触の中国語

　唐通事は、公的に中国人と話す機会を持ち、中国人との会話を中国語で成立させていた。江戸時代の日中貿易に不可欠な存在であった最大の理由は、中国語を話すことができたからである。

　『訳家必備』は、唐通事が書き残した中国語資料であり、唐通事としての仕事が主に会話形式で記述されている。記述年代や書写年代は記されていないが、多く1750年代の事実に基づいているため、1750年から1760年頃の中国語資料であると考えられる[5]。そこに記述される会話は、唐通事同士あるいは唐通事と中国人の会話である[6]。

　唐通事の中国語はどのように記述されているのか、代詞、疑問詞、語気助詞を含む例文から見てみたい。

3）同上第六集（汲古書院、1973）を使用する。

4）同上第七集（汲古書院、1974）を使用する。

5）書かれた内容は、書かれた時代と一致するものではないが、唐通事の仕事を中国語で記述しており、唐通事が中国語と仕事内容を学ぶことを目的に書かれたのだとすれば、同時代の出来事を当時の言葉で記したのではないかと推測する。

6）このことは、記述されている中国語が、中国人との会話に十分に耐え得るものであったことを意味している。

2.1.1. 唐通事の中国語[7]

「我」　據我看來，目今後生家乖巧得狠。

「你」　你看，這樣面孔紅了。

「汝」　總管，汝去查查.

「他」　他陳三官一周遭帶小弟轉一轉，領教過許多事情，樣樣都明白了。

「我們」　我們也有時節走過牆外沒有看見那箇旗。

「你們」　你們眾人聽告示，留心聽聽。

「儞們」　儞們走到舩尾來。

「爾」　昨晚我到了年行司那裡，替爾眾位爭論。

「他們」　晚生也是同他們一起開到了舟山地方。

「這」　這地方好乾淨。

「這箇」　這箇池塘上為什麼造起臺子。

「此」　家父本該帶小弟進館，因為早間王府裡有字児叫，諒必此刻還在王府
裡辦什麼公事。

「這裡」　這裡一帶幾間庫都空了，為什麼沒有人住呢。

「這樣」　老爹這樣説，小弟要躲避了。

「那」　那一天冒夜到郊外去送行，感冒了風寒。

「那麼」　在那麼地方燂洗。

「是個」　是個次椅楠這一宗二套，除了這箇價，在沒有加了。

「什麼」　這什麼緣故。

「何」　這箇為何到于今還沒有宰呢。

「幾」　這箇對聯都好。

「幾時」　這箇幾時造起來。

「那」　這箇我不信，年裡頭不過一兩會的戲，那有這樣大受用。

7）代詞、疑問詞、語気助詞としての使用が明らかで、かつ繰り返し用いられている語
を挙げた。ここに挙げなかった語に「於彼朝陽」があるが、「彼」が独立して使用され
るものとは見なさないという理由による。また、用例を挙げた「汝」「是個」「箇麼」
「何」の使用回数は限られており、『訳家必備』の唐通事が使用する基本的な語であっ
たと見なし得るほどには用いられていない。

350

「麼」　　天后宮也有香公麼。

「罷」　　既是這樣説，遞過酒壺來，小弟自己篩一杯吃罷。

「了」　　老爹這樣説，小弟要躲避了。

「罷了」　就是這樣罷了。

「呢」　　這裡一帶幾間庫都空了，為什麼沒有人住呢。

　唐通事の会話の相手である中国人の中国語は次のように記述されている。

2.1.2.　来日中国人の中国語

「我」　　據我看來，目今後生家乖巧得狠。

「你」　　新老爹進來了，晚生陪你走走。

「他」　　他寫的端楷，皆是字體端正的狠。

「我們」　我們在外頭，照一樣的做人是罕得見。

「這」　　這那里使得。

「這箇」　這箇最好了。

「這樣」　既然這樣，晚生們也信服了。

「這裡」　這裡走過幾條街會到麼。

「那」　　老爹看，那正面的牌匾，環帶共欽的四個大字，好不好。

「那箇」　那箇不算什麼菩薩。

「什麼」　有什麼貴恙。

「為什麼」　令尊今日為什麼不進來。

「那」　　老爹府上在那一條街。

「幾」　　有幾位昆仲。

「那里」　老爹説那里話。

「那裡」　不然那裡管得到。

「麼」　　館裡有戲子麼。

「了」　　自己不敢用，所以帶到這裡來供養菩薩的了。

　上に示した唐通事と来日中国人による中国語は、両者に大きな違いや言葉遣いの差異は見られない。「此刻」や「幾時」は、現代中国標準語（普通話）

の標準的な語であるとは言えないが、彼らが話す言葉として記述された中国語は、現代中国標準語の知識で十分に理解することができる。

2.2. 間接的接触の中国語

　唐通事以外の日本人は間接的に中国語と接触した。中国人と直接中国語で会話する機会を持たなかった日本人は、日本に帰化した中国人や中国語が堪能な日本人に中国語を習った。彼らが中国語を学ぼうとした動機のひとつに、中国語で書かれた書物を中国語で読むため、ということがあった。荻生徂徠が中心となって結成した訳社での中国語学習も、中国語で自在に会話することを目指したのではなく、書物を読み解くことを最終的な目的としていた[8]。『唐話纂要』は、訳社での中国語教授と学習のひとつの成果であり、長崎出身の岡島冠山（1674-1728）が訳社の講師を務め、本書を編纂した。『唐話纂要』は出版された最初の「唐話」が漢字と音を表すカタカナとで記述された書物であり、生身の中国人や中国語と関係のなかった日本人であっても、本書を通じて唐話とはどのようなものであるかを知ることが出来るようになった。また、中国語に直接接することのなかった日本人にとっては、『唐話纂要』の唐話こそが中国語だったと言える[9]。したがって、本論では『唐話纂要』の唐話（すなわち中国語）は、日本人が間接的に接触した中国語を代表するものとして見なすこととする[10]。

　8）木津 2016に、「荻生徂徠は、「古文辞」を黙読により習熟し、それを「自らの手指から」再生することによって、古言と一体化しようとした。」（149頁）とある。

　9）「唐話」とは、本来は木津 2000aの指摘にあるように、岡島冠山や荻生徂徠の唐話学とは別に存在した唐話を指し、職業の言葉であり祖先の言葉であった。唐通事は自らが話す中国語を「唐話」と称した。

　10）岡島冠山（1674-1728）は、同姓同名の人物が『唐通事会所日録』に記録されているため、内通事だった可能性も考えられるが、決め手に欠けるため、今のところは江戸や京都では中国人並みの中国語を操る人物としてその中国語能力を高く評価された人物であったと言うに止めておく。『唐話纂要』をはじめとする一連の唐話の書物や水滸伝の訓訳及翻訳の出版など、岡島冠山は確かに当時の学術や文芸に影響を与えた人物であった。

352

2.2.1.『唐話纂要』巻四「長短話」の中国語

『唐話纂要』は巻四の「長短話」に29の会話が収められている[11]。その会話で用いられているのは次のような中国語である。特に代詞、疑問詞、語気助詞に着目して例示する。

「我」　　我今日可可的有件事，不敢從命了。

「你」　　你今日有什麼事故麼。

「儞」　　我聽說儞近來學業大進，而詩也做得好，文也做得妙。

「他」　　令郎若要娶他，果然金玉夫妻

「我們」　且請用寡酒，與我們添些高興。

「我每」　今日我每寂寞無聊[12]。

「你們」　你們面添五分春色，呢呢喃喃説什麼話。

「這」　　這都是先生屋裡去請教的哩。

「這般」　先生緣何這般説。

「那」　　自然要來作半東，把平生本事使出來，勸倒那些客人便了。

「那裡」　若在那裡飛盃花間求興醉中，胡乱做詩耍子，卻不是一場大消遣了。

「那首」　先生若有經我那首，則順便到寒舍見家父也好。

「之」　　聽說海面上的舩隻，或者打壊的，或者漂流的也有之。

「此般」　走舩的人原來重利輕命之徒，而未必免此般災禍。

「是個」　雖則是個，不意遇了暴風，送掉了性命者，委實沒造化。

「恁地」　儞尚青年怎恁地大奇。

「什麼」　長兄你這幾日有什麼緊要事。

「何」　　長兄你何其太疑。

「焉」　　焉能如此哉。

「怎」　　前日所約的事，怎沒有回音。

11）巻一から巻三も会話の言葉と見なせる文や、会話の一部にもなり得る語や語句があるが、2人の人物によるやりとりであることが明らかな巻四「長短話」を完成した会話文として『訳家必備』と比較する。

12）『唐話纂要』の中国語の後に付された日本語には、「我輩」とあり、複数形としての使用ではなく、謙称としても用いられている。

「怎的」　若伏事主公有餘力，則不管怎的便在空地裡跳出來，或走馬射弓或刺
　　　　　鎗使棒。
「怎生」　這兩日你怎生久不來。
「怎麼樣」　未知還是怎麼樣。
「多少」　近來有多少武夫弓馬熟閑、兵法精通者。
「了」　　其實非同小可了。
「哩」　　我落得滿腔快活起來哩。
「耳」　　恐不足爲對耳。
「麼」　　不知令郎令愛一向都好麼。
「否」　　未審興居無恙否。
「矣」　　庶幾聖人之道矣。
「焉」　　日後興頭預先可知焉。
「則個」　你若沒事，必須過來替我做半東，勸客人多喫兩盃酒則個。

　他に、代詞「此」、疑問詞「幾」、語気助詞「也」が用いられている。上に
挙げたように、代詞、疑問詞、語気助詞に、『訳家必備』とは異なる語が含ま
れていることが見てとれる。また、現代中国語と同じ語も用いられているが、
現代標準中国語では用いられない語も含まれており、語彙が豊富であると言
うことができる反面、話し言葉と書き言葉の区別なく用いられているとも言
うことができる。ただし、書き言葉を制限なく使用しようということではな
かったことは、『唐話纂要』巻六の「和漢奇談」で用いられる代詞、疑問詞、
語気助詞との語彙の違いを見れば明らかであると言えるだろう。「和漢奇談」
は、『唐話纂要』の初版にはなく、初版から３年後巻六として新たに加えられ
た部分であり、長崎を舞台として創作された読み物である[13]。「和漢奇談」に

---

13)「和漢奇談」として収められているのは「孫八救人得福事」「徳容行善有報」の二編
　　である。実在のモデルや参考にした作品が存在した可能性はあるが、現時点ではよく
　　わからない。

用いられている人称代詞は「我」「吾」「俺14)」「汝15)」「彼」「爾等16)」、指示代詞は「此」「彼」「其」「之」「斯」「是」「焉」、疑問詞は「誰17)」「孰18)」「伊19)」「何」「奚」、語気助詞は「耶」「否」「也」「哉」「耳」「焉」「矣」「乎」「爾」である。巻四「長短話」の会話と「和漢奇談」の読み物との語彙の違いは明らかであり、『唐話纂要』の編纂者や読者にとって、会話で用いられるべき語彙と、読み物で用いられるべき語彙とが明確に区別されていたことを示している。『訳家必備』の会話の語彙との違いは大きいが、『唐話纂要』の会話もまた、会話にふさわしい語彙が選ばれていると言える。ただ、会話にふさわしい語彙の基準が、『訳家必備』とは明らかに異なっている。

2.3. 直接接触の会話と間接接触の会話

『訳家必備』の語彙と『唐話纂要』巻四の語彙は異なっているが、いずれも会話形式である。唐話は、本来は唐通事が自分の話す中国語に対して用いた呼称であり、唐話とは口から発せられた言葉だった。この意味においては、『唐話纂要』巻四の語彙が異なるものであったとしても、唐話は口から発せられた言葉であるという認識が、会話形式に反映されていると言える。

『訳家必備』と『唐話纂要』巻四の形式上の一致は、唐話が唐通事と中国人によって構成されていた世界から、岡島冠山によって日本人だけの世界に伝えられた時点では、本質的には変化しなかったということであり、唐通事にも岡島冠山にも唐話とは話される言葉であり会話であるという共通の認識があった。

しかし、『唐話纂要』の会話は、実際には口頭で話された言葉が記述された

---

14) 「孫八救人得福」の孫八のセリフでのみ用いられている。
15) 孫八の夢の中で孫八に対してお告げをする「一官人」の孫八に対するセリフでのみ用いられている。
16) 「徳容行善有報」の媽祖娘娘のセリフで1か所のみ用いられている。
17) 「孫八救人得福」の孫八のセリフに1例のみ用いられている。
18) 「徳容行善有報」の徳容のセリフに1例のみ用いられている。
19) 「孫八救人得福」の孫八のセリフに「伊處」が1例のみ用いられている。

ものではなく、日本人の話す言葉としてふさわしく造り出されたものだった。『訳家必備』の語彙との隔たりがより大きい「和漢奇談」は、『唐話纂要』初版３年後に特に付け加えられた部分である。「和漢奇談」は会話形式ではなく、一種の小説であり、口で発せられるものとしてではなく、目で読むために書かれたものである。「唐話」と題する書物に読むための「和漢奇談」を含めたということは、ここに唐話認識の一種の変化が生じたと考えられる。つまり、唐話には話される言葉以外の言葉も含まれるのだという認識の変化である。認識の変化は同時にまた語彙にも大きな変化をもたらしており、唐話が書き言葉としての一面をも含み持つこととなった[20]。

3.『唐話便用』の会話文

『訳家必備』と『唐話纂要』の会話文の文例と、代詞、疑問詞、語気助詞を見るかぎり、唐通事と中国人との間で話されていた中国語と、日本人が会話として学んだ中国語とは異なり、『唐話纂要』には、『訳家必備』に見られない語を確認することができた。次に、『唐話便用』の会話文から、中国語の会話つまり唐話がどのように記述されているかを見よう。

10種類の会話場面に分類されている[21]。

具体的な場面が設定されたことによって、『唐話纂要』よりも親切で充実した内容となったと言えるだろう。また、話者が自身と相手に対して代名詞だけでなく、互いの立場に応じた呼称を用いていることから、二者がどのような関係にあるのかが示されている。このような情報量の多さを活用して、使用語彙についても場面ごとに提示する。以下に挙げる表は、10場面ごとの代詞、疑問詞、語気助詞を示している。該当する語が用いられていない場合は空欄のままにしている。一組の会話は、二者のそれぞれ１回の受け答えから構成されており、上下に分けて提示し、場面ごとに番号を付した。

---

20) 書き言葉が含まれるという点においては、『唐話纂要』巻四の語彙に見られる書き言葉の要素は、すでに変質の萌芽であったと言えるかもしれない。

21) 10場面の詳細については、本書第二編及び附論で紹介している。

356

1.「初相見説話」

	呼称	代詞	疑問詞	語気助詞
1				
	小弟			
2	先生		何幸在此	
	老夫 仁兄		何足掛齒	
3				
	兄長 小弟	如此		了
4				
	足下	我 我等		
5				
	小弟	如此	何	
6	仁兄	其便		
	小可 仁兄	彼此 從此		

2.「平日相會説話」

	呼称	代詞	疑問詞	語気助詞
1	小弟	這幾日		
	小弟 兄長	個裏		
2	我			
		這兩日	那	
3		我 你	怎生	
	小弟	我 這件事		了
4		你 我		
	老爺	我	怎	了
5		我 你 這幾日 這裏		
	小弟 仁兄	我		
6	賢弟	我 你		
	小弟 兄長	我		
7	小人	他 這幾日		
	老夫	如此		

唐話の伝播と変化──岡島冠山の果たした役割──　357

| 8 | 先生 小人 | 我們 我每22) 他 這幾日 | | 則個 |
| | | 我 你們 這個職事 | | |

3.「諸般謝人説話」

	呼称	代詞	疑問詞	語気助詞
1	小弟			
		如此	何必	
2				
		那日		
3	仁兄		何勝感佩	
	先生	我 之	何須・何	
4	仁兄	那件事		了
	小弟 兄長			
5	小弟 兄長			
		我 你 這也是 這件事 其中	何消	
6	小弟	因此		
	老夫	依之看來 如此	安	
7	小弟	這幾日		
	小弟 仁兄	如此	何足齒及	
8		你 我 到此		
	晚生 老爺	此	何	
9	小弟	此職		
	足下	我 之 如此	幾句	
10	小弟 老爺	此陞進		
	足下 老夫	我 如此	何	了
11	老兄 小弟	那一件事 其美 此	何	
	小弟 仁兄	其美	何 何等	

---

22)「我每」は「這幾日弄得我每晝夜慌忙。」という文に出て来る。「每」は「我」の複数
　形ではなく、後の「晝夜」に掛かっていると考えることも可能だが、『唐話便用』の訓
　点に基づくと、「每」は「我」に付くものとして用いられている。

4.「望人看顧説話」

	呼称	代詞	疑問詞	語気助詞
1	小弟 老爹	如此		
	賢弟	你		了
2	仁兄	僕 我		
	老兄 小弟	我 你 他們 這裡 這幾日 如此	幾個人 甚	罷了
3	小弟 長兄	這個地位	多少錢財	
		我 你 如此 若斯	何足 安	哉

5.「諸般借貸説話」

	呼称	代詞	疑問詞	語気助詞
1	小弟 仁兄	我 這年邊 此		苦極了
	足下	我 如此		便了
2	小弟 老爺			
	足下 老夫	我 如此		
3		我 你 這早晚 這頭銀子		
		我 你 這 這時候 這閑銀子 這般說 這樣	那家 甚麼話	便了
4	小弟 仁兄	這幾日		
	兄長 小弟	就此奉上		
5	仁兄	我 這話 那座別庄 此		
	小弟 仁兄	那一所庄院		

6.「諸般賀人説話」

	呼称	代詞	疑問詞	語気助詞
1	仁兄			
	小弟			
2	足下			
	小弟			
3		這幾日	奈何	
			何足言賀	
4				
			何足當賀	

	呼称	代詞	疑問詞	語気助詞
5	足下			
	小弟		何足掛齒	
6	長兄 小弟			
	小弟	之	何特為之枉駕	
7	足下 小弟			
	小弟 仁兄	這無益之物	何用	
8	足下	我 這大職		
	小弟	此職		
9	足下	此處 這個所在		
	小弟	這些花卉	如何	

7.「諸般諫勧人説話」

	呼称	代詞	疑問詞	語気助詞
1	仁兄	這是	何謂	
		這病 他	怎敢不服藥	便了
2		我 你 這都是 因此		
	小弟 自己 仁兄	我 這 那 自此 這裏 這些銀子	誰知 那料	不敢堵了
3	賢弟	我 你 他 其中 那條路 那 從此 以後		
	晚生 仁兄	我 他 我們 這 那 那些		了
4		你 這些 之		便了
	先生 小弟			
5		你		
6		你 他 這幾日 這個田地 如此	甚麼 什麼 怎	了
	小弟 仁兄	他	幾次 那料	
7		我 你 其言 之[23]		
	小弟 仁兄	之[24]		
8		你們 依之看來		
		我 我們		不錯了

23）引用された易経の言葉である。

24）同上。

360

9		我 你 此禍		了
	仁兄	我 這禍 這般禍 因此 自此	不知怎樣	
10		你們		
	仁兄	我們 我等[25) 依之看來	奈何	

8.「諸般讃嘆人説話」

	呼称	代詞	疑問詞	語気助詞
1	兄長			
	小弟	我	何足掛齒	了
2	仁兄	如此 若斯		
	小弟 長兄	我 你 這是 因此 之[26)	怎上	
3	先生	如此		
	仁兄	我 這個所在	何足齒及	
4	仁兄			
	小弟			
5	仁兄			
	小弟	我 此言		
6	仁兄	我等		
	小弟	他 只好如此 此言	安敢	
7	仁兄	我們 如此	焉能	
	足下	我 如此 斯		
8	先生	此般好心腸	如何	
	小弟	我 如此		
9	先生			
	老夫	此言		
10	先生	我們		
	老夫 足下等	我 他 此	何德	
11	賢弟	你		
	小弟 自家		何況 怎能	

---

25)「我們」「我等」はいずれも「我輩」という日本語に対応させており、意味上の区別
 はない扱いである。

26) 引用された孟子の言葉である。

12	仁兄	如此	怎	
		我 這般	什麼	

9.「書生相會説話」

	呼称	代詞	疑問詞	語気助詞
1	仁兄	你 這幾日	何貴忙	
	小弟	這部書	幾次	
2	仁兄	我		
	小弟 仁兄			
3		我 你 他們 其實	如何	
		我 你	何故 何消	便罷了
4	仁兄	我 他 這		
	小弟	此	怎敢	也
5	仁兄	你 此般大才	多少	
	小弟	我 這件事 如此 依之看來		
6	仁兄	他 那一位		
		我 他 因此	何	
7	兄長	我們 我等	不知怎樣	
	小弟 仁兄	我 如此	甚 安敢	

10.「與僧家相會説話」

	呼称	代詞	疑問詞	語気助詞
1		這幾日		麼
	貧衲			
2	和尚	這一向		
	居士 野衲			
3	師父	我		麼 了
	居士	他		
4	法弟		不知怎生	
	居士	你	甚	了
5	和尚			
	老僧			了

6	和尚			甚	
		我 他們 這 這個 這些 那 因 茲 此去彼來		幾次 那能	

　代詞、疑問詞、語気助詞を必要とせずに会話が成り立つ場合も当然あるが、
『唐話纂要』の長短話には用いられていない「僕」「安」の2語が用いられて
はいるが、大きな違いはないと言え、岡島冠山の唐話に対する認識が、会話
という形式においても使用される語彙においても、維持されていると捉える
ことができる。いっぽうで、会話によって代詞、特に人称代詞の使用は、会
話によって大きく異なるということ、目上から目下へは「你」を用いても、
目下から目上へは用いられていないことが顕著な点である。

4．目標とされた唐話

　唐話は、唐通事の口頭の中国語であり、長崎の中国人と日本人という限ら
れた人々の間の会話で用いられたものであったが、岡島冠山が訳社の講師と
なり『唐話纂要』や『唐話便用』を編纂、出版したことによって唐話を話そ
うとする日本人が新たに生じた。
　唐通事が唐話を学ぶ目的は、職責を果たすためであった。また、彼らは自
らが目指すべき唐話について、次の言葉を遺している。

> 你若依我的教法，平上去入的四声，開口呼、撮口呼、唇音、舌音、齒音、
> 喉音、清音、濁音、半清、半濁，這等的字音分得明白後，其間打起唐話
> 來憑你對什麼人講也通得的。蘇州、寧波、杭州、揚州、雲南、浙江湖州，
> 這等的外江人是不消説，連那福建人，漳州人，講也是相通的。他們都曉
> 得外江話，況且我教導你的是官話了。官話是通天下中華十三省都通的。
> 　　　　　　　　　　　　　　　　　　　　　　　　　　　　『小孩児』

　唐通事は、どの地方出身の中国人に対しても通じる言葉である官話を学ぶ

ことを旨とした。中国共通の言語である言葉は、中国人が話すと官話と称されるが、唐通事が話すと唐話と称される。しかし、その唐話はすべての中国人に通じるものでなくてはならない、という自負が唐通事にはあったと言える。だからこそ、発音を重視したのである。

　それに対して、訳社が求める中国語はすべての中国人に通用するための言葉ではなかった。「崎陽の学」を積極的に取り入れた荻生徂徠ではあったが、唐通事の中国語習得を否定する主張も遺している。

　　蓋余自學華音。則稍稍聞崎陽者。其聲藉甚也。乃意獨以是特譯士師耳。
　　夫崎陽夷夏之交海舶之所來集萬貨環奇之湊。而我五法之民廢居射利者萃
　　者焉。為甲于海内。祇其物産異土。言語異宜。譯士為政邪。譯士之富又
　　為甲于崎陽。夫利之所嚮。聲譽從之。夷焉彈舌是習。沸唇是效。何有乎
　　道藝。華焉明審咿喤。唏喉齒腭亦何有乎道藝。苟足以立乎龍斷之上。辯
　　知乎異方互市嘔啞之音。是謂之業之成。師以此而為師。弟子以此而為弟
　　子。若國先生者亦唯以此而豪舉乎一鄉也。是何足尚哉。已又從其門人岡
　　玉成游。則稍稍得聞其為人也。嶔嵜岑□。落落穆穆。視利若污。聞名若
　　驚。自其重□。足不躡官府者。五十年一日也。

　　　　　　　　　　　　　　　　　　　　『徂徠集』卷之八國思靖遺稿序[27]

　荻生徂徠は中国語を実用の言葉として学んだのではなく、学問として学んだ[28]。そうした意識のもとで学ばれた唐話が、『唐話纂要』の唐話であり『唐話便用』の唐話である。そこには岡島冠山の唐話の運用能力だけでなく、唐

---

27) 近世儒家文集集成第 3 巻、ぺりかん社、1985。

28) 前掲木津 2016 に、「「崎陽の学」から、徂徠は中国語原典異言語として理解する方法を学んだ。徂徠が、自覚的に古文辞を模擬再生しようとしたことは、従来「和習」などと呼んで泥んできた日本製の中国語文を否定した上で、改めて他者たる異言語を自らの手中に獲得することを目指した行為であった。」また、「唐通事と徂徠は、肉薄すべき対象を異にはしていたが、異言語の真髄或いは最も生命力のある部分を会得しようと試みた行為として、同じ時代性を有していたと捉え直すことができるかもしれない。」（150頁）とある。

話に対する認識も生かされたのであった。

5．まとめ

　江戸時代、中国語は読まれるだけでなく、話される言葉として広く認識された。唐話は、唐通事自身が述べたように、官話を唐通事が話した言葉のことであった。それが、訳社においては日本人知識人の話す官話へと変化した。変化しなかったのは、「話す」という行為として受け継がれたという点であり、岡島冠山は唐話の本質というものを、ここに見ていたと考えることができる。つまり、唐話とは会話すなわち話される言葉であるということと、それに伴う音である。語彙が異なっていたとしても、この本質を維持していたからこそ、『唐話纂要』と『唐話便用』は「唐話」の名を冠して世に示されたのだと言えるだろう。

参考・使用文献

武藤長平 1926『西南文運史論』岡書院。

石崎又造 1940『近世日本に於ける支那俗語文學史』清水弘文堂書房。

鳥居久靖 1954「秋水園主人『小説字彙』をめぐって」『天理大学学報』第16輯、85-104頁。

鳥居久靖 1957「日本人編纂中国俗語辞書の若干について」『天理大学学報』第23輯、99-118
頁。

太田辰夫 1958『中国語歴史文法』（本論は2013年朋友書店刊行新装再版を参照した。）

田川孝三 1962「影印備邊司騰録」『朝鮮学報』第25輯、156-158頁。

香坂順一 1963「《海外奇談》の訳者—唐話の性格—」『白話語彙の研究』（光生館、437-465
頁）。

太田辰夫 1964「北京語の文法特点」『中国語文論集　語学篇　元雑劇篇』（1995年）汲古書
院、243-265頁。

小倉進平 1964『増補補注　朝鮮語学史』刀江書院。

今中寛司 1966『徂徠学の基礎的研究』吉川弘文館。

今中寛司・奈良本辰也 1973『荻生徂徠全集』第１巻、河出書房新社。

戸川芳郎・神田信夫 1974『荻生徂徠全集』第２巻、みすず書房。

杉村英治 1979「海外奇談—漢訳仮名手本忠臣蔵—」『亀田鵬斎の世界』（1985年）三樹書房。

宮田安 1979『唐通事家系論攷』長崎文献社。

村田棠三 1979『対馬叢書』（村田書店）第７巻所収、小田幾五郎『象胥紀聞』。

滋賀秀三 1984『清代中国の法と裁判』創文社。

中村幸彦 1984『中村幸彦著述集』第７巻所収「日本人作白話文の解説」、中央公論社。

松浦章 1984「李朝漂着中国帆船の「問情別単」について（上）」『関西大学東西学術研究所
紀要』第17輯、25-83頁。

朱眉叙 1985「従《忠臣庫》談到中国通俗小説対日本的影響」『明清小説論叢』第３輯。

平石直昭 1985『徂徠集』近世儒家文集集成、第３巻、ぺりかん社。

松浦章 1985「李朝漂着中国帆船の「問情別単」について（下）」『関西大学東西学術研究所
紀要』第18輯、33-96頁。

太田辰夫 1989「訳社の無礼講」『汲古』第15号、69-72頁。

『大田南畝全集』第19巻所収『鑽故紙』解題、岩波書店、1989年。

岡田袈裟男 1991「中日辞書の構想—『俗語解』改編と方法—」（「森島中良と「俗語解」改
編—静嘉堂文庫所蔵「俗語解」をめぐって」（1982年国語学会春季大会発表要旨の一部を
もとに改稿）『江戸の翻訳空間—蘭語・唐話語彙の表出機構』笠間書院（2006『江戸の翻
訳空間—蘭語・唐話語彙の表出機構［新訂版］』笠間書院）。

高島俊男 1991『水滸伝と日本人—江戸から昭和まで—』大修館書店。

竹内弘行・上野日出刀 1991『木下順庵・雨森芳洲』叢書・日本の思想家⑦、明徳出版社。

今中寛司 1992『徂徠学の史的研究』思文閣出版。

石上敏 1995『万象亭森島中良の文事』翰林書房。

唐澤靖彦 1995「話すことと書くことのはざまで—清代裁判文書における供述書のテクスト

性」『中国―社会と文化』第10号、212-250頁。

高田時雄 1997「清代の官話資料について」『東方学論集』東方学会創立五十周年記念号、771-784頁。

永留久惠 1999『雨森芳洲』西日本人物誌14、西日本新聞社。

木津祐子 2000a「唐通事の心得―ことばの傳承」『興善教授退官記念中国文学論集』汲古書院、653-672頁。

木津祐子 2000b「『唐通事心得』訳注稿」『京都大学文学部研究所紀要』第39号、1-50頁。

金文京・玄幸子・佐藤晴彦 2002『老乞大―朝鮮中世の中国語会話読本』東洋文庫699、平凡社。

汪維輝 2004『朝鮮時代漢語教科書叢刊』(一)、中華書局。

若木太一 2005「唐話会と江戸文学」『江戸文学』第32号、ぺりかん社、43-53頁。

奥村佳代子 2007『江戸時代の唐話に関する基礎研究』関西大学東西学術研究所研究叢刊28、関西大学出版部。

松浦章・卞鳳奎 2007『清代帆船東亜航運史料彙編』楽学書局。

呉旻・韓奇 2008《欧州所蔵雍正乾隆期天主教文献彙編》上海人民出版社。

糟谷政和 2009「17世紀末朝鮮に漂着した中国漂流民の送還規定について」茨城大学人文学部紀要『人文コミュニケーション学科論集』第6号、1-4頁。

蔡雅芸 2009「『華客答問録』から見る江戸時代の日中言語接触」『アジア文化交流研究』第4号所収、643-674頁。

糟谷政和 2010「18世紀東アジア漂流民送還体制について」茨城大学人文学部紀要『人文コミュニケーション学科論集』第9号、133-137頁。

上海書店出版社編 2010『清代檔案資料選編』第2巻。

林陸朗 2010『長崎唐通事―大通事林道栄とその周辺』増補版、長崎文献社。

楊一凡主編 2012《歴代珍稀司法文献》第3冊、社会科学文献出版社(北京)。

松浦章 2014「朝鮮漂着中国船の筆談記録にみる諸相」『関西大学東西学術研究所紀要』第47輯、57-69頁。

林修三 2015『三文字エクササイズ中国語1200―伝わる!使える!三文字会話・フレーズ集』東方書店。

荒川清秀 2015「三文字ならなんとかなる!―三文字学習法のすすめ―」(書評)『東方』416号、30-34頁。

内田慶市 2016a「序説：言語接触研究の過去・現在・未来―文化交渉学の視点から」『東アジア言語接触の研究』関西大学東西学術研究所研究叢刊51、関西大学出版部、1-18頁。

内田慶市 2016b「卡薩納特図書館蔵雍正朝教案檔案」『関西大学東西学術研究所紀要』第48輯、7-20頁。

木津祐子 2016「「崎陽の学」と荻生徂徠―異言語理解の方法を巡って―」『日本中國學會報』第68集、136-151頁。

あとがき

　関西大学に着任してから昨年で15年が経ちました。就職してしばらくの30代半ばにさしかかった頃、ある先生が、40代のあなたがその時どんな看板をあげることができているかが大事です、と話してくださいました。40代最後の今年、かなり焦った形ではありますが、15年間に書いた論文をまとめ直し、本書が完成しました。

　本書の内容は、私がこれまでに研究の対象としてきた唐話が主ではありますが、研究の視野を少しずつ広げ、これからの10年の目標を立て直したものでもあります。視野を広げることができたのは、関西大学の東西学術研究所（沈国威所長）、アジア文化交流研究センター（CSAC、松浦章センター長）、アジア・オープン・リサーチセンター（KU-ORCAS、内田慶市センター長）の存在に依るところが大きく、そこでの研究活動を通じて、学内外の多くの方々の知見に接することができ、また、アドバイスやヒントを得ました。ここでは、一人ひとりのお名前を挙げることはできませんが、深く感謝をしております。

　本書が実物の本として刊行できるようご尽力くださった東西学術研究所の奈須智子さんと赤井靖子さん、遊文舎の西澤直哉さんには、大変お世話になりました。ありがとうございました。

　最後に、冒頭の先生には、あらためて感謝するとともに、今回は半分しかあげることができなかった看板を、高く上げることを次の10年の目標としたいと、申し述べたいと思います。

2019年3月3日

奥村　佳代子

著者略歴

奥村佳代子（おくむら　かよこ）

1970年、大阪生まれ。滋賀県立膳所高等学校卒業。関西大学文学部国文学科卒業。同大学院文学研究科中国文学専攻博士課程前期課程修了。同博士課程後期課程所定単位修得後退学。博士（文学）関西大学。現在、関西大学外国語学部教授。編著書として『江戸時代の唐話に関する基礎研究』（関西大学出版部 2007年）、『関西大学図書館長澤文庫所蔵唐話課本五編』（関西大学出版部 2011年）がある。

関西大学東西学術研究所研究叢刊58

近世東アジアにおける口語中国語文の研究

————中国・朝鮮・日本

2019年3月31日　発行

著　者	**奥 村 佳 代 子**
発行者	**関西大学東西学術研究所** 〒564-8680　大阪府吹田市山手町3-3-35
発行所	**関西大学出版部** 〒564-8680　大阪府吹田市山手町3-3-35
印刷所	**株式会社 遊 文 舎** 〒532-0012　大阪府大阪市淀川区木川東4-17-31

©2019 Kayoko OKUMURA　　　　　　　　　　　Printed in Japan

ISBN978-4-87354-699-5 C3087　　　落丁・乱丁はお取替えいたします。